2012年度贵州财经大学引进人才科研项目资助
贵州省哲学社会科学资助项目（项目编号13GZYB35）

U0740564

公司理财制度基础研究

GONGSI LICAI ZHIDU JICHU YANJIU

李成云◎著

中国出版集团

世界图书出版公司

广州·上海·西安·北京

图书在版编目（CIP）数据

公司理财制度基础研究／李成云著．—广州：世界图书出版广东
有限公司，2014.8
　ISBN　978-7-5100-8341-9

　Ⅰ.①公… Ⅱ.①李… Ⅲ.①公司—财务制度—研究 Ⅳ.①F276.6

中国版本图书馆 CIP 数据核字（2014）第 170524 号

公司理财制度基础研究

策划编辑　　胡一婕
责任编辑　　陈　洁
封面设计　　高艳秋
投稿邮箱　　stxscb@163.com
出版发行　　世界图书出版广东有限公司
地　　址　　广州市新港西路大江冲 25 号
电　　话　　020-84459702
印　　刷　　虎彩印艺股份有限公司
规　　格　　787mm×1092mm　1/16
印　　张　　16.75
字　　数　　320 千
版　　次　　2014 年 9 月第 1 版　2015 年 4 月第 2 次印刷
ISBN　978-7-5100-8341-9/F · 0150
定　　价　　58.00 元

版权所有　翻印必究

前　言

马克思主义原理告诉我们："政治是经济的集中表现，经济是基础，政治是统帅，两者同时存在，共同起作用。"经济与政治密不可分，"企业已经步入政治竞争的时代"（爱泼斯坦，1969）。随着全球经济一体化趋势的加剧，政府或政府政策作为一种竞争工具，能拓展企业的外部生存空间，为企业创造一个对自己有利的竞争环境。传统上被认为是"纯经济"领域的企业经营管理，也具有了"政治理财"的重要特征。公司理财活动中所产生的各种利益相关者关系不仅表现为一定的利益关系，还表现为一定的政治关系，公司理财中客观上存在着政治行为。

新制度经济学一直强调制度对契约结构的决定性影响（Coase，1937；Alchian，1965；Demsetz，1967；North，1981 等），并重视制度环境对制度运行效率产生的影响。制度安排决定了选择的环境——选择集，选择是在相关的选择集中作出的，即使在相同的偏好下，面临不同选择集而做出的选择也会不同。任何契约的缔结或制度的制定，其过程都是利益各方博弈的结果，企业能够得以生存和发展的基础在于其理财行为的成功获利，而理财过程中建立起来的各种利益相关者关系的处理是理财行为成败的关键。人际关系的协调是制度最基本的功能，它提供对于别人行动的保证，并在市场经济这一复杂和不确定的世界中给予可期待的预期结果。1990 年代中后期，La Porta，Lopez-de-Silanes，Shleifer 和 Vishny（以下简称"LLSV"）四位学者致力于应用金融经济学和计量经济学方法，分析和探究了法律和金融的关系、法律起源与金融发展、法系与金融发展、司法效率与金融发展、投资者保护与金融发展等法与金融宏观理论问题，以及法律与企业融资能力、融资成本，法律体制的质量与企业所有权和企业规模，投资者保护与企业公司治理、公司价值等法与金融微观理论问题。他们这种令人耳目一新的研究范式，被学界称之为"Law and Finance"。此后，LLSV 所倡导的"Law and Finance"研究浪潮成为近十年来财务学最前沿、最活跃的研究热点，众多国内外学者将国别差异的研究思路与框架运用到一国内部不同地区间财务与会计问题的研究,取得了丰硕的成果。但是,目前的研究主要集中于投资者法律保护、所有权结构、非国有企业的融资、国有企业投资的非效率性及公司价值等经验检验方面,从整体上系统地针对公司理财制度基础的研究较少,而且因为运用"法与金融"研究视角的关系,现有对于制度的研究均侧重于外部制度方面。同时,在既定的外部政治关系下,公司内部的制度环境对公司理财活动的效率和效果的研究也较少。因此,对于此课题的研究,首先,可以为我国"十二五"期间要坚持和完善的基本经济制度、行政体制改革、财税体制改革、金融体制改革、深化资源性产品价格和环保收费改革提供依据,具有深刻的政治意义和推进改革的现实意义;其次,在公司与政府间搭建一个可沟通的桥梁,为公司理财过程中处理好与政府的关系,实现资源的整合与共享,进而借助政府力量实现公司理财目标提供理论支撑;再次,为公司根据具体制度环境合理合法地采取不同的理财方式,协调各方理财关系提供了制度基础;最后,拓展了新制度经济学在公司理财领域的应用。

本书运用管理学、新制度经济学、政治经济学、立宪经济学、社会经济学等理论,采用文献研究法、描述性统计法、归纳法、比较法、博弈论方法、经济模型及案例研究等多种方法相结合,不仅从理论上系统地论证了非正式制度、企业内外各项正式制度对于公司理财的基础作用及影响机理,且从职工薪酬的视角对此进行了统计和案例的经验验证。除去导论和结束语,本书的研究主要体现以下六个方面:

第一,是对基础理论和理论基础的阐释。首先,从理财主体、理财对象、理财目标和理财基本原则等四个方面阐述了公司理财的涵义,以及从制度的定义、分类、功能及不同层级制度的相关关联性阐释了制度的基本涵义;其次,按照公司理财的主体、公司理财的环境、公司理财行为、公司理财关系及公司理财造成的负外部性等几个方面对于制度规制的需求,分类介绍了公司理财制度理论基础的相关内容,如新经济人假设理论和委托代理理论,稀缺性理论和有效资本市场理论,信号传递理论、博弈论、期望理论及权变理论等。

第二,理论分析了公司理财与制度的相关关系。首先,从制度规制公司理财的理由、制度规制与契约自由的关系、制度功能与公司理财、公司理财主体的制度规制及制度对公司理财的反映和评价五个方面,分析了制度规制公司理财的必然性;其次,从分析经济条件与制度结构间的关联性出发,阐释了制度、经济组织与经济增长的关系,并基于以上分析,提出了制度影响公司理财的一般路径，探寻了均衡状态下和演进状态下制度与公司理财间的关系；最后，阐述了公司理财制度建立基点——交易费用。

第三，对公司理财制度基础作用机理和影响路径的剖析，是论文的核心部分，包括第三、四章。非正式制度是正式制度的基础和补充，在第三章"宏观制度对公司理财的影响机理"中，首先，通过一个"鹰—鸽"博弈论证了非正式制度是公司理财得以实现的前提和基础；其次，运用新制度经济学、政治经济学、法经济学、立宪经济学等多种理论，从宏观层面依次对政治体制、政府宏观调控、国际环境下的各项国际经济法对公司理财影响的机理和路径进行了剖析和探究。在接下来的第四章"微观制度对公司理财的影响机理"中，首先分析了产权制度与效率的关系，并基于此，运用经济学分析方法，阐释了不同产权制度下对公司理财决策和效率的不同影响；其次，运用委托代理理论、博弈论和经济学分析方法依次解释了经济性规制、社会性规制及公司层级制度对于公司理财的影响。

第四，是公司理财的制度规制分析。首先，从融资的制度环境、契约性安排、法律法规规制及法律责任四个方面阐释了制度对融资的规制作用；其次，从投资的制度环境、契约性安排、法律法规规制及法律责任四个方面阐释了制度对投资的规制作用；第三，从营运资金的制度环境、契约性安排及相关法律分析三个方面阐释了制度对营运资金的规制作用；最后，从利润分配制度界定的必然性出发，依次阐释了公司利润分配的制度界定，制度对公司可供利润分配标准的确定，公司利润分配的契约安排及公司利润分配的法律强制。

第五，基于职工薪酬的视角，通过对职工薪酬的描述性统计分析和案例分析折射出制度对于公司理财的影响。首先，厘清了公司理财、会计利润与职工薪酬的关系，即会计利润综合体现了公司理财的结果，职工薪酬本质上属于公司利润的分配，而且职工薪酬是公司与职工理财关系的体现，职工薪酬激励机制的制定会影响公司理财的效果；其次，从职工薪酬的角度，统计分析了产业政策差异、区域差异、行业垄断、城乡身份差异及公司所有权性质等企业外部正式制度对公司理财的影响，也述及了意识、观念等非正式制度对于职工薪酬的影响；最后，基于职工薪酬的视角，以中国远洋为例分析了企业内部制度对公司理财的影响。

第六，分析阐述了现行制度下我国公司融资、投资、资金运营及利润分配等理财现状，分析了现状的制度成因，并就此提出了坚持和完善我国经济体制、财税体制、金融体制等各项制度的政策建议，以便为我国公司理财提供良好的制度基础，引导我国公司理财在追求效率的同时兼顾公平，最终实现公司的可持续发展和我国经济的可持续发展。

本书的创新点体现在以下几个方面：第一，分析了非正式制度、公司内外正式制度与公司理财的相互关系，阐释了制度对公司理财规制的必然性；第二，归纳并阐释了契约及制度对公司各理财环节的规制；第三，基于经济全球化背景，探究了非正式制度、公司内外正式制度对公司理财基础性作用及其影响机理；第四，基于制度对职工薪酬影响的描述性统计分析和案例分析，揭示了现实经济生活中制度确实影响着公司理财；第五，运用举例及描述性统计分析的方法，分析了我国现行制度下公司理财的现状，并据此提出了相应的改进建议。但是，由于制度影响的复杂性和广泛性，公司理财涉及内容的宽广及隐晦性，加上公司理财质量的难以简单衡量，本文没能从整体上系统地就制度对于公司理财的影响进行实证检验；而公司理财效率和公平的不可观察性，也使得实证检验制度对于公司理财规制目标的实现变得非常困难；更为重要的是，非正式制度、公司内外的正式制度、公司理财质量，及公司理财效率与公平的直接量化比较困难，即使选择一些相关指标予以替代量化并加以实证检验，在一定程度上也只能是以管窥天，仍然不能直观地表明制度之于公司理财的影响。当然，这些不足和困难也指明了今后继续可能的研究方向。

李成云

2014 年 5 月 25 日

目　　录

导　论

马克思主义原理告诉我们："政治是经济的集中表现，经济是基础，政治是统帅，两者同时存在，共同起作用。"经济与政治密不可分，"企业已经步入政治竞争的时代（爱泼斯坦，1969）"，传统上被认为是"纯经济"领域的企业经营管理，也具有了"政治理财"的重要特征。公司理财活动中所产生的各种利益相关者关系不仅表现为一定的利益关系，还表现为一定的政治关系，公司理财中客观存在着政治行为。

一、问题的提出

2000 年，中国石油 H 股发行价为 1.28 港元，市盈率 10.9 倍；2007 年，回归 A 股的中石油发行价为 16.7 元，市盈率为 21.95 倍。H 股首发，我们不掌握定价权，非主权货币的港元由与其挂钩的主权货币代为定价，无法回避实力雄厚的国际投资者，较低的发行定价自然形成无奈的利益流失。而 H 股在回归 A 股时，不论市场形势如何，其股价都会逐步上升，国际投资者由此获得了巨大的无风险溢价；反观国内投资者，因支付价格过高而所占股本较低，在同股同权的原则下分配收益时，通过分红收回投入需要几十年乃至上百年的时间！

2010 年 5 月，卷入受到质疑的网宿科技、拓维信息、久其软件、辉煌科技等多家公司 IPO 漩涡的赛迪顾问被曝收费编造数据；2011 年 3 月，深交所中小企业板的绿大地涉嫌欺诈发行股票东窗事发；每 4 家试图上创业板的公司，就有 1 家被举报造假……我国企业在公开市场上融资，必须经过证券监管机构的"核准"，众多上市或拟上市公司的 IPO 造假只说明了一件事，那就是证券监管机构的"无用"，而事实也的确如此！创业板上市公司与拟上市公司 95％拥有高科技企业的光环，而依靠中介机构包装申报高新技术企业比拼的是与科委的人脉关系；在媒体的追究下，证监会发审委否决了造假到极致的胜景山河的上市申请，却放过了二次过会的万昌股份、淮油股份等；在创业板上市只要符合条件，发审委就能通过，即使有时连明显的学历不符、研发资金不符都能闯关上市。无论是高新企业认证造假还是咨询中介数据造假，都与那些或曾任职相关部门或与相关部门交情深厚的市场资深江湖人士脱不了干系，而证监会发审委只要自己不背负责任，不管数据真假，一律照单全收。

2011 年成立的第三届创业板 35 名发审委委员中有 14 名注册会计师；2011 年成立的第十三届主板发审委员名单更是让人难以相信他们能忠于职守！16 名主板发审委员，来自各大会计师事务所的有 10 名，来自各大律师事务所的有 6 名。上市公司与会计师事务所、律师事务所等中介机构之间存在着难以割舍的利益链条，再加上注册会计师或律师自身与上市公司之间的利益联系，怎能做到独立、客观、公正！巨大的经济利益面前，其所承担责任之轻，怎都无法令人信服！

据深交所报告称，有 204 家于 2010 年中小板新上市的公司，上市之初超募资金总额超过 1200 亿元，上述公司用超募资金补充流动资金约 88.75 亿元，归还银行借款约 117.28 亿元，两项合计占比 17.13%；投资于与主业相关的项目约 55.49 亿元，占比 4.63%。同样是 2010 年在创业板进行 IPO 融资的 209 家上市公司融资金额达到 1618 亿元，其中超募资金 1002 亿元。据上述公司年报披露的信息可知，大部分公司的营收增长超过利润增长，千亿计的超募资金有 70%、80% 没有使用，还有一些超募的公司买股票、买车、买楼已蔚为大观。这些根本不需要资金的轻资产企业上市，让宝贵的资金资源被束之高阁。

2011 年上半年，共有 52 家 A 股上市公司发放 112 项"委托贷款"，累计贷款额度超过 160 亿元，同比增长近 38%。2011 年 8 月 11 日，已披露半年报，且具备可比性的 545 家公司上半年经营活动产生的现金流总额为 -44.61 亿元，2010 年同比为 62.47 亿元，一年来的经营现金流大幅缩水了 107 亿元之多，可见公司经营过程中的现金比较拮据。从令众多西方经济体深陷泥淖的欧债危机到国内投资者闻风抛售的地方债务，到令地方政府焦头烂额的高利贷，再到又有卷土重来迹象的"三角债"，2011 年，各种"债"轮番登场，兴风作浪。

公司理财决策层内部治理结构又如何呢？审计署公布的铁道部 2010 年预算执行情况的审计结果显示，铁道部下属信息中心 6 名司局级干部未经批准，在所属企业兼职，其中个别领导一人兼任 18 家所属企业的董事长，而中央是禁止政府官员在企业兼职的，哪怕是在国企兼职。

无论是作为公司投融资重要场所的外部资本市场，还是对公司理财起决策作用的公司内部治理结构；无论是申请融资的企业，还是起监督作用的中介，甚至是政府的监管审批部门……无不显示出我国公司理财中"人治"的重要，看不到"法治"的影子，而这些不过是冰山一角。我国特殊制度环境造就的公司投融资方式和路径，不仅严重损害了投资者的利益，而且造成了我国公司经营发展中的短期行为，不利于公司自身长远发展的目标。没有有效率的经济组织，国家经济的发展就是一句空话，更谈不上可持续发展！制度安排决定了选择的环境——选择集，选择是在相关的选择集中做出的，即使在相同的偏好下，面临不同选择集做出的选择也会不同。任何契约的缔结或制度的制定，其过程都是利益各方博弈的结果，企业能够得以生存和发展的基础在于其理财行为的成功获利，而理财过程中建立起来的各种利益相关者关系的处理是理财行为成败的关键，人际关系的协调是制度最基本的功能，它提供对于别人行动的保证，并在市场经济这一复杂和不确定的世界中给予可期待的预期结果。

新制度经济学一直强调制度对契约结构的决定性影响，并重视制度环境对制度运行效率产生的影响。20 世纪末，La Porta，Lopez-de-Silanes，Shleifer 和 Vishny（以下简称"LLSV"）倡导的"法与金融"研究表明，投资者法律保护既与宏观层面的金融发展和经济增长有关，也与微观层面的所有权结构、财务政策等公司财务问题有关。因此，利用新制度经济学及法与金融学派的研究范式，在分析公司理财与制度相互关系的基础上，从公司理财的制度环境、契约安排及法律规制三个方面逐一分析制度对公司理财的影响；在此基础上，剖析了文化、传统等非正式制度，政治制度，政府宏观调控，经济性规制，社会性规制，国际环境下的国际经济法及公司内部制度对公司理财的影响机理。这为我国"十二五"期间要坚持和完善的基本经济制度、行政体制改革、财税体制改革、金融体制改革、深化资源性产品价格和环保收费改革提供了依据，具有深刻的政治意义和推进改革的现实意义；其次，为公司理财过程中处理好与政府的关系，在公司与政府间搭建一个可沟通的桥梁，使公司与政府实现资源的整合与共享，进而借助政府力量实现公司理财目标；第三，为公司根据具体的制度环境合理合法地采取不同的理财方式，协调各方理财关系提供了制度基础；最后，拓展了新制度经济学在公司理财领域的应用。

二、国内外研究现状

制度环境对企业交易方式、企业财务行为乃至国家经济发展都具有重要影响（LaPorta 等，1997；DeFond & Hung，2004），制度环境是指政治体制、政府行为、法律渊源、法律制定、法律执行及文化价值等。

（一）政治是一种资源

政府或政府政策作为一种竞争工具，能拓展企业的外部生存空间，为企业创造一个对自己有利的竞争环境（爱泼斯坦，1969）。企业集团或行业性的政治活动可为本行业赢得经济利益（Olson，1965）。Pittman（1976）、Salamon 和 Siegfried（1977）、Aplin 和 Hegarty（1980）、Epstein（1984）等通过研究也得出了与 Olson 相同的结论。之后，Brenner（1980）、Zardkoohi（1985）、Hillman，Zardkooki 和 Bierman（1994）、Douglas（1995）对企业的政治资源、政治策略及政治绩效分别进行了定义，并通过研究发现，企业采取各种政治策略影响公共政策制定过程，与政府建立良好的关系，可能减少不确定的交易成本，获得各种政治与经济利益。而且，上市公司高管的政府背景也是一种有价值的资源（Fishman，2001）。

（二）融资与制度因素研究

公司融资分为权益性融资和债务性融资，不管是权益性融资还是债务性融资，都不仅受到公司自身业绩的影响，也会受到国家相关法律法规及政府相关监管部门的影响。特别地，在政府管制比较严重的发展中国家，政府、国家相关法律法规及政府相关监管部门对公司融资具有决定性的影响，政治联系确实会影响公司的融资策略，Leuz 和 Oberholzer（2005）就发现在印尼有政府背景的公司由于容易获得贷款而基本上不到国外融资。已有研究基本上集中于两个方面：制度对债务融资的可获取性和权益资本成本的影响。

1. 债务融资的可获取性

Tian（2001），Johnson 和 Mitton（2003），Faccio（2006），Adhikari，Derashid 和 Zhang（2006）等学者通过研究发现，在政府管制比较严重的发展中国家，国家会出面帮助面临偿付银行贷款困难的有"政治关系"企业的渡过难关，拥有"政治关系"的企业能从国有银行那里获得更多的贷款，而且贷款的期限相对也较长，而且，拥有政府背景的董事或者管理层能够让公司更容易地获得债务融资、享受更低的税率等好处。此外，相比没有"政治关系"的企业，拥有"政治关系"的企业即使存在更高的违约率，也能从国有银行那里获得更多的贷款；而且当与企业有密切关系的政党其政治权力得到提高或者在选举中获胜时，这些企业获得的优惠贷款会更多（Khwaja & Mian，2005）。之后，诸多学者对该关系展开了研究，得出的研究结论基本相似。

2. 权益资本成本的影响

在投资者法律保护较弱的情况下，内部人承担了更高的可分散风险，也因此提高了公司权益资本成本；相反，内部人可以通过减少持股充分地分散风险，公司权益资本成本也随之而降低（Himmelberg，Hubbard & Love，2002；Hail & Leuz，2003；沈艺峰等，2005）。由于我国股票发行制度、股权融资软约束、业绩考核制度和内部人控制等深层制度原因，造成股权融资的实际成本远远低于债务融资成本（黄少安，张岗，2001）。进一步，徐浩萍、吕长江（2007）认为，最终控制人是地方政府的企业，政府角色转变对权益资本成本没有显著影响；对非国有企业，权益资本成本随着政府对经济干预程度减小而降低。

（三）投资与制度因素研究

经济体制、税收制度、国家区域政策等制度，不仅会影响投资行为，也会影响投资效率。

1. 制度对企业投资决策的影响

利用当地的税收优惠政策是外资企业投资区位选择的第五个重要因素（魏后凯等，2001），包括税收优惠在内的政策虚拟变量对于吸引美国的对华投资有着显著的影响（徐康宁等，2002）。企业所得税税率、再投资减免、进口环节减免税、地区开放级别等多种政策因素均会显著影响外资的流入，经过加总的综合优惠政策的总影响力是比较大的（李宗卉，鲁明泓，2004）。而且，加速折旧政策和投资抵免政策的施行，会增加企业对设备类和建筑类固定资产的净投资（Jorgenson & Hall，1967），这与 Gravelle（1994）的计算结果相符。除税收制度外，方军雄（2008）认为，地方政府直接控制的企业更易实施本地并购、更多地实施无关的多元化并购，而中央政府控制的企业则可以突破地方政府设置的障碍，实现跨地区并购。而且，在社会资本水平较高的省份，上市公司更倾向于对外投资，也更愿意与其他企业组成共同控制的合营企业，并且其多元化投资的意愿更强，而且社会资本与政治关系在公司投资决策中所起的作用是可相互替代的（潘越等，2009）。

2. 制度对企业投资效率的影响

一定条件下，制度会导致企业过度投资或投资不足问题，这两者无疑都会影响企业的投资效率。当财政补贴小于长期负债时，财政补贴能够抑制公司的过度投资行为，但投资不足的趋势会增强，而减税能够抑制公司投资不足；当财政补贴大于长期负债时，财政补贴和减税都能减少公司的投资不足（何源等，2006）。地方政府控制和地方政府干预会显著提高自由现金流的过度投资，而金融发展存在熊彼特效应，可降低自由现金流的过度投资（杨华军，胡奕明，2007）。我国企业普遍存在过度投资行为，国有企业相比非国有企业过度投资更严重，现金流与投资行为显著正相关，第一大股东持股比例与股权集中度在某种程度上能够制约过度投资，但举债在我国并不能对过度投资发挥有效的抑制作用（汪平，孙士霞，2009），魏明海、柳建华（2007）的研究支持了这一结论，并认为公司内部治理结构和外部治理环境的改善会制约国有企业的过度投资行为。

（四）资本营运与制度因素研究

制度可以不同的方式和路径对企业运营的各个环节产生重要的影响。一方面，私有企业常常受到政府官员的随意侵害，"乱摊派、乱收费"或者向私有企业索取贿赂等，甚至随意终止其生产活动（Frye & Shleifer, 1997; Shleifer & Vishny, 1998; Pearson, 1997 等）。另一方面，由于产品和信用市场不发达，支持市场发展的制度欠缺，政府常常对经济资源的配置实施很强的控制，导致私有企业不能够完全依赖于市场来获得经济资源（McMillan, 1997）。但是，市场化水平越高的地区，公司受政府干预越少，从而雇员规模越小（曾庆生，陈信元，2006），也就是说，当上市公司管理层面临较严格的市场和法律约束时，其管理专业主义、雇员效率和总要素生产率越高（Fan, Wong & Zhang, 2009）。集体企业内的政府控制能够帮助企业维持较低的生产采购成本，却伴随着较高的管理费用和财务费用（杨治等，2009）。而且，地方政府控制的企业雇用人数和劳动力成本显著高于非政府控制企业和中央控制企业，政府层级越低，其控制下的国有企业雇员越多、劳动力成本越高，而上市公司所处地区的市场化程度改善有助于减轻这一负面影响（吕伟，2006）。

（五）公司价值与制度因素研究

目前，关于制度因素影响公司价值的研究，大多从公司与政府部门或公司与重要的政府官员之间的关系出发来进行的。Roberts（1990）、Fishman（2001）、Johnson 和 Mitton（2003）均认为，公司价值与公司有关联的政府要员的状态之间存在显著的联系。在许多国家，尤其是发展中国家或者处于转轨经济中的国家，由于政府控制着大量的社会资源，企业拥有"政治关系"能给企业带来一定的价值（施莱弗，维什尼，2004）。在我国，政府控制尤其是县级和市级政府控制对公司价值产生了负面影响（夏立军，方轶强，2005）。更进一步，高管的地方政府背景对公司价值的正面影响要显著大于中央政府背景，在考虑不同地区的政府干预程度后，高管的地方政府任职背景在政府干预比较厉害的地区能增加公司价值，政府干预越强烈，这种正面影响也越强烈（吴文锋，吴冲锋，刘晓薇，2008）。

（六）利润及利润分配与制度因素

制度对于企业真正形成的利润会存在影响，更多的可能却是指制度对财务报表上会计利润数字的影响，即制度会造成企业的盈余管理，导致了企业会计利润数字的变化。而关于利润分配，很多国家直接通过法律法规的形式对此做出了限定。

1. 利润与制度因素

投资者保护越好的国家其盈余管理的程度越低（Leuz，Nanda & Wysoeki，2003），而且，非上市公司中的盈余管理行为更为普遍，若国家的法律执行水平较低其上市公司的盈余管理程度则较高；欧洲国家间的证券管制法规、会计规则等对上市和非上市公司盈余管理的影响程度存在差异（Burgstahler，Hail & Leuz，2005）。在美国，交叉上市的非美国公司的盈余平滑程度更高、价值相关性更低、会计盈余稳健性较差；来自弱投资者保护国家的交叉上市公司的盈余管理程度更高；且制度环境对会计规则执行非常重要（Lang，Raedy & Wilson，2006）。在我国，以盈余为基础的公司首次公开发行、配股增发、扭亏摘帽以及对高管人员的业绩考评等制度安排引发了上市公司大规模的盈余操纵现象（蒋义宏，1998；陆建桥，1999；李增泉，2001）。审计师缺乏应有的独立性及其与上市公司的合谋加剧了上市公司强烈的高估盈余的需求，甚至地方政府也参与了上市公司的盈余管理（陈晓等，2001）。

2. 利润分配与制度

Hubbard 和 Palia（1995）、Crawford et al.（1995）、Kole 和 Lehn（1999）以及 Bryan et al.（2005）均发现在放松管制后，银行经理的薪酬水平上升，同时薪酬对业绩的敏感性有所增强。在我国，国有股及法人股控股比例越低，公司独立发展意识就越强，越倾向于将利润留存于未来发展，公司就越易于采取股票股利替代现金股利（吕长江等，1999）。相反，无论是政府控制的上市公司还是企业法人控制的上市公司，只要国有股或法人股集中度比较高，都会倾向于发放较高的股利（Lee & Xiao，2002；Wei et al，2002）。此外，市场化程度越高，公司倾向于发放更多的现金股利，并且，市场化程度的这种影响在由非国有产权控制的公司中更为明显（雷光勇等，2007）。

现有研究成果表明了学者对公司理财中制度因素的重视，但以下基本问题仍待厘清：第一，制度与公司理财的相互关系；第二，全球经济一体化背景下，非正式制度、公司内外正式制度对公司理财的影响机理；第三，制度对公司理财影响的综合分析等。

三、研究内容、方法及创新

（一）主要研究内容

全书分为八个部分，包括导论、七章内容和结束语。

第一部分是导论。阐释了本书的研究意义，评析了国内外研究现状，并对论文采用的研究方法、主要内容架构和创新点进行了阐述。

第二部分是对基础理论和理论基础的阐释。首先，从理财主体、理财对象、理财目标和理财基本原则等四个方面阐述了公司理财的涵义，及从制度的定义、分类、功能及不同层级制度的相关关联性阐释了制度的基本涵义；其次，按照公司理财的主体、公司理财的环境、公司理财行为、公司理财关系及公司理财造成的负外部性等几个方面对于制度规制的需求，分类介绍了公司理财制度理论基础的相关内容，如新经济人假设理论和委托代理理论，稀缺性理论和有效资本市场理论，信号传递理论、博弈论、期望理论及权变理论等。

第三部分从理论上分析了公司理财与制度的相关关系。首先，从制度规制公司理财的理由、制度规制与契约自由的关系、制度功能与公司理财、公司理财主体的制度规制及制度对公司理财的反映和评价五个方面分析了制度规制公司理财的必然性；其次，从分析经济条件与制度结构间的关联性出发，阐释了制度、经济组织与经济增长的关系，并基于以上分析，提出了制度影响公司理财的一般路径，探寻了均衡状态下和演进状态下制度与公司理财间的关系；最后，阐述了公司理财制度建立基点——交易费用。

第四部分是对公司理财制度基础作用机理和影响路径的剖析，是本书的核心，包括第三、四章。非正式制度是正式制度的基础和补充，在第三章"宏观制度对公司理财的影响机理"中，首先，通过一个"鹰—鸽"博弈论证了非正式制度是公司理财得以实现的前提和基础；其次，运用新制度经济学、政治经济学、法经济学、立宪经济学等多种理论，从宏观层面依次对政治体制、政府宏观调控、国际环境下的各项国际经济法对公司理财影响的机理和路径进行了剖析和探究。在接下来的第四章"微观制度对公司理财的影响机理"中，首先分析了产权制度与效率的关系，并基于此，运用经济学分析方法，阐释了不同产权制度下对公司理财决策和效率的不同影响；其次，运用委托代理理论、博弈论和经济学分析方法依次解释了经济性规制、社会性规制及公司层级制度对于公司理财的影响。

第五部分是公司理财的制度规制分析。首先，从融资的制度环境、契约性安排、法律法规规制及法律责任四个方面阐释了制度对融资的规制作用；其次，从投资的制度环境、契约性安排、法律法规规制及法律责任四个方面阐释了制度对投资的规制作用；再次，从资本营运的制度环境、契约性安排及相关法律分析三个方面阐释了制度对资本营运的规制作用；最后，从利润分配制度界定的必然性出发，依次阐释了公司利润分配的制度界定，制度对公司可供利润分配标准的确定，公司利润分配的契约安排及公司利润分配的法律强制。

第六部分基于职工薪酬的视角，通过对职工薪酬的描述性统计分析和案例分析折射出制度对于公司理财的影响。首先，厘清了公司理财、会计利润与职工薪酬的关系，即会计利润综合体现了公司理财的结果，职工薪酬本质上属于公司利润的分配，而且职工薪酬是公司与职工理财关系的体现，职工薪酬激励机制的制定会影响公司理财的效果；其次，从职工薪酬的角度，统计分析了产业政策差异、区域差异、行业垄断、城乡身份差异及公司所有权性质等企业外部正式制度对公司理财的影响，也述及了意识、观念等非正式制度对于职工薪酬的影响；最后，基于职工薪酬的视角，以中国远洋为例分析了企业内部制度对公司理财的影响。

第七部分运用举例及描述性统计分析方法，阐释了现行制度下我国公司融资、投资、资金运营及利润分配等理财活动现状，分析了现状的制度成因，并就此提出了坚持和完善我国经济体制、财税体制、金融体制等各项制度的政策建议，为我国公司理财提供良好的制度基础，引导我国公司理财在追求效率的同时兼顾公平，最终实现公司的可持续发展和我国经济的可持续发展。

最后一部分是结束语，在总结全文的基础上指出了本书研究的不足及未来可能的研究方向。

本书各部分内容间逻辑关系如下图所示：

```
┌──────────┐          ┌──────────┐
│ 提出问题 │──────────│   导论   │
└──────────┘          └──────────┘

┌──────────┐      ┌────────────────────────┐
│ 基础理论 │──────│ 第一章 公司理财制度基础理论 │
└──────────┘      └────────────────────────┘

┌────────┐   ┌──────────────────────────────────┐
│从理论   │   │ 第二章 制度与公司理财的相互关系      │
│上论证   │   └──────────────────────────────────┘
│制度对   │   ┌──────────────────────────────────┐
│于公司   │───│ 第三章 宏观制度对公司理财的影响机理  │
│理财的   │   └──────────────────────────────────┘
│基础作   │   ┌──────────────────────────────────┐
│用       │   │ 第四章 微观制度对公司理财的影响机理  │
└────────┘   └──────────────────────────────────┘

┌────────┐   ┌──────────────────────────────────┐
│实践中   │   │ 第五章 公司理财的制度规制分析        │
│制度对   │───└──────────────────────────────────┘
│公司     │   ┌──────────────────────────────────┐
│理财的   │   │ 第六章 制度影响公司理财的统计及案例分析│
│规制和影 │   │       ——基于职工薪酬的视角         │
│响分析   │   └──────────────────────────────────┘
└────────┘

┌────────┐   ┌──────────────────────────────────┐
│我国公司理│   │ 第七章 现行制度下我国公司理财现状    │
│财现状中的│───│        及改进建议                  │
│制度因素分│   └──────────────────────────────────┘
│析及其改进│
│建议     │
└────────┘

┌──────────┐          ┌──────────┐
│ 总结全文 │──────────│ 结束语   │
└──────────┘          └──────────┘
```

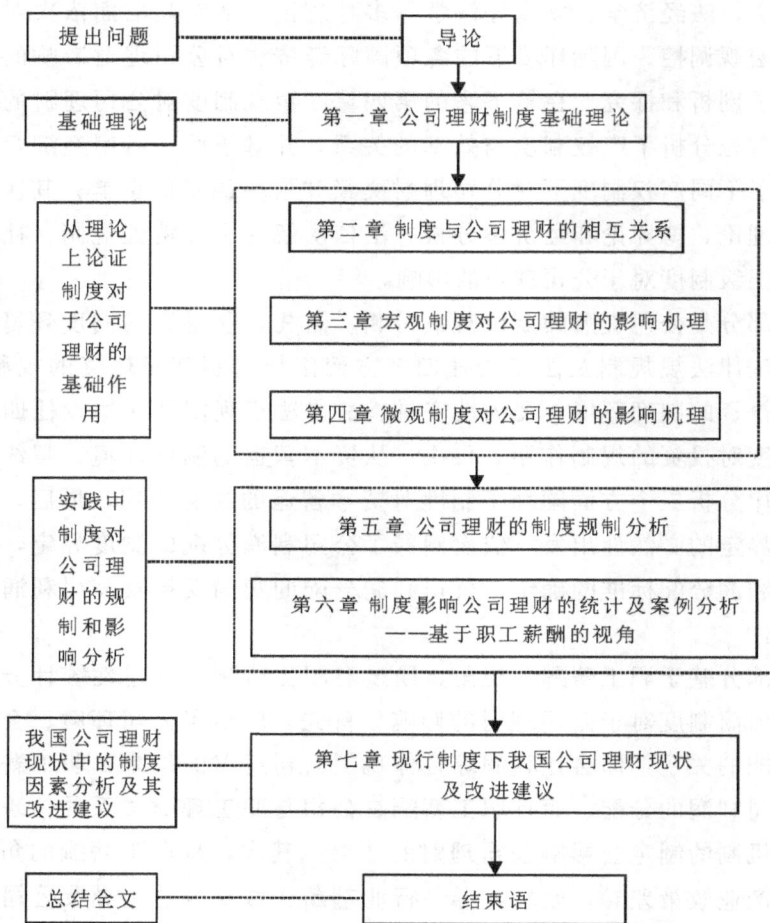

本书研究思路及技术路线图

（二）研究方法及创新点

本书采用了多种研究方法。第一，运用举例和列数据的方法，描述公司理财的现状，导出本研究意义；第二，采用文献研究及归纳总结的方法完成了文献综述及各章小结；第三，采用归纳、比较的方法阐释、分析公司理财各环节的制度规制；第四，运用新制度经济学、政治经济学、立宪经济学、社会经济学等理论，采用博弈论方法、边际效用和成本曲线图、Aghion 和 Tirole 的一个多维控制权模型、比较等方法探究了各项制度对于公司理财的影响机理；第五，运用描述性统计分析和案例分析的方法分析制度对公司理财的影响。

　　本书的创新点体现在以下几个方面：第一，分析了非正式制度、公司内外正式制度与公司理财的相互关系，阐释了制度对公司理财规制的必然性；第二，归纳并阐释了契约及制度对公司各理财环节的规制；第三，基于经济全球化背景，探究了非正式制度、公司内外正式制度对公司理财基础性作用及其影响机理；第四，基于制度对职工薪酬影响的描述性统计分析和案例分析，揭示了现实经济生活中制度确实影响着公司理财；第五，运用举例及描述性统计分析的方法，分析了我国现行制度下公司理财的现状，并据此提出了相应的改进建议。

第一章 公司理财制度基础理论

人们在经济生活中的相互交往，要依赖于某种信任，但信任是建立在一定秩序基础之上的，对于这种秩序的维护，要依靠各种禁止不可预见和机会主义行为发生的规则，即"制度"。企业等经济主体只有在确信他们的预期能够兑现的情况下才可能购买、销售、雇佣劳力、投资、创新和分配利润。从政治决策到经济生产和交易，再到管理个人关系的规则，制度安排为这些社会互动的开展建立了框架。成为一个群体或者社会的一员，也就是要生活在一系列的社会制度当中（杰克·奈特著，周伟林译，2009）。

第一节 公司理财制度基础的涵义

一、公司理财涵义

1958 年，以马克维茨（Markowowitz）发表的投资组合理论为标志，预示着现代财务理论从经济理论中分离出来，形成了一个独立的学科分支。此后，财务管理学得到了前所未有的发展，极大地推动了企业财务管理、资本市场及市场经济的发展。在财务管理学的发展过程中，一些基本的理论是我们必须要弄清的，那就是财务管理学的内涵、对象、内容以及财务管理学方法论等问题，这不仅有助于我们深入研究财务管理学理论，科学地把握其发展脉络和趋势，而且更有助于我们恰当地运用理论和方法去解决经济实践中面临的各种财务问题。

（一）公司的理财主体

陆建桥（1995）认为，理财主体界定了财务人员为谁进行理财的问题，规范了理财活动的空间范围，在这范围内有着独立的资金和资金运动，且以价值形式协调、权衡处理空间内外的经济利益关系。理财主体的资金运动一般包括资金的筹措、资金的投放、资金的收回及分配这一完整的运动过程。王化成（1999）将企业理财工作限定在每一个自主经营、自负盈亏的经济组织之内，区分了不同理财主体的理财活动，明确了理财工作的空间范围。由此，他认为理财主体应具备的特点为：（1）必须有独立的经济利益；（2）必须有独立的经营权和财权；（3）一定是法律实体，但法律实体并不一定是理财主体。

由于其惊人的积聚资本成就大事业的能力和对经济发展的卓越贡献，一直以来，公司被誉为现代企业制度的典范，公司制度被誉为"人类历史上最伟大的发明之一"。在现代的公司制企业，经营权和所有权分离的推行，使财权回归企业，经营者有权独立地进行筹资、投资和分配等重要理财决策，"经理革命"的出现，进一步为企业成为理财主体奠定了基础。

（二）公司理财的对象

从公司理财的发展历程来看，西方公司财务的研究重点是财务活动本身，着重研究资金筹集、投资决策和股利分配，其立足点在于经济学理论，主要探讨公司决策层如何实行财务决策，以使公司获利价值最大化。但是，汤谷良（1994）却认为，"西方学者在对一系列财务基本问题进行分析阐述的过程中，始终渗透着对权力的考量。完全可以说是'价值'与'权力'的综合考察"。张惠忠（2000）直接指出，在西方成熟的市场经济体制中，财务关系经由法律关系和运行规则所确定。

同样，我国公司理财也包括组织财务活动和处理财务活动中产生的财务关系。随着经济的发展，伴随企业创造增量价值过程的财务管理产生了，它是企业组织各项财务活动，处理因财务活动产生的各种财务关系的一项经济管理工作，是公司治理的重要组成部分。财务关系与财务活动相辅相成、互为因果，一种财务关系的建立会对应产生一种财务活动；一种财务活动的开展必然伴随着一种财务关系的建立，两者相互作用，共同影响着企业价值增值的实现程度。

（三）公司理财的目标

任何一种管理活动，都应有明确的目标作为行动的指南，公司理财活动也不例外。公司理财目标，是指在特定的理财环境中，通过组织投融资、资产运营及利润分配等财务活动，处理组织财务活动中产生的各种财务关系所要达到的目标。不同的理财目标会对企业财务管理实践产生截然不同的影响。

对于企业理财目标的确立问题，中外学者一直争议较大，影响较大、流行时间较长的理财目标有利润最大化、股东财富最大化、企业价值最大化、利益相关者利益最大化及权衡利益相关者利益的企业价值最大化。

1. 利润最大化

传统经济学都假定企业是以追求利润最大化为财务目标的经济实体，所以认为企业追求利润最大化是理所当然的选择。以利润最大化作为理财目标具有一定的道理，企业追求利润增加，就必须改进技术，加强管理，提高劳动生产率，有利于合理配置资源和提高企业经济效益；利润反映着企业一定期间的经营成果，是债务利息支付、投资者收益增长、企业增加资本积累、扩大经营规模的源泉。总之，利润的取得保证了企业的生存和发展，这对于投资者、债权人、企业、职工和国家都是有利的。但是，利润最大化目标在实际应用中也存在一些不足：（1）利润额是一个绝对数，不能反映所得利润额同投入资本额的对应关系，不能科学说明企业获取经济效应水平的高低，不便于不同企业甚至同一企业不同时期的比较；（2）对于利润最大化的追求，有可能诱导企业的短视行为，损害企业的长远利益甚至给社会带来危害。

2. 股东财富最大化

利润最大化的理财目标在延续了 200 多年以后，Anthony（1960）对此目标提出质疑，并基于委托代理理论，提出了股东财富最大化的理财目标。按照委托代理理论，企业的日常财务管理工作由受托的经营者负责管理，基于受托责任，经营者应最大限度地谋求委托人（股东）的利益，而委托人（股东）的利益目标就是实现权益资本的保值增值，提高资本报酬率。一般采用股票市价或每股市价来评价股东财富，在股票数量一定的情况下，股价越高，股东财富越大。但是，股票价格受多种因素的影响，股票价格并不总是能真实地反映企业的业绩，而且股票市价的取得对于大量的非上市公司而言很难。所以，这一理财目标尽管克服了企业在利润最大化目标下追求利润的短期行为，也因其评价指标的局限性在延续了 40 多年后被企业价值最大化目标所取代。

3. 企业价值最大化

顾名思义，企业价值是指企业全部资产的市场价值，数值上等于股票和负债的市场价值之和。而对于企业全部资产的真正价值是无法取得的，一般地用未来企业报酬贴现法和资产评估法来对企业全部资产的市场价值做出估计。使用未来企业报酬贴现法估算企业价值，在一定程度上体现了对经济效益的深层次的认识，但是这种估算方法存在难以克服的缺陷：报酬多少及其取得时间是无法准确预知的，反映风险大小和资金时间价值的贴现率与时间的风险利率存在不一致，这导致了实践操作上的困难。虽然如此，采用未来企业报酬贴现法估算企业价值的企业价值最大化目前仍然是认同度较高的公司理财目标。

4. 利益相关者利益最大化

企业在谋求生存和发展的过程中，除了追求自身经济利益外，还必须正确处理提高经济效益与履行社会责任的关系，表现为企业应为与企业有关的全部利益相关者服务，包括股东、企业职工、债权人、供应商和顾客以及其他利益相关者。该理财目标虽然比以上各理财目标更多地考虑了企业利益相关者的利益，但利益相关者却包含五种类型：董事长与总经理、总经理与财务经理等理财者个人之间的关系；公司与政府、公司与公司等独立利益主体组织间的关系；企业集团或单个企业内部层级组织间的关系；企业集团与企业集团间的企业群体关系；公司财务网络与社会结构网络间的关系。这些关系错综复杂，加上个人偏好的客观存在，每类利益相关者利益最大化是无法核算的，利益相关者利益有时是相互影响和相互牵制的，故此实际上也不可能每个利益相关者的利益同时达到最大，所以操作性和指导性不强，没法运用于实践。

5. 权衡利益相关者利益基础上的企业价值最大化

基于上述各理财目标存在的缺陷，Michael C. Jensen（2001）通过研究企业价值最大化、利益相关者理论及企业目标间的相互关系，认为如果公司忽略利益相关者的利益是不可能达到企业价值最大化的，他相信企业价值最大化与利益相关者理论之间是一种正相关关系，就此提出了改进的利益相关者理论，即在权衡利益相关者利益基础上的企业价值最大化。这样，既考虑了企业长远的发展，在一定程度上也反映了风险和报酬的匹配，也更多地关注了企业各利益相关者的利益。更为重要的是，此理财目标能适应理财环境的变化，更好地诠释财务管理的涵义，这也是本书以此理财目标作为考量的缘由。

（四）公司理财的基本原则

企业财务管理的基本原则是在遵循理财目标的基础上，从企业理财实践中抽象出来的并在实践中被证明是正确的行为规范，反映了理财活动的内在要求，是企业理财工作必须遵循的基本准则。

1. 风险与收益匹配原则

公司理财中，必须考虑企业生产经营过程中面临的各种风险，并对各种不同的风险进行科学的管理，以使其取得的收益高于因承担风险而带来的成本或损失，努力实现风险和收益的平衡。企业要生存和发展，必须要投资，而投资就会面临风险，确定合理的风险收益匹配要考虑如下的问题：（1）企业适应环境的盈利能力，能力越强，承担风险的能力越强，反之则反是；（2）风险管理的水平，能对风险的出现概率及对应的损失大小做出科学的估计，并制定出相机策略，以规避或降低风险带来的损失；（3）企业承担风险的胆略，胆略越大，愿意承受的风险越大，获取更大收益的机会增强，但是盲目冒险是不行的，必须匹配以相应的风险管理能力和盈利能力。

2. 现金流转平衡原则

现金流转平衡是企业财务管理中一项重要的工作，其动态平衡公式为：

目前现金余额＋预计现金流入－预计现金流出＝预计现金余额

如果预计现金余额远远低于现金最佳持有量，则应积极筹措资金，以弥补流转资金的不足；如果相反，则应积极组织还款或进行投资，以保证企业经营中各种现金收支的动态平衡。只有实现了现金的动态平衡，才能维持企业正常的生产经营活动，才能顺利地实现企业的财务管理目标。在财务管理实践中，企业的投融资管理决策、日常经营现金收支机制均应在这一原则的指导下进行。

3. 资金占用最小化原则

财务管理过程是一个不断追求用最小的资金投入实现既定的财务目标进而实现企业战略目标的过程。资金营运占用和资金成本最小化，是企业提高经营效率和效果的重要方面，是财务管理的重要原则之一，包含以下几个方面的含义：（1）收益相同时，资金占用额最小；（2）资金占用额最小情况下财务目标的达成，如最佳现金持有量、最佳存货订货量等；（3）资金需求一定时，资金成本最小，资本结构最优。

4. 集成化原则

企业资金的运动，经历资金筹措、资金投放、资金收回与资金分配等几个环节，这几个环节相互联系、相互作用，构成一个整体。在计算机网络化的环境下，如何利用网络信息系统的集成化优势来引导企业各层级、各部门现金流的集成和充分利用，以发挥资金集成的财务协同效应，已成为公司理财研究的新动向。要做好财务管理业务和财务信息的集成，首先必须将企业财务管理和内部业务管理先行融合集成，再进一步扩展到企业外部的相关业务管理。财务管理集成化原则是企业资源发挥整体财务效应的基本原则，关键在于体现集成化管理的财务效应及财务目标与业务目标的协调效应。

5. 利益相关者的利益协调原则

公司理财中，要减少各利益相关者之间利益冲突而导致的企业总体收益的下降，必须保证企业利益相关者的利益分配均衡。财务管理利益协调原则，就是利益相关者利益分配在时间和数量上所达到的动态平衡。企业对利益相关者的利益分配是企业对利益相关者的必要回报，这种回报是维系企业正常生产经营和发展的必要手段。为保证企业的生存和发展，就要求企业收益的分配不仅在时间上而且在分配金额上保持协调平衡。如果做不到利益分配的平衡，必然导致企业利益冲突的加剧，进而代理成本和经营成本攀升，最终招致经营失败。

二、制度的基本理论

（一）制度的定义

制度经济学中的"制度"（institution），从其词义上看，有多种涵义，如制度、习俗、惯例；建立、设立、制定；基本原理、基本原则、法理教程等。但出于研究目的的不同，各学者对于"制度"一词的定义往往也存在不同的解释。如约翰·R. 康芒斯（1961）将制度定义为"限制、解放和扩张个人行动的集体行动"。拉坦和速水（1984）指出："制度是社会或组织的规则。这些规则在建立经济关系领域中的经济活动的预期时起着十分关键的作用，提供了交易双方对于对方行为的保证，并在经济关系这一复杂和不确定的世界中给予预期以秩序和稳定性。"马修斯（1986）把制度看成是"影响人们经济生活的权利和义务的集合"。诺斯（1990）认为，"制度是一个社会的博弈规则，确切地说，它们是一些人为设计的、型塑人们互动关系的约束。制度构造了人们在政治、社会或经济领域里交换的激励"。柯武刚、史漫飞（2008）认为，制度是人类相互交往的规则。它抑制着可能出现的、机会主义的和乖僻的个人行为，使人们的行为更可预见并由此促进着劳动分工和财富创造。制度，要有效能，总是隐含着某种对违规的惩罚。丹尼尔·W. 布罗姆利（2007）认为，制度是确定个人、企业、家庭和其他决策单位做出行动路线选择的选择集的规则和行为准则。

刘易斯、施密德、肖特尔及心理学家安迪·克拉克等学者对于制度都有自己不同的理解。综上，我们可以得出关于制度的以下观点：（1）制度界定了组织或社会规则；（2）企业只有从制度上理解才有意义，一家公司作为一个独立的法律实体存在只是因为有一套规则什么是以及什么不是一家公司。因此，制度中有两类工作规则和社会组织有关：（1）通过社会其他部分界定一个组织的制度，这些制度说明了想成为并持续经营一个公司要遵循的必要步骤，如宪法、地方法规、宪章等；（2）描述组织内部特征的制度，这些制度说明了公司应如何指派雇员，如何保存会计记录，如何做出经营决策等工作，如组织的行政法规等。这些观点构成了本书关于制度的理解。

（二）制度的分类

1. 按照制度的起源分

（1）内在制度

内在制度是从人类长期的社会交往中通过一种渐进式反馈和调整的演化过程发展起来的。当规则及其整个规则体系被足够多的人采用并进而被整个社会或组织所了解时，该规则及其整个规则体系会被自发地执行并被模仿，且其中多数的特有内容将因循一条稳定的路径演变，如既有的习惯、伦理规范和商业习俗等。按照监督遵守情况和惩罚违规行为方式的不同，可以把内在制度分为正式的和非正式的两类。正式的内在制度是以正规的范式发挥着作用并由某些社会成员以有组织的方式实施惩罚的制度，比如行业协会对该协会成员的管理。非正式的内在制度则是未得到正式机制支持实施的制度，根据自发服从和惩罚违规行为程度的不同，可以进一步划分为习惯、内化规则及习俗和礼貌三类。习惯是指基于自利动机而被自动服从的规则，如果不遵守习惯，那是一种自我惩罚；内化规则是指通过习惯、教育和经验积累而形成的规则，在正常情况下，人们会无疑义地、自发服从该规则，它既是个人偏好又是约束性规则，违法该规则的典型惩罚就是内疚；习俗和礼貌是指个人或集体的传统、传承的风尚、礼节、习性，社会或组织内的成员会非正式地相互监督遵守执行，因此，违反该规则虽不会自动引发有组织的惩罚，但是违规者会落下不好的名声或发现自己被排斥于社会或组织之外。此外，习俗还可以通过契约伙伴提供"抵押物"的方式得到加强。总之，作为"文化粘合剂"组成部分的内在制度能被灵活地运用于大量变化的环境，它可以按照具体环境定制贴切解释和惩罚措施。这也在一定程度上增强了它们的演化能力。

（2）外在制度

外在制度是由一批政治过程产生的代理人设计并强加给社会的，它们以法规和条例的形式存在，由诸如政府及其他权威机构依靠强制性法律手段自上而下正式执行，且政府又要用非暴力的手段来控制专门从事法定暴力的从业者，这种控制往往通过正式规则和财务控制来实行。根据外在制度目标和内容的不同，可以把外在制度分为外在行为规则、具有特殊目的的指令和程序性规则或元规则三类。外在行为规则的目的在于用类似内在规则的方式约束公民的行为，它们由普适的禁令性规则构成；具有特殊目的的指令指示了公共主体或民间主体造成的预定结果，可以被包含在成文法中，出现于许多国家基于更一般授权法的细则之中，这类规则对于知识的要求性很高；程序性规则或元规则主要针对各类政府主体，指示它们如何行事和应做什么，许多以保持规则体系的内在协调为目标。程序性规则对于外在行为规则的有效性具有非常重要的地位。外在制度的有效性在很大程度上取决于它们与内在制度的互补性，而许多非正式惩罚在防止机会主义行为上是无效的，为支持合作行为，外在制度也是必须的。

2. 按照制度的作用及其变迁过程分

根据制度的作用及其变迁过程，丹尼尔·W. 布罗姆利（2007）把制度自上而下分为三个层次，即政策层次、组织层次和操作层次。政策层次由立法和司法机关代表，界定了与经济决策控制中心有关的市场与非市场之间的界限，决定了对各类经济活动中获得的净收益的分配决策，并且对前两类集体决策中发生变化的条件进行决策。组织层次由行政机关代表，是实现政策层次所达成的认识所需的组织和法规的发展，界定了组织的规划和运行。操作层次由企业和家庭代表，其行为选择范围由联系政策层次和组织层次的法规决定。三者之间的关系如图 1-1 所示：不同的可供选择的财产制度的具体形

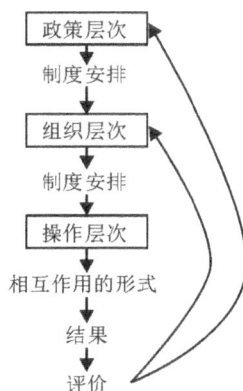

图 1-1　制度的科层结构图

式在政策决策层次上界定，并且赋予其意义的制度安排在这一层次上以及在组织层次上得到发展，而这些制度安排又为经济主体——家庭或企业在操作层次上界定了选择集。当可供选择的选择集带来不同的选择行为相互作用产生某些结果时，对这些特定结果就会出现赞同或反对的意见，如果有人希望变革，他们就会试图影响那些处于政策层或组织层的人以设计新的制度安排，当然，操作层的决策单位也能重新制定并实施他们自己的制度安排。

3. 按照对社会影响的大小分

核心制度，在社会中处于核心和基础地位，起主导作用；边缘制度，处于核心制度的外围，为核心制度服务的。核心制度存在于每一个社会之中，它由该社会的主流信念所决定，反映了该社会的基本特征，是社会主导集团所奉行的社会组织原则和所追求的社会目标的具体化体现。核心制度在社会主流信念改变之前不会发生变革，同社会的主流信念相矛盾的边缘制度，只能处于该社会的边缘，无法在该社会取得主导地位。一个社会是否存在这类边缘制度，是靠社会的核心制度在长期中能否独立生存而定。核心制度的创立，直接体现了主导集团所奉行的主流信念和所追求的社会理想；边缘制度能够生长出来，也首先是主导集团出于使核心制度能够长期生存的目的，这同样是为了使主流信念能够更有效地长期坚持下去。

（三）制度的功能

制度有哪些功能，是一个难以简单概括的问题。我国学者林毅夫、张春霖、刘世锦及姚洋等提出了自己的看法，本书赞同柯武刚和史漫飞（2008）对于制度功能的理解。

1. 有效协调和信任

复杂的人际交往过程因制度而变得更易理解和更可预见，不同个人及组织间变得更易于协调。因此，在一个复杂多变的环境下，从事经济活动的个人或组织因制度使世界更加有序，他人的反应更可预见，并减少了不确定性，而更容易进行经济活动。一般的、可识别的行为模式和条件模式的存在，为经济主体提供了更好地应对其所遇到的各种具体情况的一般原则。制度有助于人们理解混乱而复杂的周围环境，在相当程度上保护了人们，使他们得以免于面对不能恰当处理的情形和应付不能驾驭生活所怀有的原生焦虑。所以，由制度支撑的信心使我们能够承受经济生活的各种风险，富于创造性和具有企业家精神，并能鼓励他人提出自己的创新。

制度限定了指向未来行动中的风险，减少了"远期无知"，使人们对出现的企业家机会保持敏锐的嗅觉，为人们创造一种信心，稳定了人们的行为，进而增进知识和劳动分工，而这种分工又促进了经济繁荣和增长，加上制度创造了诱发归属感的多种纽带，这些都一并体现为人们相互间信任的提升。

2. 保护个人自主领域

肯尼思·博尔丁（1959）说过："自由托庇于道德、金钱、法律和常识，宛如置身于栅栏的保护之中……若你的没有自由限制了我，我们就需要政治权力；若违反了规则，就需借助法律，削减自由——为了自由。"这段话精辟地表达了制度的第二个功能——保护个人自主领域，并使其免受外部不恰当的干扰。在一定范围内，每个人或企业都有一个自主管理的空间，它受到被遵守的、可强制执行的制度的保护。但是，就像 19 世纪末和 20 世纪初的法律学者 W. N. 霍菲尔德认识到的那样，制度概念其实是一个相互关联、相互影响、两重性的概念。在市场经济中，产权制度确立了个人或企业运用自己资产的自由领域，而经济竞争则对产权的运用施加控制，并限定个人或企业即使拥有产权有些事也不可以做。市场经济的运行不仅依赖于经济自由，也依赖基于恰当制度所支撑的竞争对这些自由所施加的限制。

3. 防止并化解冲突

人们或组织在追求其自身目标，行使其自由意志的过程中，常会因影响到他人而发生冲突，为约束人们行为，避免发生破坏性冲突，产生了以较低的代价和非暴力方式来解决冲突的需求。依靠限制任意行为和降低冲突可能性的规则，制度可以一般性的、预防性的方式限制个人或组织的绝对自由或放纵；或者当冲突发生之后，制度能以先前协商或制定好的，可预见的方式裁决冲突。所以，制度的第三个重要功能就是降低冲突发生的可能性，或者在冲突业已发生之后以协商好的、可预见的方式解决冲突。

4. 权势和选择

独立的个人或组织的行动自由，或具有财富和优势地位的个人或组织的合作过程中，都潜藏着冲突。当处于贫穷和弱势地位的个人和组织在合作中感觉不自由和受到强制时，他们会要求对权势的运用施加影响。在许多领域中，有选择自由就能使人们获得权势，只有在别无选择、不能退出的场合或没有可能按以往经验调整其目标的场合，权势关系才会存在。换言之，即使可供选择的对象无一提供了诱人的机会，但因为存在多种可供选择的对象，仍然会使人觉得自由，因为这些可供选择的对象抑制了权势。在有人或组织对他人拥有巨大权势的社会中，强有力的制度和强制性控制也不能避免冲突的发生，及由此产生的高昂代价。鲍威尔森（1994）指出："在长期的经济和社会发展中，恰当制度的一个中心作用就是，在不同社会集团之间建立权势平衡，并确保较下层次的集团能从上层权势集团那里得到支持。"只有权势得到扩散，可供选择的机会增多，基础广泛的经济持久发展才会出现。

制度具有上述的功能，但制度能否有效地发挥其功能，还要看所设计或传承的制度是否是开放的、普适的、易于理解和节省知识的；当然设计良好的制度，想要发挥其应有的功能，也离不开制度的有效执行。

（四）有效制度的本质特征

彼得·舒克曾于 1992 界定了制度中复杂性机能障碍所具有的四个特征，即密集化、技术化、不统一及不确定。理查德·爱泼斯坦（1995）指出，这样的规则体系向公民们强加了过高的服从成本，并且在运作上也成本高昂。认识论和法理学也业已证明，复杂规则不起作用，因为它们对人的认识要求过高并使服从法律的代价超过了必要的水平（Schuck，1992，Epstein，R，1995）。因此，制度必须具有普适性，并且为了强化制度所具有的节省知识的特性，往往可以使用符号构成的信号来使制度变得更加确定，而禁忌因其常常附带有类似节省知识的功能也被看做了有效制度的本质特征之一。

1. 普适性

制度的普适性是指，制度是一般而抽象的（而非针对具体事件的）、确定的（明了而可靠的）和开放的，它们能适用于无数的情景。简单规则大都比复杂规则更易于了解，并因此能更好地发挥它们的功能（Epstein，R.，1995）。普适性属于人们所理解的公正的组成部分，是法治的一个基本态度，即无人应高踞于法律之上，这也是一个在欧洲源远流长的概念。

普适性的第一项准则是说制度应具有一般性，意即制度不应再无确切理由的情况下对个人和情境实施差别待遇。哈耶克（1973）将一般性定义为"适用于未知的、数目无法确定的个人和情境"。普适性的第二项准则是确定性，有效规则必须在两种意义上具有确定性：可识别的及就未来的环境提供可靠的指南。确定性准则就意味着，正常人应能清楚地看懂制度的信号，了解违规的后果，并能恰当地使自己的行为与之对号。秘密法令和含糊、多变的法律就违背了确定性原则。普适性的第三项准则是开放性，它允许行为者通过创新行动对新环境做出反应。

制度的普适性给行为者提供了巨大的自行决策空间，使得它在禁令性规则中相对易于得到保证。违背制度的普适性，一般都会削弱对规则的服从和规则的显明性，并因此而削弱制度的规范性、协调性品质，那样的话，制度就会变得不那么有效了。

2. 符号和禁忌

如我们之前对于制度功能的分析，制度的基本功能在于协调人际关系方面减少对知识的需求。为了强化制度所具有的这种节省知识的特性，往往可以采用符号构成的信号来使制度变得更加确定。符号是一种物质性的东西，它可以很方便地代表和提示被复杂化了的规则，但它的功能完全要依赖于符号所代表的制度，如货币传递一定的价值信号。

禁忌也常常附带有类似的节省知识的功能，它节省了人们了解禁令理由或理解何以某种情况对他们有害的麻烦，其目的是要获得无反应的服从。当然，因禁忌限制了人们的选择集，这在许多时候可能会抑制他们的适应能力，从而成为调整新制度以适应新环境的一种障碍。

因此，符号和禁忌诱发了有条件的，往往是半自动的反应，这在很大程度上简化了搜集和评估知识的过程，正因为如此，它们使得规则的执行更直截了当。

（五）制度的关联性

1. 正式制度与非正式制度间的关联性

荀子指出："礼者，政之挽也；为政不以礼，政不行矣。"正式制度的有效性在很大程度上取决于它们与非正式制度的互补性，即内在制度是有意识制定的、立法通过的规则，以及由政治过程决定的整个制度框架的基础；但许多非正式惩罚在防止机会主义行为上是无效的，为支持合作行为，正式制度也是必须的。

正式制度与非正式制度存在功能方面和变迁方面的互补性。

（1）功能方面的互补性

第一，非重复性交易中正式制度的不可替代性。为获得未来长久的稳定收益，进行重复多次交易的双方会自觉遵守习惯化的契约，但如果是一次性的交易，因非正式制度的实施未得到正式机制的支持，交易双方遵守习惯化契约的动力就会不足，这时，就需要正式制度对交易中双方的行为予以规制以保证交易契约的完成。第二，非正式制度弥补了正式制度的不完善。社会是复杂的，处于不断变化发展中，而正式制度的内容比较确定，确定的内容是有限的，即正式制度不能定义所有的社会经济行为。世界各国正式制度的越来越繁杂充分证明了这一点。即便如此，相对于社会的发展、经济交易的推陈出新，制度永远落后于实际的需要。但是，作为"文化粘合剂"组成部分的非正式制度可以灵活地按照具体环境定制贴切解释和惩罚措施。

（2）变迁方面的互换性

在一定的条件下，正式制度可以转化为非正式制度，而非正式制度也可以转化为正式制度。一项正式制度在经过长时间的实施之后，可能会由最初的被迫遵守变成最后的自觉遵守，即使今后被废除，该项制度也有可能被人们习惯性地遵守。非正式向正式制度的转化，更是具有普遍意义，内在制度中内在规则转化为正式的内在规则的例子比比皆是：我国历史上出现的行规，现在各个行业协会的自律规定等。

2. 制度系统内部的层级关系

现实中，服务于一定目标的制度是依靠其所形成的相互支持的规则群的共同被遵守来实现的，规则所形成的系统影响着实际世界的现象系统。现代经济中各种各样的参与者并不是在混乱中运作，而是参照一个制度系统有规则地行动着。恰当的制度能在一个复杂的、不确定的世界中引导个人决策，并能帮助我们减少对信息的需要。但是，单项的制度要想有效，就必须得到其他若干相互兼容的规则序列的协调或引导，如受保护的产权制度、缔约自由和责任的结合才能使得产权制度得以有效执行。只有规则群能够形成一个恰当的和谐整体，有效的秩序才能被造就，并能对人们在交往中可能出现的各种机会主义行为进行抑制。

一个从一般规则到具体规则的层级规则结构所形成的规则群，能够在引导人们的行为上发挥更好的作用。如图 1-2 所示，保障人类一些不可剥夺权利的自然法就位于制度系统的顶层；其次是国家根本大法的宪法，它奠定了一国政治制度的法律基础；接下来是中层的各项成文法和底层的政府条例。

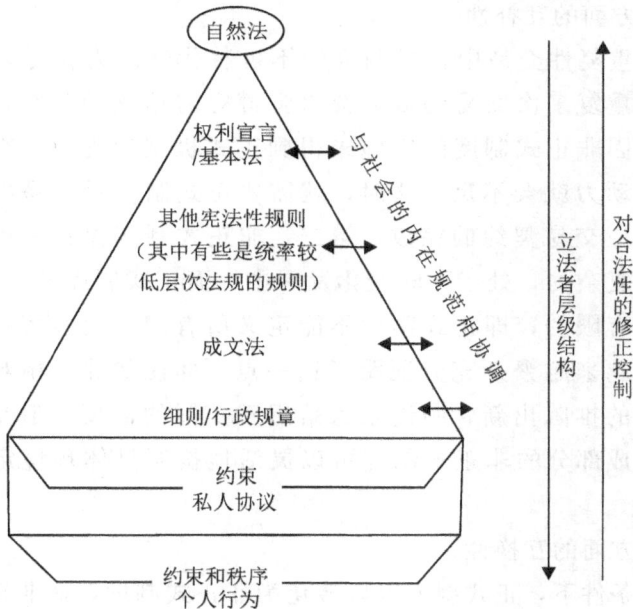

图 1-2 制度系统的层级关系

内在规则虽没有明确的层级性规则和程序性规则，却兼容于外在制度的各个层次，所有层次上的外在规则都应当符合社会的内在规则，以确保这些规则对人的行为具有规范性的影响，而且，在有些情况下，规则发生冲突，只有隶属于内在规则的道德诉求才能化解矛盾。自然法是社会成员共同认可的一些根深蒂固的规则和价值的总称，这些规则和价值保护着人们的不可剥夺的权利。最高层次的宪法规则往往包含在权利法案、基本法或成文宪法的序言当中，并统率着所有其他的规则，这些最高层次的制度仍然需要与自然法相兼容。仅次于自然法和基本法的是另一些更具体的宪法规则，通常包含着程序性的公法规则，决定了规则的采纳和应用方式，是有别于指导人的行为规则的具体细则和条例。由内化的道德规范或者由在权利法案或"基本法"中正式制定的一般性外在制度构成的抽象的具有一般性的普适规则，通常可用于出现矛盾的较具体制度的协调，较具体的规则可以被包含于具体的成文法或细则中，可以解释现实中出现的大部分问题。

第二节　公司理财基础制度的理论基础

企业本身是不可能从事理财活动、协调理财关系的，从事这些工作的是处于企业不同层级、不同岗位上的"人"。企业是一系列契约的集合，该集合形成了一个多层级委托代理链构成的层级结构，"经济人"的有限理性、委托代理理论形成了公司理财主体特征对于制度规制的需求。基于市场资源的稀缺性，产生了公司理财的必要性，资本市场的有效性理论、不完全市场竞争及信息的不对称导致了公司理财中不确定性的产生，制度的出现可以降低人们理财中面临的不确定，并予以确定的预期，激励了人们经济行为的发生。经济主体公司理财的目标是权衡利益相关者利益的企业价值最大化，不同环境条件下，理财主体的行为方式是不同的，各利益相关者利益的权衡实际上是各利益相关者间博弈的结果，博弈双方采取的均衡策略离不开对对方行为传递的信息的揣摩和判断。期望理论和权变理论有助于各利益相关者间理财关系的管理和协调。在公司理财过程中，经济主体的行为或对某些资源的使用可能会影响到另外一些人或群体的利益或福利，但他们之间却没有使用某种交换手段来协调两者的关系，形成了负的外部经济性，这同样需要制度对此予以纠正。

一、公司理财主体的规制需求理论

（一）新经济人假设理论

由于经济人在追求其效用最大化的过程中，行为会受到环境的复杂性和不确定性、人类本身认知能力局限、信息的不完全性和不对称性、法律法规、风俗习惯、伦理规范及价值和道德观念等意识形态等多方面的约束，这些约束的客观存在决定了经济人只能具有有限理性，即经济人只能在特定的制度环境约束下最大化自己的效用。因此，新经济人是指在市场制度中具有多元效用函数的人，这里的人可以是单纯的个人，也可以是企业和政府等组织机构。约束的存在使经济人的行为效用大小得以改变，但是环境的复杂性和不确定性、人类本身认知能力的局限、信息的不完全和不对称性可以通过法律法规、风俗习惯、伦理规范及价值和道德观念等意识形态强制或自愿改变其偏好或行为来改变，其中风俗习惯、伦理规范及价值和道德观念等意识形态是通过家庭、学校及社会长期传承形成的，短期内难以发生大的改变，因此短期内除了需要已形成的风俗习惯、伦理规范及价值和道德观念等约束来引导经济人的行为外，正式制度在短期内对于经济人的约束作用显得尤为重要。公司理财主体作为最重要的有限理性的经济人，需要制度对参与理财的各利益相关者进行规制，以形成确定的预期。

（二）委托代理理论

委托代理理论是过去40年左右时间里契约理论最重要的发展之一。随着经济的发展、劳动分工的出现和企业规模的不断扩大，企业间竞争越来越激烈，作为企业业主的经营者除了要掌握相关的专业技术知识外，更要深入了解与企业经营管理相关的各种知识以便在竞争中获胜。为适应新的经济发展形形势，代表企业所有者的代理人——公司制企业和新兴的职业经理问世了，委托代理关系便随之产生。由于委托人和代理人在签订契约前存在对代理人能力、品德及偏好等的不对称，以及在契约签订后存在对代理人工作业绩、努力程度等详细信息的不对称，而产生了委托代理问题。由于不满 Aroow-Debreu 体系中企业"黑箱"理论，一些经济学家对企业内部信息不对称和激励问题进行了深入研究，使委托代理理论得以开创和发展，并且得益于信息经济学和制度经济学的发展而取得了突破性研究成果。Michael C. Jensen 和 William H. Meckling（1976）认为，委托代理关系是一种契约关系，存在于所有包含两人或两人以上需要合作努力的组织中，这种契约关系包括公司经理、股东、雇员、顾客、供应商及其他人，并据此提出了公司代理成本的模型。这一模型为投资者有效地分配资本，公司经理客观、科学地做出决策提供了依据。而詹姆森·莫里斯认为"委托人"和"代理人"的概念来自法律，而经济学上任何一种涉及非对称信息的交易都可以构成委托代理关系，交易中拥有信息优势的一方是代理人，另一方为委托人。由于委托代理问题的事实存在，委托人必须就建立一套用来规范、约束并激励代理人行为的制衡机制与代理人达成契约，以协调各方的利益关系。随着社会经济的发展，根据委托人、代理人及代理任务数量的不同，委托代理理论由传统的双边委托代理理论演化出了多代理人理论、共同代理理论和多任务代理理论。

基于契约安排的公司自治和经营自由原则虽已被大多数国家所认同，但现实条件是，参与公司理财的各利益相关者只具有有限理性，交易会发生成本，交易过程中所需要的信息是不完备、不对称的，市场并不是完全的竞争市场，这产生了外部制度介入社会经济生活进行调整的需求，也是外部制度介入社会经济生活的根本原因。

二、公司理财环境规制需求理论

（一）稀缺性理论

人们在不断追求更高生活品质的过程中会遇到各种资源的限制，也就是说相对于人们的需要，绝大多数资源都是稀缺的，正是因为资源的稀缺性，才出现了如何有效配置并利用资源的基本经济问题。信息是稀缺的，资本是稀缺的，人力资源是稀缺的，制度也是稀缺的。但这是一种动态的稀缺，客观存在的资源数量及其变动与人口数量及其变动的相对状况决定了它的稀缺性及稀缺程度，而这种状况又是随着人类社会、经济的发展和自然状态的变化而变动。因稀缺资源随着科学技术、经济环境、社会需求和产业结构改变而变化，过去、现在或将来的稀缺资源会有所不同，而同一时间的不同空间位置的同一资源的稀缺性也可能存在不同。正是由于资源客观上存在稀缺的事实，使得各公司在配置使用资源时谨慎权衡，比较资源各种可能用途进而加以选择成为必要。

（二）有效资本市场理论

法玛（1970）从概念和统计上界定了有效资本市场，有效是指资本市场所确定的证券价格对有关信息的反应速度和完全程度。在一个信息有效的市场，证券价格能够反映与公司生产、管理水平、经营成果、现金流量及发展前景等有关的全部信息。一旦公布某公司的重要信息，其股价会立即发生波动以反映信息的影响。按照证券价格对有关信息的反应速度和程度，可以把资本市场分为弱式有效、半强式有效和强式有效。

弱式有效，是指当前的证券价格已经充分反映了能从市场交易数据中获得的全部信息，包括历史成交价格、成交量、未平仓合约等信息。在弱式有效的资本市场中，任何利用历史信息制定投资策略进行证券买卖的投资者都不能获取异常收益，这就意味着证券价格是不可预测的，资产价格的变化是随机性的。半强式有效，是指当前的证券价格反映了所有公开的信息，包括可以公共资源的形式获取的所有相关的历史信息、当前信息及可预测的未来信息，如公司的会计信息、证券价格、成交量、公司价值及所有的国民经济资料等所有公开的信息。这种形式的效率市场意味着资本市场在新信息发布之前具有对证券价格进行预测的能力。强式有效，是指当前的证券价格反映了所有的信息，不仅包括所有公开信息，还包括各种内幕信息。这意味着与特定公司相关的所有信息在产生之后会立即反映在证券价格中，而且是其在正式公布之前就已反映在证券价格中。从中可以看出，弱式有效和半强式有效市场可以通过获取内部消息来获得超额收益，而在强式有效市场条件下，任何人都无法利用内幕消息获取超额收益。

有效资本市场理论是界定资本市场处理信息效率的理论，与经济中资本的分配或使投入资源产出最大没有直接的关系，但是资本市场处理信息的效率会影响信息的透明度，进而对经济资源的有效配置和公司理财人员产生影响。

（三）不完全竞争的市场假设

不完全竞争市场是相对于完全竞争市场而言的，不确定性、可交易数量的有限性、资产的专用性、小数目谈判条件及交易地理位置的局限都有可能导致市场的不完全竞争或垄断。有些不完全的市场竞争是由于规模经济的需要而自然形成的垄断；有些如专利与专营权的控制、军工及烟酒等特定商品的经营由政府基于其他方面的目的而形成。在目前的世界经济环境下，虽然各国都制定了发托拉斯法等法律来维护市场的完全竞争，但诸如专利的政府保护也会使得市场不完全竞争的事实存在。可以说，制度在一定程度上减少了市场的不完全竞争，可又在一定程度上造成了市场的不完全竞争。

（四）信息的不对称理论

股市的沉浮、信贷配给、商品的买卖等无不说明了现实市场经济中信息不对称现象的存在，阿克尔洛夫最主要的著名思想"柠檬效应"就是对此最好的说明。信息不对称理论是指在市场经济活动中，参与交往或交易的各方对有关信息的了解是有差异的，掌握更充分信息的人在交易中往往处于有利地位。信息不对称现象的存在会使得交易中信息优势的一方产生逆向选择或道德风险问题，或者会使得交易中信息弱势的一方会因为获取的信息不完全而对交易缺乏信心，对于商品交易来说，其成本是高昂的。

信息不对称现象早在 1970 年代就受到了美国三位经济学家的关注和研究，它为市场经济中的人因获得信息渠道的不同、信息量的多寡而承担的不同风险和收益提供了一个新的视角。信息对市场经济运行和发展有着不可估量的影响，但是信息不对称及其不完全却是市场经济的诟病，随着新经济时代的到来，信息在市场经济中的作用会更加突出，要减少信息不对称对经济所产生的冲击和危害，应依靠制度在市场经济运行中发挥强有力的作用。

三、公司理财行为机制规制需求理论

（一）行为金融学基础的期望理论

行为金融学基础的期望理论，是由凯尼曼与特维斯基（1981）创立的一种有关人们在不确定条件下进行决策的新理论。该理论认为决策者的决策由相对于一个参照点的盈亏价值与决策权重决定，也就是说，与标准金融投资者效用取决于财富和消费的绝对水平不同，行为金融投资者的"效用"反映在由盈利和亏损及其相应决策权重决定的价值函数中，是一条中间有拐点（参照点）的 S 形曲线。根据该理论，行为金融投资者在发生损失时通常是风险偏好的，而在取得盈利时通常是风险规避的，而且投资者对于损失时所感受到的痛苦要远远大于盈利时所获得的愉悦，这与现实情况基本一致。权值是不同决策之间多次比较和重复选择的结果，根据其概率确定，权值在 ［0，1］ 之间取值，但权值不是概率，不遵守一般的概率公理，除极小概率外，这里的决策权重一般小于 VMUT 理论[1]中对应的概率。期望理论的决策分为编辑和评价两个阶段，其中编辑阶段包括设立用来衡量盈亏参照点的编码操作、把具有相同结果的概率加总的合成操作、将某一种结果的风险部分与无风险部分分开的隔离操作以及无论如何选择结果都一样的冲消操作等四项基本操作；评价阶段是在评价各种可能选择的基础上，确定具有最高价值选择项的

---

[1]　VMUT 理论，是指 Von Neumann 和 Morgenstem 在 1947 年提出的预期效用理论，该理论表明，如果偏好可以满足一系列的原理，如反身性、完备性、传递性等，那么偏好便可以作为预期效用的象征，一种不确定的结果 x（其概率为 p）对于决策者的预期效用为 pu（x），其中 u（x）是结果 x 的效用。

过程，价值由每一项决策的盈亏结果与对应的决策权重决定。通过价值函数和权值函数，许多异常现象都可以用期望理论得出合理的解释，如阿莱悖论、股权溢价之谜以及期权微笑等。

（二）信号传递理论

信号传递，是指具有信息优势的一方采取某种行动向处于信息劣势的一方发送相关信号，用以回避逆向选择，改进市场运行状况。因此，信号传递能用来解决信息不对称引起的一系列问题，如逆向选择问题。信号传递理论建立在信息经济学基础之上，本质上是一个动态不完全信息对策。这个对策中包括两方参与人，一个是信号发送方，一个是信号接收方，信号发送方拥有信号接收方所没有的、但与双方效用或支付相关的信息。在此情形下，信号发送方会发出一些有助于让信号接收方做出正确判断和决策的信息，且信息发送方所发送的信号需要较高的成本。事因难能，所以可贵，如果信号没有成本或者成本较小，那么，质量不好的信号发送方也会承担这一成本，这就无法区分应该值得信赖的是哪个，为了做出正确的区分，一部分人必须承担较高的信号成本。正是需要传递信号的行为人在可能的信号传递中发生的成本不一致，才保证了信号传递的有效性。

Michael Spence（1973）在研究劳动力市场存在的信息不对称效应时，首次把信号传递引入经济学研究。自此后，信号传递理论在资本市场也得到了广泛应用，如融资优序理论、股利政策信号理论、承销商选择信号理论、审计师选择信号理论等，这些与公司理财莫不有着重大关联。

（三）博弈论

博弈论，亦称对策论、赛局理论，是根据信息分析及能力判断，研究多决策主体之间行为相互作用及相互平衡，以使收益或效用最大化的一种对策理论。本质上，博弈论就是一种游戏理论，是指在给定游戏规则（与游戏相关的信息和收益）下，游戏参与人为获得游戏带来的收益或效用最大化，而对其他参与人可能采取的行动进行反复揣摩，并据此调整和决定自己行为过程的一种理论。博弈涉及局中人、策略、得失、次序及均衡①等要素，博弈结

---

① 局中人，是指具有决策权的博弈参与者；策略，指的是在整个博弈过程中指导局中人行为的一个可行的全局筹划行动方案，如果博弈中的局中人策略有限，则成为"有限博弈"，否则成为"无限博弈"；得失，指的是博弈的结果，其不仅与该局中人自身所选择的策略有关，而且与博弈中的其他人所选取的策略有关；次序，是说博弈各局中人的行为决策有先后之分，而且局中人要做不止一次决策，于是出现了次序问题，其它要素相同而次序不同时，博弈就不同；均衡意即平衡，经济学中指相关量处于稳定状态。均衡，意即平衡，经济学中指相关量处于稳定状态。

果是生活哲理的凝结，不仅为人们深刻理解各类社会经济现象提供了一份独特的视角，也为人们准确分析和预测进而做出最优的行为决策提供了分析方法和依据。

　　1944 年约翰·冯·诺伊曼（J. von Neumann）和奥斯卡·摩根斯坦（O. Morgenstern）合著《博弈论与经济行为》（*Theory of Games and Economic Behavior*）一书的出版，标志着数理经济学学科的建立，也标志着博弈论作为一门学科的建立。书中详细分析了两人零和博弈，提出的合作博弈的概念、可传递效用、联盟形式等分析方法，奠定了博弈论学科的理论基础，对后来经济学的发展产生了深远的影响。夏普利（Shapley，1953）提出的夏普利值的解的概念及其公理化方法，取得了合作博弈理论上的重大突破，提出的公理化方法也具有方法论上的重要意义，使我们可以研究讨论合作博弈中其他各种各样的解。约翰·纳什在 1950 年和 1951 年发表《n 人博弈中的均衡点》和《非合作博弈》两篇论文，介绍了合作博弈和非合作博弈的区别，用严密优美的数学证明了包含任意人数局中人和任意偏好的一种通用解概念，即被称之为纳什均衡的非合作博弈均衡的概念，奠定了现代非合作博弈论的基石。凭借强大的理论优势，博弈论与其他学科的交融已经成为一种趋势，除广泛应用于经济学、社会学、政治学等社会科学领域，也可用于物理学、医学、信息与情报科学等自然科学领域。市场经济条件下，市场中的企业面临很大的竞争压力，但企业之间也具有相关性和依存性，因此，可以用博弈论的方法解释和说明企业的竞争行为和策略。市场经济中的外部性、拍卖形式、激励机制、公共产品的生产与分配、委托代理理论、公司利润的分配和公共财政学等都是博弈论研究的重要课题。

四、公司理财关系规制需求理论

（一）行为理论

　　在人们的相互关系中开展的人类经济活动是为了在资源稀缺的环境中满足人类自身的需求。人们的相互合作是开发资源的需要，而资源稀缺又使人们陷入利益冲突。因此，作为研究人类经济活动规律的经济学，其本质就是一门研究人类经济行为的科学。实际上，各种经济理论的研究都基于一定的前提假设，特别是关于人类行为的假设。即使这在有些理论中是明显的，在另外一些理论种则是隐含的。而且虽然有的经济学家认为人类行为假设与经济理论之间并不存在密切的关系，但大多数经济学家强调或事实上承认经济理论依赖于行为假设。换而言之，在保持某一理论体系逻辑不变的前提下，仅仅出于行为假设的改变，该理论就可能面目全非。行为假设的改变使得一些具有深远影响的理论得到了进一步的发展和完善。例如，人们对管理理论、厂商理论和公共决策理论看法的改变就是源于西蒙用"有限理性"假设代替了"完全理性"假设。

承认经济理论依赖于行为假设是一方面，而采取什么样的行为假设则又是另一方面。如果说经济学家对前者的认识大致上达到了共鸣，那么对后者的认识往往相距甚大。然而，正是这些差异引起的争论和讨论有效地推动了人们对人的行为认识的深入，进而推动了经济理论的发展。某些新的对现实解释力较强的经济理论的兴起，如新制度经济学，在较大程度上就是因为它们采取了更接近实际的行为假设，可能是因为制度最为直接和充分地体现了经济活动中人们的相互关系，研究制度问题的经济理论对行为假设似乎更加敏感。

（二）过程型激励理论的期望理论

由美国心理学家弗鲁姆（Victor H. Vroom）于 1964 年提出，该理论认为，人们从事一项特定活动的激励力量或动机强度，取决于其对自己所从事的活动或所要达到目标的价值评判（目标价值或效价）和预计实现该目标可能性（期望值）的大小。其基本模式是：激励力量（M）＝效价（V）×期望值（E），从中可以看出，效价越高，可能性越大，激励力量就越大；反之亦然。具体来说，目标效价体现为某人向往取得某种结果的程度，取值范围是（1，－1），对结果越在意，数值就越接近 1；对结果不在意甚至漠不关心，其数值就接近 0；如果害怕某一结果出现，效价就为负值。期望值则是个人根据经验，判断其经过努力实现某种结果或达到某种目标的可能性大小，一般用（0，1）之间的概率表示。激励力量的大小，不仅取决于效价或期望值的大小，更取决于二者合力的大小。

人们被激励去做某事，是在一定程度上看到了这件事与他们自己之间有着某种关系，这种关系是努力的结果与结果的效价之间的媒介。在企业的生产经营活动中，因所处环境不同、需要取向不同，不同的人对同一目标的价值判断不同，或因所在的时间和地点的不同，同一个体对同一目标的价值判断也会不同；个体个性、情感、动机等的不同，对实现目标的可能性的估计也会不同。

（三）权变理论

1970 年代，美国行为科学家和管理学家弗雷德·卢桑斯，在其《管理导论：一种权变学说》一书中，归纳并整合了当时出现的各种权变理论研究，并主要进行了以下三方面的研究：（1）对当时主要的管理学说进行了述评，指出权变学是最有希望融合其他主要学说的最新管理理论，从而使管理理论研究突破了孔茨的"管理理论的丛林"。（2）提出了权变管理理论的基本观点和概念框架，指出权变管理理论就是研究和建立环境变量与管理变量之间的权变关系，使之有助于管理活动有效实现组织目标的一系列管理思想和方法的理论体系。（3）运用上述权变概念框架，分析了行为、系统、计量和过程等学派所提出的管理问题，充分体现了权变理论的较强解释力和综合性。卢桑斯为权变管理理论的体系化和规范化做出了关键性的贡献，标志着权变管理理论的正式形成。系统的权变管理理论形成后，其应用范围又得到了进一步扩展，在战略、计划、决策、激励方面也取得了丰硕的成果。

五、公司理财外部效应规制需求理论

外部效应也称溢出效应或外部性，是经济活动中，在交易双方决策范围之外的，由经济活动产生的个体收益与社会收益、个体成本与社会成本的差异。当一项经济交易结果影响了除交易之外的第三方，而第三方又未参与交易时，即产生了外部效应。按外部效应对受影响的第三方形成的损益，外部性可分为正外部性效应和负外部性效应，如果对受影响的第三方有益则称为正外部效应，如果有损失则称为负外部性效应。外部性是一个模棱两可的概念，自从马歇尔以后，庇古从"公共产品"出发，奥尔森从"集体行动"出发，科斯从"外部侵害"出发，诺斯从"搭便车"出发，博弈论专家从"囚徒困境"出发对外部性问题进行了不同角度的讨论，但这些经济学家都强调了所有权、激励与经济行为的内在联系。实际上，相对于系统全体，无所谓有害或有益的外部性效应，但相对于某些个人或群体，却总是从这些效应中受益或受害。使有害或有益效应转变为外部性的原因，让互动中的一个或一群人看到承担决策后果的成本过高而认为不值得这样做。

随着经济资源在全球范围内以空前的规模和速度、自由大量的涌动，各国及其企业间的发展相互依赖和制约，许多国内的政策和制度、企业的行为具有了超出一国范围的影响，引起了较多的外部性问题，如税收和环境问题所产生的外部性。外部性问题是普遍存在的，它强烈地影响着经济人的选择，造成了正外部性的日益减少，负外部性的日益增多，对此，只有通过制度及其制度的变迁所建立的经济新秩序加以克服。

本章小结

公司理财的理论与实践密不可分，所有的理财理论都是现实经济生活中出现的众多理财问题的归结，理论概念不仅被要求是可定义的，理论模型也应是可操作的和可计量的。公司理财过程是复杂的，理财理论体系的建立也是漫长的，它随着公司理财实践的需要而不断发展和完善。人们在经济生活中的相互交往，要依赖于某种信任，但信任是建立在一定秩序基础之上的，对于这种秩序的维护，要依靠各种禁止不可预见和机会主义行为发生的规则，即"制度"。企业等经济主体只有在确信他们的预期能够兑现的情况下才可能购买、销售、雇用劳力、投资、创新和分配利润。从政治决策到经济生产和交易，再到管理个人关系的规则，制度安排为这些社会互动的开展建立了框架。成为一个群体或者社会的一员，也就是要生活在一系列的社会制度当中（杰克奈特著，周伟林译，2009）。公司理财基础制度从理财主体理论、理财环境理论、理财机制理论及理财后果理论等几个方面阐释了公司理财制度的基础作用。

第二章　制度与公司理财的相互关系

公司理财行为的目标是在考虑相关利益者利益基础上的公司价值最大化，不管是从利益相关者的角度还是企业价值最大化的角度，盈利都是前提和基础，没有盈利不能保证利益相关者的利益，没有当前和以后的利润赚取，公司价值最大化无从谈起。为了获取利润，公司需要进行各种理财活动，同时必须要处理好随公司理财活动建立起来的各种财务关系。在同等条件下，利润丰厚与否很大程度上取决于财务关系的处理。制度最基本的功能就是人际关系的协调，它提供对于别人行动的保证，并在经济关系这一复杂和不确定的世界中给予预期以秩序和稳定性，制度在长期经济发展中居于核心地位（Powelson，1994）。

第一节　公司理财制度基础的必然性

公司理财的过程其实就是财务关系方之间不断进行交易的过程，投资者和债权人就资金与公司发生交易，公司股东就经营者的管理才能与经营者发生交易，公司经营者就职工的劳动与公司经营者进行交易……所有这些交易能够发生的根本原因在于参与交易的各方能够因该交易的发生增加了自身个人的收益，并能自动将资源配置到更有价值的地方。但现实条件是，参与交易的双方只具有有限理性，交易会发生成本，交易过程中所需要的信息是不完备、不对称的，市场并不是完全的竞争市场，这产生了制度介入社会经济生活进行调整的需求，也是制度介入社会经济生活的根本原因。公司自治和经营自由原则已被大多数国家所认同，但各国都存在相关的法律法规对公司的设立、投融资、资产经营、利润分配、解散和清算等进行强制规范。

一、制度规制公司理财的理由

追求效率是公司理财活动的目的，对公司理财关系的处理不得不兼顾公平。制度对公司经营活动的干预，在帮助公司经营效率提高的同时也有助于公司利益相关者利益最大化公正的形成。

（一）基于效率的理由

1. 信息的不完备和不对称

如果市场交易参与者不能掌握交易所需的全部信息，他就不能准确的预测他所进行的交易是否会给他带来收益；如果参与市场交易的双方所掌握的信息不对称，那么存在信息优势的交易者就有可能产生机会主义行为，从而损害信息劣势的参与方利益。在信息不完备或不对称时，制度可以为参与市场交易的双方提供对于对方行动的保证。

2. 签订合同成本

公司本身就是一个契约组织，交易者可以通过契约的签订来实现自己的利益，但达成契约的过程需要耗费成本，比如需要事前调查、谈判，给律师和会计师支付专业顾问费等。

3. 执行合同成本

契约的签订并不是交易的结束，仅只是交易的开始，在契约签订的过程中，因契约签订时无法对契约履行过程中出现的所有状况做出预期，交易者之间有可能随时面临谈判和协调的问题。交易者需要对出现的各种状况及时做出正确的决策，而一个人的能力、精力和判断力是有限的，这也需要制度在不确定的世界中给予预期以秩序和稳定性。

4. 消极的外部因素

科斯在其《社会成本问题》中对外部因素的产生和作用进行了详尽的阐述，并且认为市场交易者可以以社会理想化的方式，通过缔结私人契约来处理潜在的外部因素问题。但现实情况是，高昂的交易成本使得制定和执行个人契约成为非常困难的事情，制度最基本的功能就是协调人际关系，降低交易成本。

（二）基于公正的理由

1. 程序公正

程序公正是指个人和权力机关对相同事物的平等对待，以及对所有人按统一标准（而不是根据个人立场或所从属的特殊集团）加以管束。程序公正是与法律和制度面前人人平等的概念联系在一起的，程序公正要求不分种族、宗教、贫富或亲疏地保护同等的基本权利。在经济生活中，程序公正意味着，原则上，在凭借自己的资源进行竞争并获得平等待遇上，人人都拥有同样的自由权。如果禁止实行歧视和不允许个人使用强力，人们就必须依赖于他人在契约基础上的自愿合作。制度的这一目的在于确保所有交易参与者都能享有按其个人自由意志行事的同等机会，而不会受到不必要的制度限制。正如库珀大法官曾说的"事情的本质好像是：被抱怨的行为至少涉及对可见的公平交易的标准的背离和对平等对待的条件的违法，而这些标准和条件是每一位将他的钱投资给公司的股东都有权依赖的"。制度通过对正当程序和实体权利的规范，以支持市场交易的公平公允，并在这种交易原则被破坏时提供救济。

2. 代际公正

过去的几十年里史无前例的经济增长，可能已经耗尽了已知的或易于获得的自然资源存量，也积累了众多难以消解的遗留物——污水、垃圾和拥挤，造成大量加于第三方的负担——外部成本。有观察者甚至认为：经济增长不可能继续下去，因为它将达到包括清洁空气和净水在内的自然环境的极限，为了有利于保护自然，实际上必须制止不断上升和扩散的繁荣。保护自然和人造环境的要求在大多数国家里日益增多，对环境的另一些关注涉及了代际公正的问题：现在的我们如何确保未来世代能拥有发展上的自由，从而无须面对突然的、严峻的和难以应付的资源瓶颈，或避免使后代赖以生存的自然系统趋于崩溃？毕竟，将一个遭破坏的环境留给后代是不公正的。比如，一些资源性企业全然不顾忌对环境的危害，对煤矿无规划地大肆开采造成地面塌方；对森林过度砍伐，造成水土流失，土地沙化严重，资源灾害频发；对稀有矿产无节制地胡乱开采，造成含放射性元素物质的裸露，给当地社区的水土环境造成不可逆转的破坏，对居住在当地的居民造成了永久的伤害……这些公司的投资理财得到了暂时的收益，可是并不符合考虑利益相关者利益的企业价值最大化的理财目标，这不仅需要外在制度做出强制的环保规定，也需要内在制度引发的人类的基本价值观对此形成的约束。

人类在经济生活中的相互交往要极大地依赖于人们可信赖的、相当规律的行为模式。制度构成了关键的社会资本，是导引人际交往和社会发展的"软件"，是关于人际交往和协调的一般的、抽象的和具有适应性的规则（Parker & Stacey，1995）。在一个毫无信任的地方，资本主义企业家不可能造就持续的经济增长，他们完全要依赖经济自由、公民自由和政治自由，要依赖支撑相互信任的有利制度框架（Scully，1991/1992；Porter & Scully，1995）。恰当的制度安排为市场中和组织里的人际合作提供了一套框架，并使这样的合作具有可预见性和可信赖性。一套协调框架是由文化习俗、共同的伦理体系、正式的法律规章和管制条例那样的制度来提供。

二、制度规制与契约自由的关系

契约即协议、合约或合同，是两个自愿进行交换产权的主体所达成的约定。交易主体的一方用于交换的产权既可以是完全的财产所有权（出售），也可以是一段时间内使用财产的权利（如贷款或出租）；而交易主体的另一方则可以受让该完全的财产所有权或该财产的使用权，并按常规支付对等的代价。对于一项复杂的契约，人们在签订前并不总能弄清这项契约所包括的确切条件，因此，在许多社会的文化传统中都有一些习惯用来重申议定的条件，这种增强契约的文化信号目的就在于使契约双方的义务变得更加难忘，如互换签名或设宴款待等，以防止逃避责任或干脆忘记义务的机会主义行为。私人自主权、处置物质和知识财产以换取货币的惯例是自由缔约的制度性前提。

在市场交易中，一项出售财产的协议可以是一次性的共时性契约，也可以是非共时性契约。一次性的共时性契约是指支付对价与财产所有权和使用权的取得或受到对价与财产所有权和使用权的丧失是同时发生的；非共时性契约是指为以后时点的履约而制定的协议，如分期付款购买商品，商品的取得与款项的支付不是同时发生的，款项支付可能要延续很长的一段时间。非共时性契约履约过程中，会出现特殊的监督和执行问题，涉及信用，必须建立保障制度以防止契约双方在履约过程中出现逃避契约义务的机会主义行为。因此，当发生非共时性契约时，契约必须包括要切实履约的可靠承诺，并制定惩罚条款以防止机会主义的违约行为，还必须就缔约当事人在今后履约过程中可能发生的误解和分歧做出规定。比如，债权人可以通过借款协议中附加的对债务人的限制性条款来达到保障自身债权的目的；也可以要求债务人提供某种抵押来保障自身的权益；甚至可以要求债务人提供比债务人具有更高信誉和更为可靠的第三方中介的担保来保障自身资金的安全，为了保证第三方中介的可靠性，一般要求它们恪守会计规则并遵循谨慎性原则，往往也会受到公共权威机构的监督。

在现代经济生活中随处可见的还有另一类重要契约——无限期契约或关系性契约，它是指在一个不确定的时期内承担一定工作任务的协议。关系性契约中的缔约当事人带有知识性问题，这种契约不可能预见所有将要发生的事件，也就不能设计相应的条款来建议控制，它们的履行要靠制度来节约信息成本和实现灵活调整。也就是说，这样的契约必须依靠普适的抽象制度以一种适当的可预见方式对具体的不测事件做出分类，进而向协议的双方提供某些可靠的结构和信任，并增加契约双方的信任。这样交易成本得到限制，而契约伙伴也可以相信，在他们发生冲突时，他们未来关系中的具体细节将是条理清晰的。

制度是经历了时间检验的"知识仓库"，它能在契约双方之间建立起降低交易成本所必需的信任；有助于使契约双方节约缔约成本和履约成本；有助于使契约中的特殊做法转变成标准化的惯例，并因此而节约信息成本和再协商成本。在制度的保护下，公司利益相关者的很多利益冲突可以由缔约双方通过自由约定来解决。

三、制度功能与公司理财

公司理财包括从事理财活动和处理理财关系，理财关系的处理其实就是一种责权利关系的平衡，只有处理好了相互间的责权利关系，理财活动才能得以持续。在长期的经济发展和社会发展中，恰当制度的一个中心作用就是在不同的社会集团之间，建立权势的平衡，并确保处于较下层次的集团能从上层权势集团那里得到支持，因为只有当权势扩散，才会出现基础广泛的持久经济发展（鲍威尔森，1994）。这也就是说，制度的中心作用就是平衡不同利益集团的责权利关系，并在一定程度上能够确保弱势团体的利益，否则"游戏"无法继续，经济不能保持持久发展。制度的中心作用正好满足了公司理财关系的处理需求，而且有些制度的制定也会直接针对具体的理财活动，这进而说明制度的功能正好适应了公司理财的需求。

（一）制度的协调功能与公司理财

"制度是人际关系的总合"（汪丁丁，2010），制度的首要功能就是协调人们之间的交往，制度的有效协调能增加人们之间的信任，减少交往的不确定性，从而使得结果是可预见的。哈耶克（1973）指出，"制度提供了人类在世界上行为的基础，没有这个基础，世界将充满无知和不确定性"。只要存在不确定性，就会产生风险，风险是公司理财管理的一个重要内容，贯穿于公司理财的整个过程，融资活动中债务融资方式所引起的"财务杠杆"风险和利息支付风险，债务融资到期的偿还风险；投资决策的可行性分析不得不考虑利率、流动能力，到期收回投资等各种风险；资本运营中存货贬值、应收账款到期收回，现金持有等；利润分配中由于分配政策信息传递效应所产生的不确定的市场反应等。同时，企业与投资者、投资者与经营者、经营者与职工、经营者与供应商等众多财务关系的处理也离不开制度的协调作用。

（二）制度的自由保护功能与公司理财

在一定范围内，每个人或企业都有一个自治的空间，它受到被遵守的、可强制执行的制度的保护。但是，制度其实是一个相互关联、相互影响、两重性的概念，用制度保护自由权利——个人自治空间，从来不是无边界的，制度既保护又限制个人自由领域。在既定的制度安排下，一家公司拥有的特权，必定伴随着其他公司的无权利；或者说一家拥有的权利，必定伴随着其他公司的义务。这就意味着制度能够在一定程度上保障公司自主理财的权利，越过一定的范围就不存在这种自由了；或者制度在一定程度上对这家公司自主理财权利的保障，实际上限制或影响了其他公司的理财活动，科斯曾谈到过的牧场主和玉米种植者的案例就很好地说明了这个问题。如果纸浆生产者投资生产的特权受到财产规则或责任规则的保护，那么那些热爱水中氧气和空气中松树香味的人就必须通过付费才能得到这种享受。市场经济的运行不仅依赖于经济自由，也依赖恰当的制度所支撑的竞争对这些自由所施加的限制。

（三）制度防止、化解冲突的功能与公司理财

制度能够依靠限制任意行为和降低冲突可能性的规则，以一般性的、预防性的方式限制个人或组织的绝对自由或放纵；或者当冲突发生之后，制度就会被用来以先前协商或制定好的，因而是可预见的方式裁决冲突。不管是公司的融资、投资还是资本运营过程，都不可避免地会以契约签订的方式进行事前的约定，这样的契约保证了公司理财活动中责权利的明晰，可以起到防止冲突的作用。譬如，公司上市发行股票，如果与证券公司签署了承销协议，那么公司权益融资中如果出现没有预计的状况，就可以按照所签订的契约，分清责权利，保证股票融资的顺利进行。实际上，企业契约具有先天的不完备性，人们在契约签订时并不能预计到未来可能发生的所有事情，那么法律制度、惯例或是文化传统就会发生作用，来化解可能出现的各种冲突。比如，企业利润的分配，虽说股利分配是企业的事情，可是如果公司盈利长期不分红，投资者可以根据相关法律提出分红请求，我国《公司法》第4条就是针对这种情况的一个规定，其他国家也有类似的规定。此时，制度就起到了在公司理财中化解冲突的作用。

（四）制度的权势和选择功能与公司理财

公司按照既定的契约或制度进行理财活动或处理理财关系的过程中，也

有可能出现具有财富和优势地位的个人或组织在其中运用权势。当处于弱势地位的个人或组织在此过程中感觉不自由和受到强制时，他们会要求对权势的运用施加影响。公司融资活动不仅包括资金的融通，还包括股利的支付和债务本息的偿还，在此过程中，比较常见的有：公司的经营者或大股东会利用自己的优势地位形成对债权人利益的侵害；大股东对小股东利益的侵害等。还有不少公司利用控股母公司的身份对其控制的上市公司所融通的资金进行挪用，侵害上市子公司的利益。如果采用制度对此予以规范，那么类似的事件将会大大减少。美国投资者保护的法律法规比中国的完善很多，相关制度比较健全，所以美国类似事件的发生概率就比我国要小很多。公司的投资活动更是如此，经营者往往利用自己的信息优势地位，选择对己有利的项目进行投资，造成逆向选择和道德风险的发生。在许多领域中，有选择自由就能使人们获得权势，只有在别无选择、不能退出的场合或没有可能按以往经验调整其目标的场合，权势关系才会存在。换言之，即使可供选择的对象都没提供诱人的机会，但因为存在多种可供选择的对象，仍然会使人觉得自由，因为这些可供选择的对象抑制了权势。制度的权势和选择功能可以制约或降低公司理财中权势对于弱势团体侵权事件的发生。

四、公司理财主体的制度规制

不管哪个国家，都会以市场准入制度的方式对设立在本国内的各类企业的理财主体、理财活动、理财范围甚至生产经营过程进行规范和监管。

我国的《公司法》和《企业财务通则》对于理财主体的建立进行了具体的规范和界定。我国《公司法》明确要求："设立公司，应当依法向公司登记机关申请设立登记。"这也意味着作为理财主体的公司设立时必须依照法律的规定设立，公司设立时作为公司理财主体的前提和基础；"依法设立的公司，由公司登记机关发给公司营业执照，公司营业执照应当载明公司的名称……经营范围……"，公司营业执照界定了该公司理财主体与其他理财主体的空间范围；在一定程度上决定了其进行资产运营的范围，而"公司的经营范围中属于法律、行政法规规定须经批准的项目，应当依法经过批准"，更进一步强调了公司资产运营受到了法律法规的直接影响和限定；"设立公司必须依法制定公司章程。公司章程对公司、股东、董事、监事、高级管理人员具有约束力"，通过外部制度对于企业内部章程制度的规范，明确了企业内各理财行为主体的责权利关系；"公司是企业法人，有独立的法人财产，享有法人财产权。……公司的合法权益受法律保护，不受侵犯"，说明企业具有独立的财权。此外，《公司法》中也对公司设立时必须满足的各项具体条件及资金募集、资金使用、资金运营和利润分配的责任主体进行了较为详细的界定。这些都说明，企业能够成为真正意义上的理财主体必须由相关的制度来进行界定，是制度界定了理财主体及其理财工作的范围和责任主体，这也同时限定了不同理财主体资金筹措方式的不同，投资经营活动的范围和利润分配的区别。《公司法》明确了有限责任公司和股份有限公司设立需满足的不同条件，这也同时决定了设立之后的有限责任公司和股份有限公司筹集资金的方式是不同的，而每家公司都有经许可登记的经营范围，这也在一定程度上决定了该公司投资经营活动的范围，不同的公司类别其利润分配方式也不同。

如果说《公司法》是对理财主体的确立、理财工作范围的法律界定，那么《企业财务通则》则从理财行为主体出发，对企业财务管理体制、财务战略的制定、资金筹集、资产营运、成本控制、收益分配、重组清算、信息管理及财务监督等方面对公司理财的各个环节进行了具体详细的规范，界定了理财工作的各个环节的理财行为主体的责权利，对重大的资产营运事项的各个方面进行了详细说明。可见，无论是《公司法》还是《企业财务通则》对企业理财主体和企业理财行为主体进行了直接的规范，这种规范，正如波斯纳所说："是一种旨在减少公司在设立过程中和经营过程活动中大量交易成本的一种预设的规范。"当然，还有一些法律法规也涉及了企业的理财主体及其理财工作的规范，在此不一一阐述。

五、制度对公司理财的反映和评价

《企业会计准则》《企业会计制度》等类似及相关的法律法规是企业会计的依据，而企业会计就是企业核算和监督资金来源、资金运用、企业成本和费用，以及经营所得的财务成果，并据此进行财务分析，改善经营管理，提高经济效益的一种管理活动。而公司理财是围绕资金运动展开的，有关资金获得和有效使用的活动。可见，公司理财是一种经营活动；而企业会计是对经营成果的核算和监督，并且是改善公司理财的依据。

（一）企业会计制度对公司理财过程的反映

只要公司理财引起了资产、负债、所有者权益、收入及成本费用这些会计要素的变化，企业会计就应依据企业会计制度的相关规定，全面据实地做出反映。根据会计恒等式：资产＝负债＋所有者权益，公司融资实际上就是资产与负债或所有者权益同增或同减的过程，负债融资是资产与负债同增

（融进资金）或同减（偿还本息），权益融资就是资产与所有者权益的同增或同减（股利支付）；公司投资时资产与负债的一增一减或者是资产与负债的同增减，利用货币资金直接投资意味着增加了投资性资产，减少了货币性资产，或者以承担负债的形式进行投资就会同时增加资产和负债；公司利润的分配，其实就是资产与所有者权益的同减，或者负债增加而所有者权益的减少。而根据动态的会计等式：资产＋收入＝费用＋负债＋所有者权益，则可用来说明公司营运资金的管理，比如从确认收入的实现，增加应收账款，结转成本，到付款方享受现金折扣收回应收账款，最后做收入费用结转的整个过程。可见，企业会计反映了公司资金运动的整个轨迹，反映了公司理财的每个环节。

　　企业财务会计从反映公司理财的各项经济业务作为起点，最后生成财务报表，财务报表中的资产负债表与利润表从权责发生制的角度，系统、综合地反映了公司理财过程和结果，而现金流量表则依据收付实现制直接按公司理财的三个主要内容反映了公司理财对公司现金的影响。财务报表既是对会计确认、记录、计量的总结，也是对公司理财过程和结果的全面、综合的反映。如图 2-1 所示，无论从公司理财中资金的运动过程，还是资金的经营过程，都能通过财务报表来进行反映，这种反映为公司的资本经营战略与管理控制决策提供了有用的信息，有助于公司更好地组织财务活动、提高财务效率及效果。

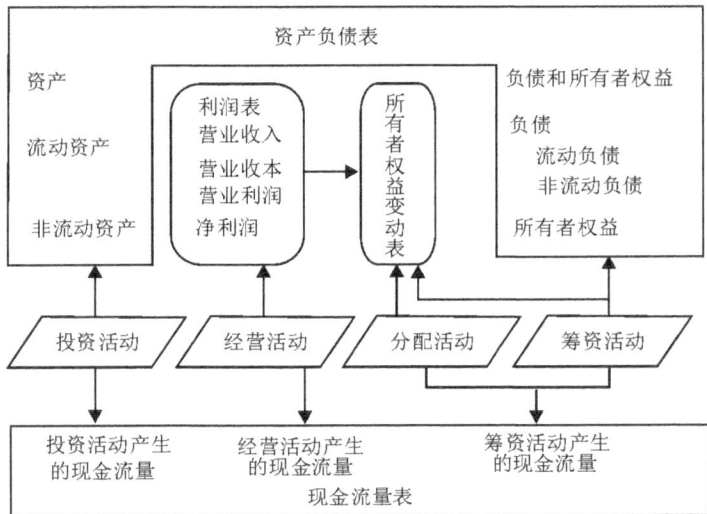

图 2-1　公司理财与财务报表①

---

① 本图引自：张先治. 基于价值的管理与公司理财创新［J］. 会计研究. 2008，（8）：35

（二）企业会计制度对公司理财过程的影响

企业会计除了按照《企业会计准则》或公认会计原则及其他相关法律规范等规定对影响会计要素的公司理财活动予以反映外，作为企业会计依据的《企业会计准则》的相关规定也会影响公司理财。公司运用经营租赁的方式进行债务融资时，按照《企业会计准则》的规定，不予在表内反映，实际上降低了公司的债务融资的比重。公司购买金融性资产投资时，采用公允价值计价法，当金融性资产的公允价值上升或下降，公司就应该确认收益或损失的实现；采用公允价值计价的投资性房地产，同样在其公允价值上升或下降时就应确认收益或损失的实现；固定资产等长期投资在其可收回金额低于账面价值时，理应计提减值准备以减少其账面价值至可收回金额等。公司在进行资金运营时，其库存的存货，如果可变现净值低于其成本，就应计提存货跌价准备，计提应收账款的坏账准备等。最后，公司会根据税法的规定，对企业的各种收入、成本费用进行会计调整得出公司的净利润，公司的净利润是公司进行利润分配的基础。由此可见，企业会计对公司理财的各项内容都进行了调整。

（三）财务报表是评价公司理财结果的依据

企业会计制度不仅影响了公司理财过程，而且全面地反映了公司理财的过程，甚至企业财务会计的最终结果不仅是评价公司理财结果的依据，也为公司再次理财提供了决策依据。企业财务会计的最终成果是编报的财务报表，依据财务报表，采用特定的程序和方法，可以分析评价企业的偿债能力、盈利能力、资产运营能力及未来发展能力，是为财务分析。偿债能力与企业的盈利能力和融资有关系；盈利能力和未来发展能力分别从短期和长期的角度体现了公司理财最直接的目标；资产运营能力体现了公司资产的运营。通过采用一系列的财务指标，对四个方面能力进行评价，财务指标数据的获取直接来自于企业财务报表，而通过上面的分析，说明编制财务报表是企业财务会计的最终目的。

第二节　制度与公司理财的关联性

制度是人类相互交往的规则，或者说是一种人类在其中发生相互交往的框架，有时它禁止人们从事某种活动，有时界定在什么条件下某些人或组织能够从事某种活动。通过不断调整这种制度规则，经济资源的配置效率可以得到不断提高。公司是在一系列制度约束下为实现既有目标而创建的组织，制度是组织的运行环境和结构框架，决定了组织的运营规则。公司在这种特定的结构框架和运行环境下追求特定的目标，制度与组织的交互作用决定了制度变迁的方向。

一、经济条件与制度结构间的关联性

经济条件是指一个国家的社会和经济环境，包括经济结构、经济发展水平、科技发展水平以及参与制度运行的人的认知水平和行为能力，是制度实施的客观载体。林毅夫认为，制度安排是指规制特定行动和关系的一套正式或非正式行为规则；戴维斯和诺斯（1970）认为制度安排是为使其成员间的合作获得一些在结构外不可能获得的追加收入或影响法律或产权变迁的机制，以改变个人（或团体）能合法竞争的方式，而对经济单位之间合作与竞争方式进行的正规或非正规的、暂时或长期的规制安排。一个社会中正式和非正式制度安排的总和就形成了制度结构。

基于人的经济性，个人为获得利益最大化会去寻找对自己最有利的结果，个体之间会产生利益冲突，个人理性并不一定产生集体理性，制度安排就是获取集体行动收益的保障手段。人们常常需要对其他人的工作绩效做出评价，但通常获取有关这方面信息的成本是昂贵的，信息具有不确定性甚至不可能得到，导致集体行为可能产生一些个人单独工作时所不曾面临的问题，如搭便车、欺骗及道德风险……为降低这些问题带来的影响，一些制度安排被设计出来以实现监督、强制执行等功能。

制度结构决定了人们可选择的行为环境——选择集，选择集的界定以及不断修正是通过制度交易进行的，制度交易可以产生新的制度安排。任何时候，制度交易都将决定商品交易的性质和范围，而经济条件在决定制度交易的发生以及制度安排的出现过程中将起到重要的作用。当经济和社会条件发生变化时，现存的制度结构就会变得不合时宜，为对新的条件做出反应，社会成员或交易的双方就会尽力修正制度安排，以使它们与新的稀缺性、新的技术、收入或财富的新的再分配等保持一致。在对新的经济条件做出反应的过程中，发生的意在确立新的制度安排的活动，即为制度交易；而那些发生在既定制度结构中的各项经济活动，则可视为商品交易。一个社会中任何既定时刻经济条件与制度结构的关系如下图 2-2 所示。

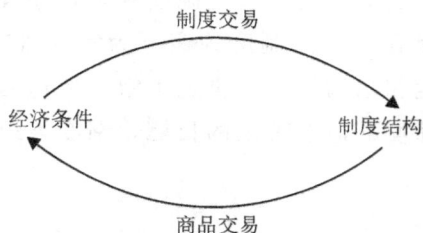

图 2-2　制度交易与商品交易

二、制度、经济组织与经济增长

制度决定经济绩效，而相对价格变化则是制度变迁的源泉。制度及其制度结构决定企业理财的环境，理财决策是从相关的选择集中做出的，即使存在相同的偏好，不同的制度结构下企业理财决策也会不同。

制度经济学家认为，制度与经济组织的相互作用是经济增长的要素。诺斯（1989）曾指出，"有效率的经济组织是经济增长的关键"，为激励人们的经济活动，恰当的制度安排促成了有效率组织的产生。在特定的社会制度结构下，创新者利用这种有目的的实体组织可实现财富、收入或其他目标的最大化（诺斯，1993）。而组织活动的经济后果会带来经济条件的变化，经济条件的改变产生制度变化的需求。制度的变迁有两条路径（诺斯，1993）：（1）随组织发展中制度所提供的激励结构演进，其中激励结构是指不同的制度环境对交易成本影响的大小；（2）因人类对机会变化的认识与反应反馈为制度的演进。

威廉姆森（2001）认为，经济组织在不同治理结构下的经营绩效取决于制度环境和经济主体的特性。1995 年，他提出了一个制度环境与经济组织相互作用的三层次框架，对制度与组织的关系进行了深入的分析。按照三层次框架，组织内部的治理结构既受到制度的影响，也受到微观个体特征的影响，其中制度是各种替代参数的集合，它的变化会引起治理的比较成本的变化，而个人则是行为假定的最终实际实施者。如图 2-3 所示，产权、契约法、规范、习俗等制度环境决定了"游戏"规则，如果它们发生变化，则会导致经济组织治理的比较成本发生变动，通常表现为经济组织的重组。影响经济组织内部治理结构的另一重要因素，是作为行为最终实施者的个人追求自身效用最大化的机会主义倾向所导致的交易成本的上升。

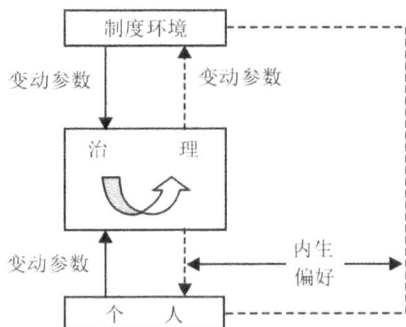

图 2-3 制度环境与经济组织相互作用三层次框架

可见，无论是诺斯，还是威廉姆森，都是从效率的角度对制度与经济组织的经济行为和交易进行解释。组织与市场、组织之间以及组织内部关系的变化，也可采用效率原则来进行解释。效率是测量资源分配有效性的一个标准，效率机制是决定消费者和组织行为的一个基本因果机制。经济组织效率目标的实现需要必要的制度环境保证，产权制度、契约法律制度等外部制度环境在一定程度上决定了企业内部治理机制的完善与否，特别是基于产权形成的激励机制。处于经济组织中个体的选择和决策应该受到企业内部治理机制的限制，规制确保了经济组织参与者的行为与经济组织效率目标的关联。

另一方面，经济组织实际上是由单个的个体所组成的整体，这些个体参与者并不只是"被雇佣的劳力"，他们带着个人的价值观、能力、抱负、计划和兴趣加入组织。这些具有不同个性的组织参与者依靠情感纽带，在同一经济组织的互动中逐渐形成了非正式的社会人际关系结构，这种人际关系结构的形成有赖于正式制度的约束，也受到风俗习惯、伦理道德、意识形态等社会共同认可的、不成文的行为规范的约束。风俗、习惯、伦理价值、道德观念等非正式的行为规范内化于行动者之中，约束着每一行为主体的行为，约定了交换的原则，限定了人们在资源配置中各自的责任、权利和利益，也包含着对违规者的惩罚等。可以这样说，强制性制度的有效性，取决于制度合法性被受控者认同的程度，而在制度合法性的获得上，社会规范发挥着重要作用。

三、制度影响公司理财的一般路径

这里的制度，指的是公司内部制度和外部制度。制度对于公司理财影响的一般路径，分为三条路线：

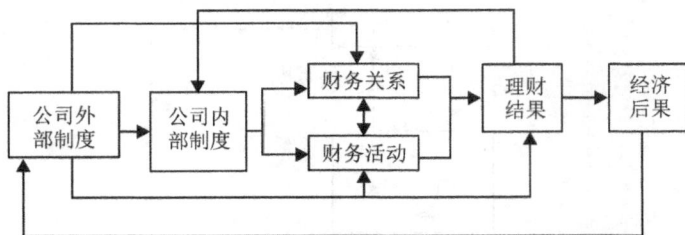

图 2-4　制度与公司理财相互关系

其一，公司内部的制度按照公司内部不同层级的委托代理关系进行制定，不同的制度对于公司运营中的责权利的分配不同，不同的责权利的分配意味着不同的财务关系，不同的责权利也导致了财务活动中各利益相关者不同的利益，不同的利益下诱发不同的理财行为，当然一定的理财活动会形成不同的财务关系，而财务关系的不同又会影响理财活动的进行，两者共同作用，形成不同的理财结果。不同的理财结果，必然会反馈到公司高层，如果没有完成公司高层既定的经营目标，公司高层自然会微调公司内部的相关制度；不同的理财结果，实际上就是资源的不同配置，而资源的不同配置会造成不同的经济后果，经济后果达到一定程度，就会影响公司外部的制度。

其二，公司外部的制度，比如《企业财务通则》《公司法》《内部控制基本规范》及其配套指引等法律法规通过影响公司内部的制度，从而影响公司理财。

其三，公司外部的制度，比如《企业会计准则》，不仅可以影响公司理财，还可以直接影响公司理财的结果；《税法》等可以影响公司的财务关系，进而影响理财结果；公司 IPO 制度、股票增发制度、债券发行条件等，可以直接影响公司的财务活动，由于融资约束，进而影响公司的投资活动及其他公司理财等。此外，公司外部的制度还可以通过调节利率、价格等而间接影响公司理财。

（一）均衡状态下制度对公司理财的影响

如图 2-5，企业理财行为实际上是一种经济行为，企业理财活动的结果表现为企业的经济业绩；在既定的制度环境下，企业理财行为受到国家政治、社会环境、心理等影响着的法律及其他制度安排的影响；而国家政治、社会环境、心理、法律及其他制度的形成离不开它们所处的文化传统的影响。文化传统得以延续的驱动力量主要来自于习惯的力量、好奇心或创造力及习得，其中习惯的力量是指不必依靠理性来贯彻的力量，任何传统必定在很大程度上依赖于这一力量，否则无以称之为"传统"；好奇心或创造力是与习惯力量几乎针锋相对的力量，它促使人类文化与时俱进、永葆青春，它是人类文化得以延续的另一种驱动力；习得，其实是一种学习的能力，它是所有具有"生命力"的东西最显著的特征，它不仅是继承习惯所必需的能力，更是创造力产生的源泉。

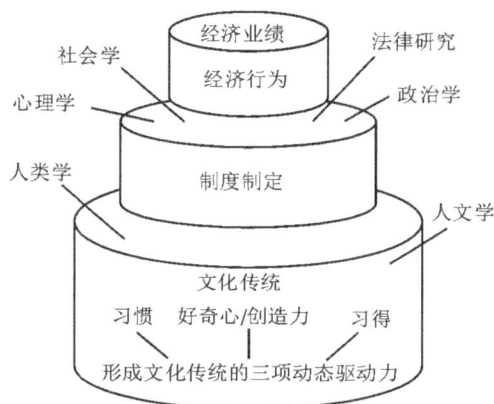

图 2-5 均衡状态下制度对公司理财的影响

（二）演进状态下制度对公司理财的影响

如图 2-6，企业理财蕴涵于经济行为之中，文化传统与意识形态作为最基础的制度，无论何人，只要身处其中，都会受到它们的影响；当然公司不能

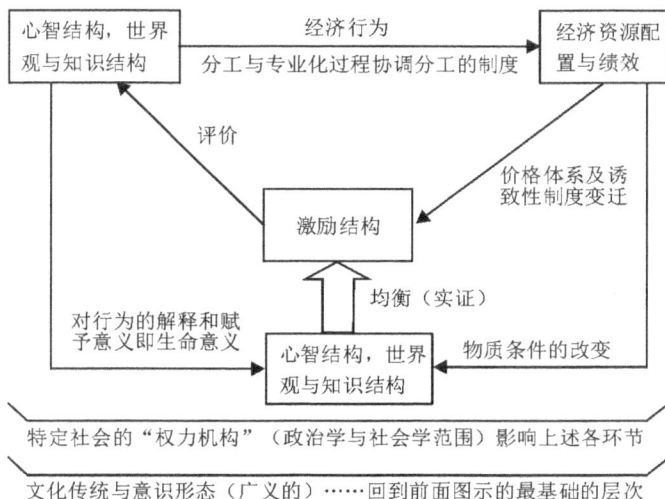

图 2-6 各层级制度与公司理财动态演进图

脱离具体的社会环境，不同的社会环境，其政治经济机制都是不同的；这些都会对企业理财行为参与者的心智结构、世界观和知识结构产生重要的影响；企业理财行为参与者的心智结构、世界观和知识结构决定了他们在理财行为方面的差异，他们的理财行为又决定了企业经济资源的配置与经营绩效；经济资源的配置，经过价格体系的调节和诱致性制度变迁，会形成新的制度环境和新的制度。公司理财是一个动态的过程，是一个社会化、专业化分工以及协调分工的过程，制度本身也是一个演进过程。

四、公司理财制度建立的基点——交易费用

目前，交易费用已经成了新制度经济学中的一个核心概念，认识到交易费用的存在是新制度经济学区别于西方主流新古典经济学的根本点，交易费用产生于信息不对称和利益分立，抑或产生于环境的不确定。科斯（1937）最早提出了交易费用的思想，阿罗（1969）最早作为术语使用了"交易费用"，威廉姆森（1975）则对交易费用进行了系统的研究。社会分工的出现，不可避免地造成了技术知识的不对称分布和个人之间经济交往的复杂性，由此产生了获取和积累"制度知识"的必要性。当交易活动的双方以一种特殊的专业化方式通过购买和销售与他人交往时，都必须耗费一定的协调成本（机会成本）。这些协调成本已被阿罗（1969）称之为"运行经济系统的成本"。市场是个人和组织展开合作和竞争的场所，法治为所有参与者制定出一般普适性约束，这两者对于促进个人和组织协调其计划和行为都是必需的，这些制度安排的运作不可能不产生成本。

因为资源的稀缺性，每个人的选择空间都受到其他人的行为选择的限制。现实中，经营一个企业的大部分成本发生在协调活动中，包括企业职工的协调活动和企业与其在市场中交往的各类主体。一个企业的总成本中，大部分是用于管理内部组织、市场调研、技术研发、采购和销售、借贷、获得和使用法律建议以及其他协调活动。当个人或企业保有用于交易的某项资源的产权时，他们必须要为此支付排他成本；而当企业在构想一桩商务交易之前，必须获得大量的知识：存在哪些与该商务交易相关的商品和服务？它们的质量如何？它们属于谁？得到它们将付出什么代价？哪些个人是可能的契约伙伴？在履行契约业务上能否信任他们？到哪里可以找到他们？要这些契约伙伴支付什么样的价格？还必须掌握哪些必要的环境信息？这些信息的获取都需要付出费用，但这些也是企业成功进行交易活动所必须支付的；接下来，他们需要为了进行商务交易而进行缔约谈判并签订契约，这会进一步耗费资

源；当产权被投入交易或与别人拥有的生产要素中的产权相结合，以及人们通过缔约在市场中运用他们的产权时，会持续产生协调成本；最后，他们必须维护契约的履行，并对履约情况进行评估和监督，如果必要，还有可能进行裁决和惩罚，这也是代价高昂的。依靠制度，能在一定程度上降低这些交易成本，但是制度的制定和运作执行需要借助集体行动的组织支持。政府在运用外在制度时会发生代理成本，这些成本通常会通过税收的形式来收取，而除了政府的代理成本之外，企业或个人自身也会因此发生相应的服从成本，如必须在按政府的规定行事上会耗费大量的时间和精力来保存相关记录、收集文书、填写表格、聘请会计及会计师，还必须向政府机构做出报告以证明自己已经履行了这些规定等，企业所发生的交易费用日益成为影响企业经营绩效的重要因素。

随着经济的发展，可用于交易的资源越来越多，资源的产权属性也变得愈加细微和丰富，细微产权属性的界定费用会越来越高，企业或个人在进行交易之前也需要获得更多交易资源的信息，更多信息的获取，一般意味着更多成本的耗费；伴随着经济的发展，社会分工更加精细，造成技术知识的更加不对称，也在一定程度上加剧了信息获取的难度；经济向全球化的方向发展，企业的经营活动不仅受到本国制度的制约，也会受到交易涉及国的制度的约束。制度的制定和执行成本使得社会总交易费用占 GDP 的比重越来越大，但相对于经济组织而言，因制度对于公司经营管理的协调，却使得经济组织的单位交易费用降低了，这是经济持续发展的重要原因。

本章小结

制度对于公司理财的规制具有必然性。第一，追求效率是公司理财活动的目的，对公司理财关系的处理不得不兼顾公平。制度对公司经营活动的干预，在帮助公司经营效率提高的同时，也有助于公司利益相关者利益最大化公正的形成。第二，公司是由一系列契约构成的组织，制度是经历了时间检验的"知识仓库"，它能在契约双方之间建立起降低交易成本所必需的信任；有助于使契约双方节约缔约成本和履约成本；有助于使契约中的特殊做法转变成标准化的惯例，并因此而节约信息成本和再协商成本。在制度的保护下，公司利益相关者的很多利益冲突可以由缔约双方通过自由约定来解决。第三，制度的中心作用就是平衡不同利益集团的责权利关系，并在一定程度上能够确保弱势团体的利益，否则经济不能保持持久发展。制度的中心作用正好满足了公司理财关系的处理需求，而且有些制度的制定也会直接针对具体的理财活动，所以制度的功能正好适应了公司理财的需求。第四，制度除了对于公司理财主体、理财范围、理财方式等进行了限定，还对公司理财的过程和结果进行了全面的反映和评价。制度是人类相互交往的规则，或者说是一种人类在其中发生相互交往的框架，有时它禁止人们从事某种活动，有时界定在什么条件下某些人或组织能够从事某种活动。通过不断调整这种制度规则，经济资源的配置效率可以得到不断提高。公司是在一系列制度约束下为实现既有目标而创建的组织，制度是组织的运行环境和结构框架，决定了组织的运营规则。公司在这种特定的结构框架和运行环境下追求特定的目标，制度与组织的交互作用决定了制度变迁的方向。

第三章 宏观制度对公司理财的影响机理

无论是社会主义经济还是资本主义经济，也无论是采用市场经济还是计划经济，都必须用制度去协调生产和解决生产者之间的冲突。市场不会自动地引导某个具体的人或团体进入市场，商品交换或市场交易双方选择要先于市场，即使公有或国有制也不能解决公众之间的各种冲突，社会总是需要存在一系列规则来协调人们的偏好以及偏好的集合。市场规则决定了个体或组织的选择范围以及个体或组织为获得某种特定行为权利拥有者的许可而需要付出的努力。从这一意义上讲，任何经济都不可能是无计划的，只要存在相互依赖性，就会存在某种规则，这种规则不但包含在整个社会所主张的文化观念及基本价值观中，而且体现在由政府部门及政府官员所控制的计划、指令、政策和建立在司法或立法基础上的不同所有权之中。

第一节 非正式制度是公司理财实现的基础

内在制度是从人类长期的社会交往中通过一种渐进式反馈和调整的演化过程发展起来的。当规则及其整个规则体系被足够多的人采用，进而被整个社会或组织所了解时，该规则及其整个规则体系会被自发地执行并被模仿，且其中多数的特有内容将因循一条稳定的路径演变，比如既有的习惯、伦理规范和商业习俗等。按照监督遵守情况和惩罚违规行为方式的不同，可以把内在制度分为正式的和非正式的两类。正式的内在制度是以正规的范式发挥着作用并由某些社会成员以有组织的方式实施惩罚的制度，比如行业协会对该协会成员的管理。非正式的内在制度则是未得到正式机制支持实施的制度，根据自发服从和惩罚违规行为程度的不同，可以进一步划分为习惯、内化规则、习俗和礼貌三类。习惯是指基于自利动机而被自动服从的规则，如果不遵守习惯，那是一种自我惩罚；内化规则是指通过习惯、教育和经验积累而形成的规则，在正常情况下，人们会无疑义地、自发服从该规则，它既是个人偏好又是约束性规则，违反该规则的典型惩罚就是内疚；习俗和礼貌是指个人或集体的传统、传承的风尚、礼节、习性，社会或组织内的成员会非正式地相互监督遵守执行，因此，违反该规则虽不会自动引发有组织的惩罚，但是违规者会落下不好的名声或发现自己被排斥于社会或组织之外。此外，习俗还可以通过契约伙伴提供"抵押物"的方式得到加强。

总之，作为"文化粘合剂"组成部分的内在制度能被灵活地运用于大量变化的环境，它可以按照具体环境定制贴切解释和惩罚措施。这也在一定程度上增强了他们的演化能力。汪丁丁（1995，1996）曾说过"我不认为没有道德基础就可以有社会"，那么同样，没有非正式内在道德规制的市场及其市场交易也是不稳定和不能持久的。这里我们可以用两只狗之间的信息不完备"强权"博弈来进行说明。

假设在一个地区有一只狗 A 和一只狗 B，狗 A 与狗 B 相比，存在两种可能的情况，即狗 A 与狗 B 更强大——S，或者狗 A 与狗 B 一样强大——W。经过一段时间的相处，狗 B 认为，狗 A 比自己强大的概率是 p，和自己一样强大的概率是（$1-p$），假定狗 A 完全不了解狗对于自己的评价。两只狗在"交往"中按照自己利益最大化原则做出行为，而且两者的行为选择只有两个："鸽"的忍让态度——D 和"鹰"的强硬态度——H。

图 3-1 是一个典型的"鸽-鹰"博弈，其中 x_1 表示狗 A 比狗 B 强大时执行策略 D 的概率，（$1-x_1$）表示狗 A 比狗 B 强大时执行策略的 H 概率；x_2 表示狗 A 和狗 B 一样强大时执行策略 D 的概率，（$1-x_2$）表示狗 A 和狗 B 一样强大时执行策略的 H 概率；不论狗 A 属于何种类型，狗 B 永远以概率 y 执行策略 D，以概率（$1-y$）执行策略 H。图的右方是狗 A 和狗 B 一样强大

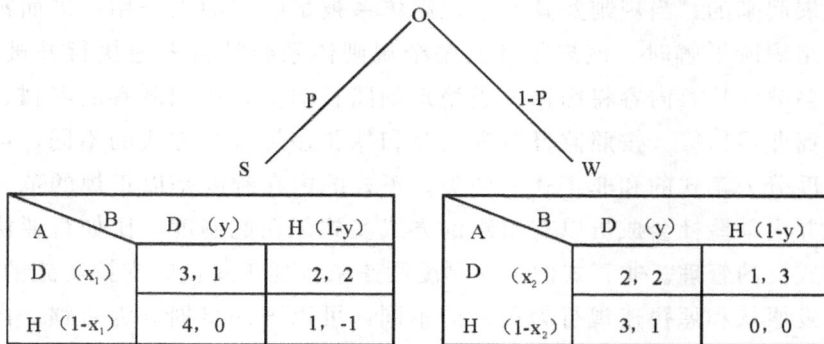

图 3-1　"鸽-鹰"博弈

时的"鸽-鹰"博弈，此时，当狗 A 和狗 B 同时采用强硬态度策略 H 时，双方所获得的收益均为（0，0），是最小的；而当一方采用 D，另一方采用 H 时，双方可以获得的收益为（3，1）或（1，3）；当双方都采用策略 D 时，双方均可获得（2，2）的收益。图的左方是狗 A 比狗 B 强大时的"鸽-鹰"博弈，此时，当狗 A 和狗 B 同时采用强硬态度 H 时，双方所获得的收益为（1，−1）；而当狗 A 采用 H，狗 B 采用时 D，双方可以获得的收益为（4，0）；当狗 A 采用 D，狗 B 采用 H 时，双方可以获得的收益为（2，2）；当双方都采用策略 D 时，它们可获得（3，1）的收益。

显然，狗 B 对狗 A 强大性概率 p 及其行为的估计决定了它自己的行为策略，这个博弈实际上是三个线性优化问题的联合求解：

（1）$\max\left[3yx_1+2(1-y)x_1+4y(1-x_1)+(1-y)(1-x_1)\right]$，其中，选择变量是 x_1，因变量是 y；

（2）$\max\left[2yx_2+(1-y)x_2+3y(1-x_2)\right]$，其中，选择变量是 x_2，因变量是 y；

（3）$\max\left[p(yx_1+2(1-y)x_1-(1-y)(1-x_1))+(1-p)(2yx_2+y(1-x_2)+3(1-y)x_2)\right]$ 其中，选择变量是 y，因变量是 x_1 和 x_2。

如图 3-2 所示，可以画出上述所要求解的三个优化函数最优解 $y(x_1, x_2)$ 的平面坐标图。在其定义域内，当 x_1 与 x_2 的数值处在直线的左下方时，最优解 $y\equiv1$；当它们处在直线的右上方时，最优解 $y\equiv0$；当它们处于直线上的任意值，对应的最优解为 y。因为 p 是概率值，所以，而且当 $p=1$ 时，"强权"博弈存在两个纯粹策略纳什均衡解（D，H）和（H，D）和一个混合策略纳什均衡解（$x_1=0.5$，$y=0.5$）。

通过上面的分析可知，在一般情况下，沿着第一象限内的那条直线，该

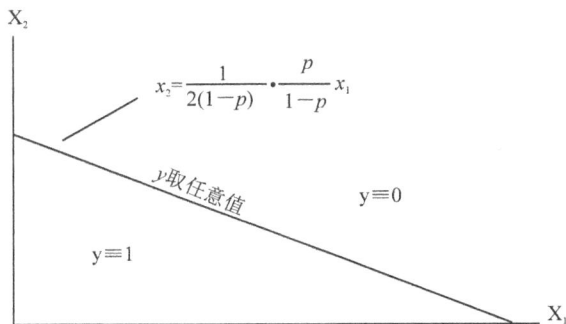

图 3-2　博弈策略均衡解的平面图解

"强权"博弈存在着无穷多个混合策略纳什均衡解。这说明：任何微小的变化都会使得该混合策略纳什均衡发生偏离，形成新的均衡，尤其是所有混合策略纳什均衡连续分布在一条直线上的情况。这是因为在狗的博弈竞争中，缺乏一个双方共同认可的"道德基础"的知识传统共识，而不能从"传统"中得到任何确定性的均衡，导致这个狗的"社会"极度不稳定，所以狗的"社会"难以成为人类的"社会"。这也说明了为什么不讲究道德基础的经济社会中竞争均衡高度不稳定，并会使得社会时刻面临瓦解的危机。公司理财得以实现，归根结底需要通过市场交易、道德等非正式制度构成经济社会和市场交易的基础，自然也是公司理财得以实现的基础。

第二节　政治体制影响公司理财的机理分析

宏观经济稳定制度、有效产权制度、法律制度、规制制度等制度的建立及执行，都必须依靠国家机器。但是，统治者或政府官员也是"经济人"，他们行为的出发点也是自身利益最大化，且受意识形态或偏好的限制，在这种情况下，统治者所界定的产权并不一定是有效的，制定的法律制度也不一定能很好地保护产权，采取的规制制度也不一定能克服市场失灵，坚持的宏观经济政策也不一定能对宏观经济起稳定作用。政治制度是行政体制、其他法律法规建立的起点和依据，有效的政治制度的建立可以约束统治者或政府官员的行为，并确保他们不会为了自身利益而损害公共利益。

爱泼斯坦（1969）认为"企业已经步入政治竞争的时代"，经济与政治密不可分。传统上被认为是"纯经济"领域的企业经营管理，也具有了"政治运营"的重要特征。公司理财活动中所产生的各种利益相关者关系不仅表现为一定的利益关系，还表现为一定的政治关系，公司理财中客观存在着政治行为。就我国公司的现状来看，政治机制、政治秩序、政治风气、政治关系等政治表象，对公司的生存和发展往往起着关键性的作用；国家政治、政策、法律法规及受其影响的经济形势等一并决定着企业的兴衰，制约着企业的理财行为，政商关系是公司理财首先必须处理的关系。政治游说、政治合作、政治谈判、政治贿赂都是具体的政治策略，公司与政府间理财关系的关注、处理及沟通桥梁的搭建，实现公司与政府间资源的整合与共享，借助政府力量实现公司理财目标，是重要的理财策略和措施。

一、国家、政治制度与政府的关系

汉语中的"国家"有三种不同的含义：一是领土意义上的"国家"，等同于英语"country"；二是民族意义上的"国家"，可以用英语"nation"来解释；三是政权意义上的"国家"，相当于英语"state"。自 16 世纪法国的 G. 布迪（Guillaume Bude）在《君主的教育》一文中提出了现代国家的核心思想，让·布丹（Jean Bodin，1962）最终完成了现代国家概念的转变，把国家看作是领土内最高政治权力的所有者，并分析了国家的权力和权利。因此，文中采用第三种含义，把国家看作是社会中享有主权的政治组织，特定的社会环境孕育特定政治权力的国家。国家以组织的方式表达着公共的和强制的力量、要求、关系。作为政治组织，国家的组织功能体现在政治统治和政治管理上，政治统治的最终目的就是维持现存的统治秩序，服务于政治统治的政治管理体现了国家对政治生活的协调和控制，通过实施政治统治和政治管理，国家推动建立了基本的社会秩序，该秩序可以缓和冲突并把冲突保持在"秩序"的范围之内；而国家的组织形态表现为复杂的组织结构与制度结构，不同历史时代、不同社会，国家的组织功能和组织形态有着重要的差别。在当代，几乎所有的国家组织都有庞大臃肿的机构、复杂繁琐的程序和多如繁星的制度。

国家是一个政治组织，数百年来，随着社会和经济的发展，国家这种政治组织已经发展成了数量众多的组织群。各组织群的组织结构、制度结构不同，其进行政治管理的范围、目的和手段也不同，但各组织群各司其责，相互关联、密切配合共同进行对国家的政治统治。各组织群的职责及行使职责应遵循的规则、相互关系、组织群间的组织层级结构构成了一个国家权力关系体系，即政治制度。所谓的政治制度，就是指规范一个国家的国家政权、政府制度、国家与社会关系等一系列根本问题的法律、体制、规则和惯例。由于文化传统、价值观念等历史渊源和经济发展水平及现实国情不同，不同的国家具有不同的政治制度。政府是构成国家政治制度的组织群之一，国家政治制度规定了政府的职能、规模、层级及各级政府权力与权利，而政府是国家组织的机关，承担着管理与行使国家主权的使命。国家组织的两大基本功能——政治统治和政治管理，是在既定的制度下产生并由政府运作而实现，由此产生了以政府为政治主体的政治统治关系和政治管理关系的体系（政府权力关系体系）。政府权力关系体系由政府在为实现国家政治统治与管理功能的运作过程中产生，受既定制度的制约，其结果是一定政治统治秩序与管理秩序的存在状态，如政治生活、经济生活、精神文化生活、利益关系状况等。

如此，可用图 3-3 来表示国家、政治制度和政府三者的关系。诚如戴森（1980）所言："国家作为政治术语的效用来自它的开放性结构，它能够在不同的语言和社会环境中表达许多不同的、甚至矛盾的事物。"因此，在文化传统、价值观念、某一时期经济发展水平及政治环境的影响下，由政党参与或是集体的力量决定了国家的产生及国家的性质。国家及其性质决定了国家权力关系体系，国家权力关系体系构成了一个国家的政治制度，政治制度包含了国家政治组织内各权力机构应遵循的基本法律、行政制度、各个组织群层级结构、主体及其相应的职责、运作方式等，也决定了代理国家行使政治统治和政治管理的主体——中央政府及各级地方政府。国家政治组织群内的各个组织、政府组织可以在国家基本法（宪法）的框架下制定各种法律法规来规范国民的生产生活以及各种组织的正常运作。国家不变，政治制度一般不会改变，但体现政治制度整体运行方式的政治体制可以完善，几乎每个国家在其发展历史中都会经历一个及数个政府的更迭；政府作为国家政治统治和政治管理的主体，其运作方式、行为表现及运行效率和效果不光会影响政府的更迭，也会影响国家的兴衰，而政府表现的好坏取决于政治制度及政治体制的不断完善。

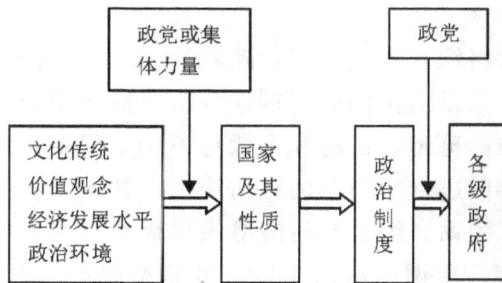

图 3-3　国家、政治制度与政府三者关系

二、政治制度影响公司理财的路径

诺斯认为，"一般而言，政治规则决定经济规制，即产权以及由此产生的个人契约一般是由政治决策过程所界定并实施的。"现代国家不仅提供满足人类共同需求的公共品，它还通过各种规范性的经济政策直接调节和引导经济发展，通过各种规范性的社会福利政策对国民收入进行再分配。由于国家所承担的经济职能日益增多，它已经成为社会经济生活中的决定性力量。二战

后的德国，在被称为"社会市场经济之父"路德维希·艾哈德和德国社会民主党的主导下，实现了付出相应较低的社会代价恢复和促进了经济的发展，确保和促进了个人、集体的社会保障和社会公正，确保和促进了几代德国人之间的团结互助。在政府与市场的关系上，德国采用的是尽可能地通过市场调节经济运行，政府主要是创造和维护市场"竞争秩序"，通过控制价格形成、制定政策和参与企业投资等直接干预和间接干预来调节市场运行中的偏差。但正如戴维·柯茨所认为的，在这种德国模式下，"虽然国家对资本积累的直接干预程度可能较小，但其政治体制却严格地确立了一整套劳工权利和福利措施，使得有组织的劳工拥有了一个颇有影响的市场和直接参与劳资谈判的能力"。Jan-Erik Lane 和 Svante Ersson（1986）认为："在当今的世界上，随着国家对社会经济生活干预的逐步加深，国家已经成为与市场并驾齐驱的人类分配有限资源的另一种基本方式。"美国政治学家查尔斯·林德布洛姆（1977）甚至认为，在现代社会，"一个政府同另一个政府之间最大的区别就在于市场取代政府或政府取代市场的不同程度"。可见，国家、政治制度及其政府对于社会经济生活、对于市场及依赖市场进行交换或交易的企业来说，影响自然是不言而喻的。

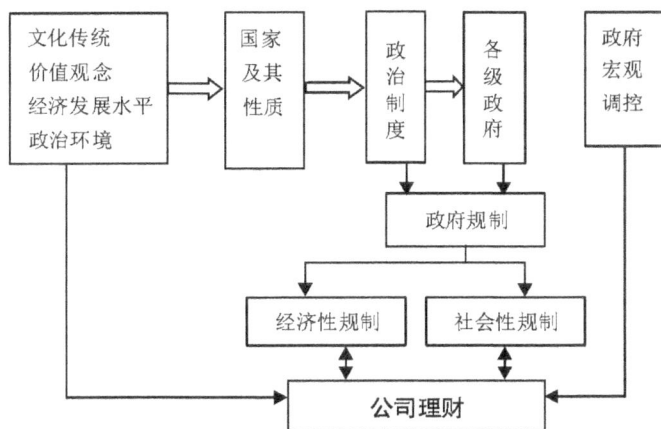

图 3-4　国家、政治制度及政府影响公司理财的路径

　　制度，作为现行的工作规则，是通过其他决策单位来界定这些决策单位的，并且赋予这些单位的内部机制以结构和规律性。从图 3-4 我们可以看出，在既定政治体制下，考虑文化传统、价值观念、经济发展水平和政治环境，会形成与之配套的各种法律法规；各级政府机构依据一定的法律法规可以对企业行为进行直接干预，称之为政府规制或政府管制，或者依据法律法规制定宏观经济政策对企业行为进行间接干预，称之为政府宏观调控；文化传统、价值观念会直接影响企业文化，企业文化和文化传统及价值观念一起影响着企业经营者的经营理念，进而影响企业所有的员工。

Wallis 和 North（1986）认为，运用政治制度来重构产权的费用不断降低，导致了各种政治组织的发展，从而由政府行政部门替代了个体决策制定能力，并将交易费用附加于经济的其他部门。诺斯（1986）测量了总量的交易费用，得出美国 1970 年交易费用占其国民生产总值的 54.71%，可见为了实现规模递增收益，美国在交易方面进行了巨大的投资。据张五常估计，包括全部第三产业以及第一、第二产业的量度和监管费用，香港的交易费用占香港国民生产总值的 80%。但是，正如诺斯所说，这些交易费用反过来也决定了一种政治或经济体制结构的制度基础。

三、国家干预经济理论

政治学家认为，国家是一种政治现象，但是却包含着涉及社会生活各方面的各种主客观因素；当代法学家把国家作为法律主体的名称，被看做是一种法律现象；社会学家把国家理解为社会生活中的特殊因素，是与其他社会面相联系的政治生活的权威部分，可从社会分层、权力、文化、行为和经济诸方面来解释它。经济学家则从经济意义上把国家看做是一个经济单位，其作用在于协调经济，促进和分配社会福利。

G. 斯蒂格勒（1971）指出：“对社会中的每个产业来讲，国家要么是一种可能的资源，要么是一种威胁。国家凭借其权力，收取或给予货币，可以并的确有选择地帮助或伤害了许许多多的产业。”哈罗德·拉斯基（1937）甚至说过：“不是国家控制工业就是工业控制国家……”。国家通过政权的强制力来干预经济生活，是自从有了“国家”这一统治阶级的工具以来就存在的事实。诚如教皇约翰·保罗二世（1991）所指出的：“国家在经济部门中有其作用。经济活动，尤其是市场经济中的活动，不可能在一个制度、司法和政治真空里进行。相反，它以受切实保障的个人自由和私人产权，以及稳定的货币和有效的公共服务为前提条件……”。

（一）国家起源于经济的发展

荀子在《富国》中说：“人之生不能无群，群而无分则争，争则乱，乱则穷矣。故无分者，人之大害也；有分者，天下之本利也。而人君者，所以管份之枢要也。”国家的存在是一种必然，一定程度上，国家也是一种为了解决社会生活中发生的各种冲突的制度。

组织为国家的社会在战争、贸易、生产和分配资料方面总是比其他社会占有优势，而这种优势只有通过权力的集中才能获得。以此为依据，政治人类学家埃尔曼·R·塞维斯（1975）认为："政治权力组织经济，而不是相反。制度是给定的，而不是能够获取的。个人的财富并不要求获得个人政治上的权力。"说明了国家的出现是为了在更大范围内保障和实现整个社会的经济利益。在此基础上，乔·哈斯（1988）把国家定义为"一个分层社会，在这个社会中管理机构控制着基本生活资料的生产或谋取方式，从而必然对其余居民行使强权"。

按照政治社会学家帕森斯的看法，国家是先进工业社会分工的唯一结果。分工使专门化的组织发展成为国家，因此，国家被视为与分工相联系的专门机构的集合，其功能是调整和减缓社会各部门之间的冲突和紧张关系。发展政治学家也把国家视为工业化和分工发展到一定阶段的产物，并且在这一过程中，国家调节着社会经济的发展，并与其某一发展阶段紧密相连。

恩格斯在《家庭、私有制和国家的起源》中指出："国家是社会发展到一定阶段的产物，当社会陷入不可解决的自我矛盾，分裂为不可调和且无力摆脱的对立面，就出现了从社会中脱离出来的力量——国家。它是一种表面上凌驾于社会之上的力量，可以缓和对立面间的冲突，把冲突保持在'秩序'的范围之内，从而使经济利益相互冲突的阶级不致在威武的斗争中把自己和社会消灭。"

从上面关于国家的起源或定义中，我们可以看出，国家的出现是经济发展到一定阶段的产物，但自从国家产生之后，在一定程度上它又保障和促进了经济的发展。经济的发展是无数经济实体公司理财的一种合力。

（二）经济学理论与国家干预

如果经济活动所带来的私人成本效益与社会成本效应相一致，那么在完全竞争的市场条件下，社会资源能够得到最优的配置，消费者也能够达到最大的效用，从而得到最效率的经济状态。但是，如果经济活动的发生带来了"外部经济效应"，特别是负外部经济效应，破坏了私人和社会之间成本效益的等值关系，社会资源的配置便不能达到帕累托最优状态。因此，福利经济学家庇古认为，资源最优配置的效率问题和收入分配的最优问题是密切相关和相互影响的，国民收入总量的增大和均等与社会经济福利同方向变动，且国家干预等非市场性力量可以有效地弥补市场所引起的国民收入不均等带来的不足。庇古的福利经济理论为国家干预打开了经济学上的方便之门。

凯恩斯在其 1936 年发表的《就业、利息和货币通论》一书中提出，有效经济体制的内涵不仅包括资源利用的效率，还应包括高水平的产出和就业率，为实现这些目标，国家应该采取强有力的干预措施。通过预算和税收等宏观财政政策对国民收入进行再分配，国家可以避免由于有效需求不足带来的高失业率、价格上涨和经济停滞等经济困难。国家可以通过预算增加公共开支，以增加有效需求来避免失业；国家也可以通过税收减免政策来鼓励消费者增加支出，鼓励企业家增加投资；甚至，为了实现高就业率，政府在预算上可以实行赤字政策。凯恩斯的学说[1]确立了国家干预经济的最终理论基础。

针对福利经济学家所提出的"市场失效"理论，公共选择理论提出了"政府失效"理论，该理论认为经济的衰退和停滞是由于国家的不适当干预所导致的。公共选择论引入"经济人"假设，并以此作为考察个人与政府决策行为的出发点，认为政府决策和行为也会不可避免地考虑成本效益原则，也会把自身效益最大化作为决策的目标。基于此，布坎南等[2]认为政府为实现自身效应的最大化而对经济活动的过多干预是造成资源的利用效率低于市场机制下效率的原因。其一，政府的干预导致竞争缺乏，市场经济中约束行为的利润压力在政府干预下减弱甚至消失了，从而使得社会支付的费用超出了社会本应支付的成本。其二，政府部门往往倾向于提供不符合或超出公共需求的公共服务和生产，这种倾向与政府官员追求个人威信和政绩的愿望紧密相联。因为作为"经济人"的政治家们，其决策的目的是扩大个人影响而不是公共利益。实际上，公共选择理论并不是一味反对国家干预，其主要目的在于证明，"市场的缺陷并不是把问题交给政府去处理的充分条件"（Jan Shaw，1987）。相反，过多的国家干预只会破坏经济生活的内在自然秩序，带来一系列有害后果，危及民主制度的生存。

"诺斯悖论"是指国家既是经济增长的关键，又是使经济人为衰退的根源。道格拉斯·诺斯（1991）认为"在任何关于长期变迁的分析中，国家模型都将占据显要的一席"。纵观整个经济发展史，制定博弈的基本规则是属于国家提供的基本服务，国家从两个方面来完成这一基本职能：一方面，形成产权结构的竞争与合作基本原则的界定（即界定要素和产品市场的所有权结构，以使统治者的租金最大化）；另一方面，基于上述产权结构框架，提供一

---

① 凯恩斯学说，也称凯恩斯革命，指的是凯恩斯于 1936 年发表的《就业、利息和货币通论》一书中所表达的经济思想。

② 一般认为，布坎南和塔洛克是公共选择理论的奠基人，他们于 1962 年发表的 *The Calculus of Consent* 是这一学派的开创性著作。

系列公共或半公共产品和服务，降低界定、谈判和实施作为经济交换基础的契约所需要的费用（即交易费用），从而使社会总产出最大化。诺思认为，由于国家界定了产权结构，而产权结构的效率是经济发展的关键，因而国家最终要对经济的增长或者衰退承担责任。

综上，无论是赞同还是反对国家干预，各经济理论都无一例外地承认国家对于经济发展的重要作用。就如马克思和恩格斯所言，作为上层建筑的国家必须以一定的经济作为基础，而当上层建筑的国家干预不符合经济的发展规律而阻碍经济的发展时，就必须要调整国家干预政策的制定和执行，必要时甚至要新建一套国家干预机制。宏观上经济的发展，是无数个人和经济组织合力发展的结果，各经济主体的发展离不开其对自身资产的运营管理。

四、政府职能履行对公司理财的影响

政府作为一种自上而下的层级式秩序组织，追求一定的集体性目标，并通过政治程序获得授权，在其政区内按一定规则运用权力。政府通常具有的职能包括：保护公民的各项自由；生产共享品；再分配产权。为了履行这些职能，政府要投入代理成本；而为了偿付这些代理成本，政府就必须征税以便管理和筹措各种物资资源。政府在履行职能及为偿付代理成本而进行的管理和物资筹措过程中，无一例外地会对公司理财产生重大影响。

（一）保护公民的各项自由对公司理财的影响

保护和支持社会的制度是政府的主要职能之一，政府的保护职能可以增进秩序，并使个人、企业和民间团体或组织在面对未知事物或不完备信息时的协调任务变得较为容易，而建立起他们必要的信心，促进人们顺利有序的交往。因为，保护性任务的完成，在许多时候可能需要采用法定的强力，如警察、法庭、军队，来防止搭便车和委托代理人的机会主义，并在必要时强制执行各种规则。也就是说，政府要实现其保持和平并维护自由的职能，必须要建立和实施一套规则，它同等地适用于所有公民。政府对于公民各项自由的保护，包含两方面的涵义：一方面，它不允许公民动用暴力、欺骗或其他非法暴力方式来实现自己的目的；另一方面，它应该防止一些公民受另一些公民的强制。如果没有政府制定并保证其有效执行的一套规则，交往或交易的双方只能依靠"暴力潜能"来制约彼此的行为以保卫自己的财产，那将会付出极高的排他成本和强制执行成本，从而抑制大量有利的劳动分工，阻碍经济的发展和繁荣。

政府保护性职能的实现有相当一部分是通过政府管制来实现的，如保护健康和安全的管制。有些政府管制因其解决了负的经济外部性问题而具有经济上的合理性，但当私人的自我约束被集体性管制取代时，管制给整个经济和社会系统带来的成本常常得不到正确的评估。譬如，美国1990年关于苯废弃物的严厉标准，使得保全一个人的生命要付出1.68亿美元的代价；1990年在森林保护上列出的有害废弃物标准，使得保全一个人的生命要付出不低于5.7万亿美元的代价；1991年新饮用水的标准的颁布，使得保全一个人的生命要付出9.2亿美元的代价；1996年"健康加拿大"对于禁止生产和销售生奶乳酪的修正案，使得约90种生奶乳酪变为非法制品，相当于取缔了整整一个产业。当然，对于任一管制措施，都要权衡其长期社会成本效应，但这些数据同时也说明，政府在行使其保护职能时，倾向于不惜牺牲对竞争系统协调能力和控制能力的培育，并因而牺牲经济的发展和繁荣，甚至摧毁一个新的、欣欣向荣的产业和许多人的生计。

（二）生产共享品对公司理财的影响

对于共享品，要想让不承担成本者不享用，即使可能，也是代价极高。而且，在一定的限度内，因享用者对它们的需求彼此之间不存在争夺，共享品一旦被提供出来就不会稀缺，但是共享品的供给和维护却需要耗费资源。与成本和收益能由个人或企业充分内部化的私人品相比，共享品将供给不足。为了解决共享品的供给和维护问题，需要由某种集中化的政治程序来决定。

1. 由政府实施供给

（1）依靠政府实施供给并靠强制性税收来筹集供给和维护所需要的资金。税收作为政府的财政政策，依靠其税目、税基、税率和税收优惠措施等对纳税人实施影响。不同的理财主体在理财过程都会遇到各种与税收有关的事项，税收筹划也理所当然地成为了企业理财的重要内容。

（2）政府对所提供的共享品的种类及成本在公民中分摊方式的不同，有可能对某些有组织集团的偏好做出反应，产生隐形再分配问题。如在制定各种法律法规的过程中，由于受到院外利益集团的游说、寻租或政府部门自身的设租的影响，对于具体条款的规定的不同，会直接影响企业的运营和理财成果，如会计准则的制定。

（3）依靠政府实施供给，但政府会利用公共所有的财产来组织生产并为其提供资金。政府往往会要求对特定类型的采掘活动或贸易活动拥有排他性的生产权，以此作为财政收入的便利来源，如盐业的垄断。同样，许多政府也曾对石油和天然气产业实施国有化，以便获得便利的财政收入来源。而且，一旦出现有希望的新技术并有可能成为财政收入的源泉时，政府往往会接管这些活动的所有权。从长期来看，政府创造的这些"政治性企业"，由于所有人缺位，往往为有组织的集团，如公共企业的高管和雇员，占有这些收益打开方便之门。与政府增加财政收入的初衷背道而驰，源于企业生产的收益往往被用于高薪、官员的闲职、配备冗员和大量的在职消费。此外，"政治性企业"的预算软约束，会对其融投资产生直接的影响；而政治性企业的管理高层常常对政府如何制定管理他们的规则拥有间接的政治影响力，从而对企业理财产生关键性的影响。

（4）由政府实施供给并靠强制性来执行的各种法律法规等共享品。政府行为不仅强行导致了要由公民们通过纳税来承担资源成本和其他强制性征收，而且还强加了服从成本①。一定条件下，服从成本是固定成本，因此相对于大公司，小企业所面临的成本障碍会更高些，这对于小企业的生存、外来者的竞争、创造就业等各种理财活动的创新来讲，服从成本是一种障碍。

2. 提供获取共享品的机会

有些共享品，政府可以依靠公共预算来进行间接供给，即用公共资金收购共享品，政府只充当质量控制者，而不是生产者。目前，很多国家基础设施的建设都采用了类似的方式，一方面，企业为了获得提供获取共享品的机会，会进行寻租或创租，寻租作为一种非生产性的寻利活动，会导致资源的耗散，直接增加企业的理财成本；另一方面，当政府与活动获得提供获取共享品的机会的企业进行合谋时，会给公共品的质量埋下隐患，以致有可能造成不必要的社会和经济后果反噬企业理财。

（三）再分配产权对公司理财的影响

基于社会公正的角度，政府会没收某些人的产权并将它们再分配给另一些人，这就是政府的再分配产权的职能。如图 3-5，政府一般会采用两种政策手段来尝试产权的再分配：一是运用政府的强制力来征税和分配转移支付，以弱化甚至消除竞争博弈的后果；二是通过直接干预立足于私人产权的竞争基础，通过影响财务资本、物资资本和人力资本的积累，通过干预缔约自由，改变市场运行。

---

① 服从成本，公民们和企业在服从政府法律和政府管制时所必须承受的资源消耗，例如纳税人必须准备麻烦的文书工作，或者企业必须监事并报告特定的活动，如排烟或他们所缔结的私人契约的内容。政府行政法规的设计对服从成本具有很大的影响，并且，不断重构和微调政府规则大都会抬高这些成本。

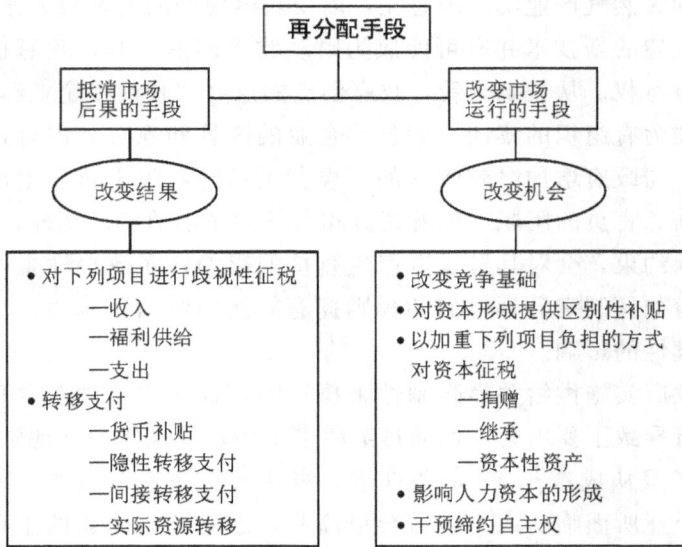

```
                         ┌──────────┐
                         │ 再分配手段 │
                         └──────────┘
              ┌───────────────┴───────────────┐
       ┌──────────┐                      ┌──────────┐
       │ 抵消市场  │                      │ 改变市场  │
       │ 后果的手段 │                      │ 运行的手段 │
       └──────────┘                      └──────────┘
            │                                 │
       ╭──────────╮                      ╭──────────╮
       │  改变结果  │                      │  改变机会  │
       ╰──────────╯                      ╰──────────╯
```

改变结果	改变机会
• 对下列项目进行歧视性征税 　—收入 　—福利供给 　—支出 • 转移支付 　—货币补贴 　—隐性转移支付 　—间接转移支付 　—实际资源转移	• 改变竞争基础 • 对资本形成提供区别性补贴 • 以加重下列项目负担的方式对资本征税 　—捐赠 　—继承 　—资本性资产 • 影响人力资本的形成 • 干预缔约自主权

图 3-5　政府再分配手段

能够直接改变市场资源配置结果的手段，也能直接改变企业的理财结果，比如对不同来源的个人所得税是否征税及采用不同的扣除比例、税率或税收优惠政策，能影响公司的理财行为。在我国，个人股票投资的价值增值是不纳税的，但是对于企业分配给投资者的股利却要征税，这在很大程度上影响了我国上市公司的股利分红政策。而对于改变市场运行的手段，也会改变公司理财的竞争基础，对于缔约自主权的干预，会直接影响公司的各项理财活动和其中涉及的各种财务关系，比如德国政治体制严格地确立了一整套劳工权利和福利措施，使得有组织的劳工拥有了一个颇有影响的市场和直接参与劳资谈判的能力，这改变了市场机制下公司理财中的财务关系。

五、政府失灵

路德维格·艾哈德（德国经济部长，1957 年）认为"政府不是喂养于天国、产奶于地上的母牛"。虽然市场失灵为政府干预提供了足够的理由，但由于政府机构及其人员在干预过程中受知识悖论、信息完备性及不对称、自身追求利益最大化等因素的影响，政府干预也存在如布坎南所说的"政府失灵"现象。

第一，政府干预决策失误。政府对于经济干预政策的制度和实施是一个十分复杂的过程，存在着诸如信息的完备性、不对性等各种困难或制约因素，使得国家难以制定合理的干预政策而难以付诸实施，从而导致干预决策的失灵。有时可能不仅不能克服市场失灵，反而会加剧市场失灵。

第二，干预决策的执行效率低下。首先，执行过程中的时滞性。政府干预从政策的制定到政策的执行会有一个过程，这个过程需要耗费一定的时间，而所要干预的事项所处的环境是瞬息万变的，这会导致干预时滞的存在；另一方面，干预政策的实施到实施效果的显现本身也会存在一个过程，具有被动性，这些影响了执行的效果。其次，官僚机构的低效率。政府中也存在着众多的委托代理问题，政治代理人，如统治者、议员、行政官员，通常追求他们自己的目标，甚至损害普通公民的利益。普通公民是政治行动中的委托人，这导致政府中通常不存在竞争，缺少企业中代理人通常所要面对的那些约束。

第三，干预机构的膨胀。政府官员没有受到要他们把生产费用压缩到最低限度的压力，因此，政府部门往往倾向于提供不符合或超出公共需求的公共服务和生产，这种倾向与政府官员追求个人威信和政绩的愿望紧密相联。为了最大限度地扩大个人影响，势必会扩充机构规模，导致人浮于事，机构臃肿，最终就会使社会支付的费用超出了社会本应支付的成本。

第四，行政自由裁量权的滥用。一般地，不同的政府干预目的，相关的法律只提供了干预的原则和准则，大量详细而具体的规则需要政府干预执行部门来进一步完善，也就是说政府干预执行部门拥有一定的自由裁量权。如果其行为不受监督，权力得不到制约，就会导致行政自由裁量权的滥用。美国的管理和预算办公室（OMB）与信息和管制事务办公室（OIRA）于2002年提交的一份报告显示：2000年影响小企业的规章有1054部，其中环保局发布的规章最多，为每年170多部。美国中小企业管理局2001年的报告也指出，政府有多少监管机构，小企业就得有多少相应的部门来学习和掌握联邦规章。这不仅加重了企业的服从成本，而且如果规制人员发现小企业不执行规制，会罚款甚至迫使企业破产。

第五，规则俘获与寻租。干预对象可能归属于不同的具有共同利益、需要和信念的组织或群体，这些组织或群体会通过院外游说、寻租及有组织地采取共同行动，通过对干预机构及人员进行政治支持或寻租来换取对自己有利的干预政策。这也符合政府干预机构及人员作为经济人的利益最大化目标，从而使得政府放弃社会福利最大化的政策目标而选择特定利益集团利益最大化作为干预政策制定的目标。寻租可以是被干预对象的主动寻租，也可以是政府干预机构或人员的主动创租。但不管是哪种形式的寻租，其结果都是政府将主动放弃社会福利最大化的政府干预目标。

第三节　政府宏观调控影响公司理财的机理分析

　　1936 年凯恩斯的《就业、利息和货币通论》从理论上系统地提出了一套通过国家政府来调节和稳定经济的就业理论体系，即凯恩斯经济学或者凯恩斯主义，从而使得自由市场经济和政府宏观调控的有机结合具有了理论上的依据。实际上，从政府干预经济的历史来看，主要的资本主义国家在凯恩斯主义产生之前，其实际经济政策中已然长期采用货币供应量来调节经济。因此，宏观调控是一种在一定历史条件下产生的经济政策，是社会经济发展到一定阶段的产物，是传统市场经济发展到现代市场经济的必然。市场经济越发展，政府的宏观调控越重要。

一、政府宏观调控的特征、目的和手段

（一）政府宏观调控的定义

　　"宏观调控"是随着我国经济体制改革而出现并随后在经济学和法学领域经常使用的一个概念，西方国家没有这一概念。相应于我们的"宏观调控"，国外有时使用"macroeconomic coordination"（宏观经济协调），或 macroeconomic regulation（宏观经济调节/控），或 macroeconomic adjustment（宏观经济调整/节），或更多的时候直接使用"macroeconomic policy"（宏观经济政策）。可见，国外对于宏观调控更多的是与宏观经济学有关的概念，是一种缓和和间接意义上的使用。

　　赵锡武（1989）认为，以国家社会为主体，有意识地把经济运动总量均衡作为目标，从经济运行总体的角度，对国民机构及活动所进行的自觉调节和控制，就是宏观调控。张宇霖（1993）从法学的角度对此进行了界定，认为宏观调控是指政府经济管理部门以市场和市场之间的总需求和总供给为对象，对经济总量的控制和调节，组织市场经济运行，引导经济发展的活动。赵海宽（1996）提出的宏观经济调控，是指运用经济手段对社会总的供需状况加以调节，使其基本保持或趋于均衡。杨心明（1995）、靳晓黎（1998）及杨三正（2006）等也均认为宏观调控是对国民经济总量的调节和控制。本书所认为的政府宏观调控，是指，政府运用法律、经济和行政手段对国民经济总量所实施的调节和控制，借以实现国民经济的持续、稳定和协调发展。

（二）政府宏观调控的特征

政府宏观调控的特征包括宏观调控主体的特定性、宏观调控的宏观性和总体性、宏观调控的间接性及宏观调控的动态性。

1. 宏观调控主体的特定性

宏观调控决策主体应当由中央国家机关承担，调控对象是宏观经济领域内关系国计民生的重大经济问题。一项完整的宏观调控通常要经过调控主体的决策、宏观调控政策的实施和监督等环节。毫无疑问，调控主体的决策处于宏观调控的首位，无决策就无需实施和监督。因此，针对宏观经济领域的宏观调控，其决策主要应由中央国家机关承担，特别重大的宏观调控措施，决策权应交由全国人大或人大常委会行使，地方国家机关特别是省级政府是主要的实施机关，有权就本辖区的经济发展做出决策。

2. 宏观调控的宏观性和总体性

国家宏观调控所施行的措施影响社会经济的全局，而不仅仅触及某些局部或个体，其着眼点和目的是社会经济的宏观结构与总体运行。根据需要，遵循客观经济规律，在充分把握社会经济总体结构和运行状况的基础上，国家确定宏观调控的目标，并通过实施某些重大和广泛适用的措施，使社会经济结构和运行发生某种变化，产生总体性的宏观效应。当然，宏观调控不能忽视或排斥必要的微观管理，宏观任务和措施需要通过其所涵盖的各微观和个体来落实。

3. 宏观调控政策的间接性

国家宏观调控的着眼点和目的是社会经济的宏观结构和总体运行，各国的国家计划是或基本上是指导性的，由此制定的经济政策注重对经济活动主体的引导和促进，各种政策工具和经济杠杆的运用，其间接性和导向性也十分明显。因此，各经济活动主体对于国家宏观调控措施做出的是一种间接反应，国家宏观调控并不直接对个别经济活动主体进行干预管理。

4. 宏观调控政策的动态性

国家对社会经济进行的宏观调控是一个动态的过程，包括决策和执行两个层面。宏观调控的决策，就是宏观调控计划、经济政策和具体调节手段的制定；宏观调控的执行，就是具体落实决策的过程。决策离不开执行，国家宏观调控目标、任务和措施必须通过各地区、各单位的具体经济活动落实和实现；执行中必然涉及对有关各个体（企业等）给予指导、鼓励、帮助和服务，进行某些直接管理，宏观调控不能忽视或排斥必要的微观管理。

（三）政府宏观调控的目的

政府宏观调控的目的是多重的，这些目的形成一个体系。主要目的有：

1. 充分就业

充分就业是指符合法律规定条件且有工作能力的人都找到了有报酬的工作。经济生活中，一般存在四种形式的失业：其一，季节性失业，通常由某些部门间歇性的需求不足导致；其二，摩擦性失业，由于劳动力市场正常的流动所造成，劳动力流动包括老职员退休、放弃原工作寻找新职位以及新迈入就业行列的人员，劳动力流动量越大、越频繁，寻找工作的时间越长，失业人数越多；其三，结构性失业，包括产业结构的调整引致的产业结构性失业和区域经济发展不平衡引致的区域结构性失业，经济结构变化越大，相应劳动力供给结构调整时间越长，区域经济发展越不平衡，结构性失业人数就越多；其四，周期性失业，因经济的周期性波动造成的失业。财政政策可以促进经济增长、消费增加进而拉动需求，最终实现社会的充分就业。凯恩斯在其《就业、利息和货币通论》中证明了此结论的成立。

2. 稳定物价

稳定物价，是指把物价总水平维持在一般价格水平。一般物价水平持续不断的上涨最终会导致通货膨胀的出现，通货膨胀意味着货币价值或实际购买力的降低，是各国经济发展的主要障碍。通货膨胀的出现可以由本国自身的各种因素引发，也受到世界经济活动的影响，但归根结底都由需求和供给不平衡所引发。当总需求超过社会充分就业时的产出水平时，就会出现通货膨胀缺口，进而引起物价总水平的上升。因总需求增长引发的通货膨胀称为需求拉上型通货膨胀，成本上涨引发的通货膨胀称为成本推动型通货膨胀，现实经济生活中，需求拉上与成本推动的作用往往会同时出现。抑制通货膨胀是财政政策的调控目标之一，财政政策的实施可以引起消费、投资和政府支出的变化，根据通胀形成的不同原因，采用适当的财政政策就可以平衡供需，进而稳定物价。

3. 保障经济的稳定增长

随着经济的发展和经济的全球一体化，国家或地区间的差异、贫富的悬殊，经济人的逐利性，各国文化、道德价值观念冲突，对传统的社会秩序造成了冲击。充分了解社会状况，在不同的经济领域进行有效的引导，兼顾不同利益群体的利益诉求，有助于形成稳定的社会秩序。政府宏观调控应保证物价的合理波动，尽可能保证市场经济总量的动态平衡，以保障社会稳定所需的物资基础。合理的经济结构是我国经济自给自足能力不断增强的保障，可以抵御世界范围内的经济波动。平抑和消除经济周期性波动，是实现宏观经济长期稳定发展的重要内容。

4. 维持国际收支平衡

国际收支，是指一国在一定时期（通常是 1 年）内与世界其他各国之间全部经济往来的系统记录。国际收支状况不仅反映了该国对外经济交往的情况，也反映了其经济的稳定程度。当一国经济利益的流入大于流出时，形成国际收支的顺差，加强了本国的储备地位；当一国经济利益的流入小于流出时，形成国际收支的逆差，加重了本国储备的压力；当一国经济利益的流入等于流出时，即达到国际收支平衡，国际收支平衡又包括国际贸易平衡和国际资本流动的平衡。顺差和逆差是国际收支不平衡的体现，根据国际收支不平衡产生的影响时间的长短，存在短期不平衡和长期不平衡两种形式。短期不均衡主要由周期性的经济波动、商品价格的结构变化及汇率调整不当引起的经济膨胀引发；长期不均衡主要由技术进步引起的生产要素结构变化和经济发展的长期趋势造成。

不同种类的国际收支不平衡对经济的影响不同，政府所采用的财政政策也应不同。而且随着经济的全球化，一国国际收支状况也反映着与其存在经济往来国家的经济状况，因此各国在实现国际收支平衡时要进行财政政策措施的相互协调，否则，本国经济甚至世界经济将不能顺利发展。

政府宏观调控目标体系中既存在着目标的互补促进关系，也存在着相互排斥的交替关系。宏观经济的长期稳定发展可以带来更多的就业机会，而就业率的提高一般也意味着经济的加速增长；而经济的的长期稳定增长却与稳定物价存在着相互排斥的关系，经济的增长意味着需求的扩张，需求扩张一般会带来物价的上涨，物价的上涨会导致生产成本的提高，上涨的生产成本会制约经济的增长。

（四）政府宏观调控的手段

政府调控下的市场经济是各国发展经济所采用的普遍形式，只是在调控重点、范围、手段、形式等方面有所差异而已，市场竞争机制与政府宏观调控机制相结合是现代市场经济的基本特征。

1. 美国政府的宏观调控手段

（1）经济立法

美国是一个典型的法制国家，联邦或州政府通过法律和执法程序来保证实现国民经济运行的宏观调控，美国政府调节和干预经济运行过程最基本的形式就是经济立法。

（2）财政政策

当美国国民经济过度萧条或消费不足时，一方面采用购买社会保险津贴、增加失业保险津贴等方式增加普通消费者可支配收入；另一方面采用减税措施刺激企业投资，以促进社会经济的发展。此外，也允许出现国家财政预算赤字。一般情况下，美国不采用财政预算计划方式，而是由总统根据国家预算局、经济顾问委员会、政府内阁、联邦储备委员会等的意见，以松散的形式向国会提出国家有关经济目标和优先事项。

（3）金融政策

为调节和控制国民经济，美国政府所采用的金融手段主要有：其一，公开金融市场业务，如政府债券。政府债券的售出和买进，是美国政府调控国民经济运行的最重要的稳定器之一，它可以改变市场上流通的资金量，影响经济的发展；其二，贴现率变动。贴现率的大小可以影响贴现量的多少，这实际改变了市场上流动资金的多少，从而影响了经济的发展；其三，存款准备金率的变化。存款准备金率对银行可供信贷的资金量有着直接的影响，可供信贷的资金量直接影响了市场上流动资金的多少，从而影响了经济的发展。

（4）产业政策

美国对某些基础产业实行直接干预的产业扶持政策，如能源、农业和交通等基础性产业，由于其自身发展的特殊性，往往不能受或是不受市场价格变动的调节，如果市场强行介入调节，可能会导致经济秩序遭到破坏。因此，对于能源业和交通运输业，美国政府采用直接管理的形式进行干预。

2. 法国和日本政府宏观调控手段

法国和日本是发达市场经济国家中运用计划进行宏观调控的两个国家。

法国的市场经济体制称之为"计划市场经济体制"，计划和集中被认为是弥补市场缺陷的重要手段。法国的经济计划通常为4～7年的中长期计划，主要是对社会和经济发展的目标进行规划，安排国民经济各部门的发展顺序，确定实现计划目标拟采取的各项政策和基本措施。法国运用计划进行宏观调控可以实现以下三个方面的目标：了解全国经济形势，分类汇总各种社会经济问题，提出解决建议；制定符合国家长远发展目标的中期目标框架，提出相关规划以保证经济的发展和市场的正常运转；通过计划，让人们了解法国经济社会发展的导向。

日本采用的计划宏观经济调控，包括日本经济企划厅制定的综合性中长期计划和各省厅制定的部门计划、行业计划，比较重视政府行为。但是，日本政府的计划以指导性计划为主，其宏观调控主要由财政政策和金融政策来实现。财政政策手段主要有两类：政府对公共事业的直接投资，税收减免和价格补贴等。金融政策手段主要通过两类银行系统来实现，一是可对私有银行和金融市场进行调控的、以利率调整和信贷控制为主要手段的政策系统银行；二是处于央行监督下，在国家法律和货币政策允许范围内自主经营和发展的各类私有银行。

此外，同属经济发达国家和成文法系的德国，其政府宏观调控的目标是实现高度就业和经济增长、稳定价格和均衡对外经济。为达到这些目标，德国政府所采用的宏观调控手段有：财政政策和投资政策、货币政策和收入政策。相较而言，德国政府比美国政府对经济宏观调控的力度和范围要大得多，但德国政府与经济利益集团间的合作却较为密切，政府主要以协商的形式来对经济利益集团进行调控。

3. 我国政府宏观调控手段

周小川（2002）曾指出："我国宏观调控的主要政策包括计划手段、财政政策和货币政策，三者之间的有机结合和协调配合构成了宏观调控体系。"我国在借鉴他国宏观调控经验的基础上，结合自己的国情，已经形成了以计划、财政和金融手段为主的宏观调控体系。针对不同的经济环境和国际形势，综合运用这些宏观调控手段，可以实现促进经济的增长、增加就业、稳定物价或保持国际收支的平衡等宏观调控目标。

（1）计划

我国运用计划手段，主要为了宏观经济总量的平衡，生产力布局的调整，以及促进国民经济持续健康发展，如我国每个"五年"规划都对所规划的 5 年经济和社会发展目标等做了计划。

（2）财政政策

财政政策是指为实现一定时期内国家的经济政策目标，政府采用相应的措施来调整财政收支规模和收支平衡等以达到调节国家财力，调控国家宏观经济运行的目的。财政政策是国家宏观经济政策的有机组成部分，对其的制定和执行也是国家进行宏观调控的过程。财政政策可分为两个层次：第一个层次涉及总体性和全局性的财政政策，如实行平衡财政或赤字财政的决策等；第二个层次涉及局部或某一领域的财政政策，如某些行业或企业是否采取税收优惠的决策等。各层次的财政政策相互依存，互为条件。一系列财政政策的实施，可以实现资源的优化配置，收入的合理分配以及充分就业、稳定物价、平衡国际收支等经济的稳定和发展。

（3）金融政策

金融政策也就是货币政策，我国的货币政策是指中国人民银行为保持人民币币值稳定，并以此促进经济增长，运用各种控制和调节货币供应量和信用量的货币政策工具和措施的总称，是由信贷政策、利率政策和汇率政策等构成的一个有机政策体系。货币政策涉及经济全局，与财政政策、投资政策、分配政策、外资政策等关系紧密，必须综合运用才能保持币值稳定。我国的货币政策工具可以分为数量工具和价格工具两类，其中价格工具主要包括利率政策和汇率政策等，而数量工具则聚焦于货币的供应量上，如公开市场业务的央行票据、准备金率调整等。

由上可见，由于具体历史条件、政治体制、政府遵循的经济理论及市场经济体制等存在着差异，各主要市场经济国家所运用的宏观调控手段也存在着差异，但是财政政策和金融却是共同的。因此，以下就财政政策和金融政策对公司理财的影响一一做出分析。

二、财政政策影响公司理财的机理分析

凯塞认为，财政政策就是政府的税收、支出以及债务政策对生产、就业、收入、价格等的影响。因此，财政政策是由税收政策、支出政策、预算政策、国债政策等构成的一个完整的政策体系。

（一）财政政策工具

经济学家一般把财政政策工具分为预算、财政支出和财政收入三大类。

1. 预算政策

预算是关于国家财政收支的年度预定计划，分为中央或联邦和地方两个层次，通过确定预算收支规模及平衡状态，安排和调整收支结构，可以实现相关的财政政策目标。预算能够实现国家财政收入的集中性分配和再分配，决定了政府的生产性投资总额和消费规模，影响了民间部门的可支配收入总额和市场经济中的货币流通量，从而对整个社会的总需求以及总供求关系产生重要影响。

根据权衡性财政政策，政府在财政方面的积极政策主要是为了实现无通货膨胀的充分就业水平。预算政策可以采用赤字预算、盈余预算和平衡预算三种形态来达到其调节目的。赤字预算是政府财政支出大于财政收入的预算，减税和扩大政府支出就会造成赤字预算，它体现了扩张型的财政政策；如果

政府财政收入大于财政支出，就是盈余预算，增税和减少政府支出就会产生盈余预算，它体现了紧缩型的财政政策；如果政府财政收入等于财政支出，就是平衡预算，它体现了中型的财政政策。赤字预算和盈余预算是一种功能财政，盈余预算能在总需求膨胀时起到有效的抑制作用，赤字预算能在有效需求不足时刺激总需求的增长，平衡预算能在总供需相适应时维持总需求的稳定增长。

2. 财政支出

财政支出有政府购买支出和转移支出两种形式，政府支出增加，可以刺激总需求，国民收入增加；反之，则抑制总需求，国民收入减少。

（1）政府购买支出

政府购买支出，是指政府利用国家资金用于劳务和物品的购买支出，如公务员及其他政府部门人员薪酬的支付、修建道路及购买军备支出等。政府的购买支出政策是稳定物价、合理配置资源、实现反经济周期强有力的工具，其支出总额对社会总需求造成直接影响，是影响国民收入的主要因素。

根据支出的最终用途，政府购买支出被分成政府消费支出和政府投资支出。政府消费支出，是政府购买物资和劳务以维持国防、文教卫生事业等一般行政及其他政府活动而发生的支出，该支出可以直接影响社会总需求，从而引导私人投资方向，调节经济周期波动。政府投资支出，是指为改善社会投资环境而投资于基础设施、公共事业及经济"瓶颈"部门的支出。政府投资，也称财政投资，可以刺激私人投资，调整资源结构、产业结构、技术结构、国民经济部门间的比例关系和劳动力结构，进而影响社会总需求。从支出的额度及影响路径看，政府消费比政府投资的影响力更直接、也更具影响力。

（2）政府转移支出

政府转移支出是指政府用于财政补贴、贫困救济和社会福利等方面的资金支付，政府的转移支出按用途的不同可以分为财政补贴和社会保障及福利费用支付。

财政补贴分为消费性补贴和生产性补贴，其中，消费性补贴主要用于日常生活用品的价格补贴，可以直接减少消费者的消费支出，间接增加了消费者的可支配收入，刺激了消费者消费的需求；生产性补贴主要用于对生产者特定生产投资活动的补贴，如生产资料价格补贴、投资补贴及利息补贴等，相当于对生产者实施的减税政策，直接增加了生产者的收入，提高了生产者的投资和供给能力。总供给不足时，主要增加生产性补贴以刺激供给的增加；

有效需求不足时，主要增加消费性补贴，以增加需求的支付能力，刺激消费需求，财政补贴可在一定程度上缓和社会供需矛盾。

社会保障及福利费用的支付，其实质是将高收入阶层收入的一部分转移至低收入阶层，因其减少了高收入阶层收入的同时增加了低收入阶层的收入，故该费用支付促进了社会分配的公平。此外，社会保障及福利费用支出的财政政策还可用来实现平抑经济周期的波动。经济萧条时期，失业人口增加，此时，增加社会保障及福利费用的支出可以增加一般民众的可支配收入，刺激社会有效需求的增长，借以恢复社会的供需平衡；相反，经济繁荣时期，失业率降低，减少社会保障及福利费用支出，一定程度上减少了人们的可支配收入，减轻了需求过旺的压力。

3. 财政收入

财政收入包括税收和国债，其中，税收是政府强制征收的收入，国债是政府的信用收入。

（1）税收政策

一般情况下，政府的财政收入主要是通过税收政策来实现的。税收是政府强制性地要求个人、家庭和企业把他们一部分经济资源的控制权转移给政府部门，间接影响了其社会经济行为，引发了社会经济活动的变化，以实现资源的重新配置。作为政府宏观调控手段的税收政策主要是为了实现经济稳定、经济增长、收入公平分配及资源合理配置的目标。

税收对于社会总供给和总需求关系的调节是通过自动稳定机制和相机抉择机制两个过程来实现的，前者是指既定税收制度下，经济内在发展规律对总供求关系的影响；后者是指根据经济环境的变化，政府有目的地调整税收制度以实现总供求关系调节的过程。经济繁荣时，在既定的税收制度下，税收收入随国民收入的增加而增加，相对减少了个人或组织的可支配收入，需求过旺的压力在一定程度上被减轻了。此时，如果总需求仍然明显高于总供给，政府则应有目的地采取提高税率、扩大税基，或减少税收优惠等税收制度来进一步减少个人或组织的可支配收入，从而降低需求。经济萧条时则反其道而行之。

税收对于收入分配的调节主要通过财产税制和累进所得税制来实现。推行高比例财产税和高额累进税是收入再分配最直接的手段，对高收入群体征收更多的税，可以降低高收入者的收入；对那些拥有较多财产的家庭征收更多的税，可以减少富有者的财富，而多收取的税收收入可以补助的形式增加低收入家庭的收入或财富。

（2）国债政策

国债是政府以信用方式获得收入的一种手段，其特点有：债权人是个人或组织，债务人是掌握政权的国家，双方的债权债务关系不对等；信用基础主要来源于税收收入，是由国家的支付能力所形成的；因为债权债务关系的不对等，其清偿不能由债权人要求法律强制执行；因其以国民收入和国家政治主权作为发行信用，发行时无需提供担保品。国债的发行，可以产生经济的流动性效应[①]和利率效应[②]，并据此实现对经济的杠杆作用。国债政策的流动性效应受到国债期限和资金来源的影响，一般情况下，短期国债的流动性高于长期国债的流动性；非银行部门的国债认购单位仅只使得资金使用权发生了转移，而银行部门的国债认购单位会通过扩大信贷规模来增加经济流通中的货币供给量。通过确定国债的利率水平和改变国债的价格，可以改变国债的供求状况，进而对金融市场的利率产生影响，实现国债政策的利率效应。国债的利率水平实际上决定了国债的价格，而国债的价格也反映了其内涵的利率水平，较低的国债利率可以引导金融市场利率水平的下降，以刺激投资和消费的增长；反之则反是。可见，国债不仅是财政政策工具，也是货币政策的载体。因此，国债政策除了作为一项独立的政策有其自身的目标外，在利用国债实现财政政策目标时，也要注意其与货币政策的相互衔接和协调。此外，在国债政策的运用中，要注意降低国债利息成本与促进经济稳定目标之间的矛盾关系。理论上，为减轻利息负担，经济萧条期应发行长期债券，而经济繁荣期应发行短期债券；实际上，为了达到财政政策稳定经济的目标，在经济萧条期只宜发行短期债券，经济繁荣期发行长期债券。

（二）财政政策影响公司理财的传导机制

1. 政府购买支出对公司理财的影响

政府购买支出有财政投资和政府消费两种方式。财政投资可以改善社会投资环境，影响公司的理财成本，公司投资的区域布局，调整资源结构、产业结构，拓宽企业的理财渠道和投资方向，改善技术结构，减低企业的理财成本、拓展了企业理财方式，降低了企业理财风险。政府消费一方面可以直接购买公司生产的产品或提供的劳务；另一方面，通过对政府部门人员薪酬的发放，增加了社会的总购买力，间接对公司生产的产品或提供的劳务进行消费，进而影响公司的各项理财活动和财务关系。

---

① 国债政策的流动性效应，是指通过改变国债的流动性程度来影响整个社会的流动性状况，从而对经济产生扩张性或抑制性效应。
② 国债政策的利率效应，是指通过调整国债的利率水平和影响其供求状况来影响金融市场利率变化，从而对经济产生扩张性或抑制性效应。

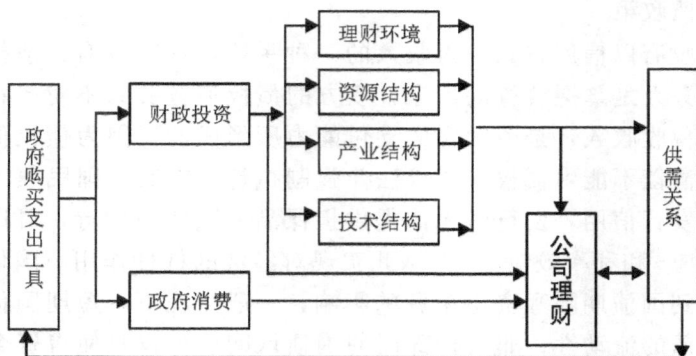

图 3-6　政府购买支出影响公司理财的路径

2. 政府转移支出对公司理财的影响

政府转移支出中，社会保障及福利费用支付和消费性补贴直接影响了消费者的可支配收入或购买力的大小，而可支配收入的多少会影响社会商品的供求关系，商品供求关系的不同会形成不同的经济环境和经济条件，这又会刺激或抑制公司的各种理财行为。在不同的供求关系下，公司对于各类财务关系的处理也会不同。生产性补贴主要用于对生产者特定生产投资活动的补贴，如生产资料价格补贴、投资补贴及利息补贴等，相当于对生产者实施的减税政策，直接增加了生产者的收入，提高了生产者的投资和供给能力。

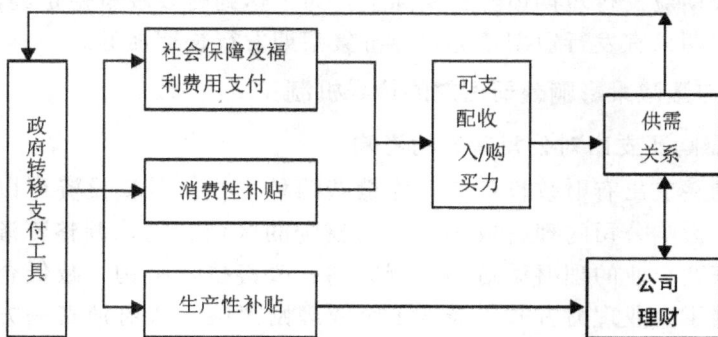

图 3-7　政府转移支付影响公司理财的路径

3. 税收政策对公司理财的影响

税收是一种体现特殊关系的国家分配，属于社会再生产过程中社会资源分配环节的活动，税收不仅影响企业的理财过程，也对理财结果产生直接的影响；反过来，税收又受制于企业理财活动和理财结果。税收与经济、社会活动的各个方面有着必然、广泛的内在联系，税收对于企业理财的影响，是由税收的内在功能决定的。

一方面，税收的实施必须要符合产品分配的一般规律。税收分配中税种的设置、税源结构、税收形式、税收规模和税收的发展等方面均取决于再生产过程。首先，生产的产业结构状况和生产形态决定了税源结构、税种设置和税收形式等税收结构；其次，税收分配与商品交换同作为再生产的中间环节，相互影响、相互制约，商品流通的发展速度、规模和效益直接影响了税收的发展速度和规模；再次，生产的发展速度、规模及经济效益等再生产的结果最终决定了税收分配的发展速度和规模；最后，消费是生产发展的前提和目的，消费结构的变化引导生产机构的变化，从而间接影响了税收分配的税源结构和规模。另一方面，税收也直接影响着再生产过程，影响着企业理财的各个方面。首先，与企业有关的税种、税目、税率和税收优惠政策影响了企业的理财过程或是直接决定了企业的理财结果；其次，国家对税收收入的不同形式的耗费不是影响企业发展的外部条件就是对企业理财行为产生直接的影响；再次，个人所得税的累进所得税制和不同收入来源的税负的不同，也直接影响了企业的理财活动；最后，税收结构和分布，通过对产业机构、产品结构和地区结构的影响对企业的投资行为产生作用。当然同一税收制度对不同生产资料的所有制状况的影响不同。

税收政策对公司理财的影响路径如图3-8所示。

（1）税收使得商品的购买者所支付的价格高于生产企业销售商品的价格，当消费者对商品的需求具有一定的弹性时，税收的存在会打破生产者和消费者价格的均衡，从而导致消费价格升高，生产者价格降低，引发税

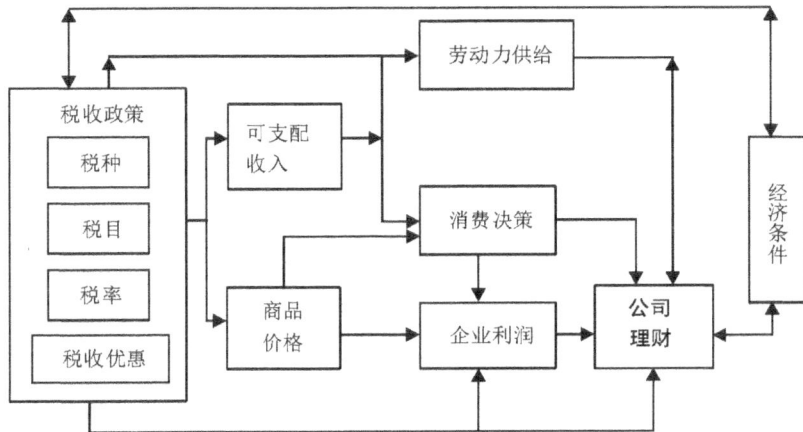

图 3-8　税收政策影响公司理财的路径

收的产出效应①和生产替代效应②，减少企业的商品产出。税收也会使企业的边际收益下降，为了实现其理财目标，企业会相应调整自身的理财活动和财务关系。

（2）课税商品不仅直接影响了消费者的消费能力，而且由于商品的可替代性，同样或相似性能的课税商品与非税商品的比价关系会发生变化，由此引发税收的消费替代效应③，影响生产的商品结构。如果没有非税商品，则在既定的消费收入下，会产生税收对消费的收入效应④。不同的商品具有不同的边际贡献，商品结构的不同会影响企业的利润，进而引发企业不同的理财决策；消费水平的降低抑制了企业的生产力，为追求既定的理财目标，企业也必定会采取相应的理财策略。

（3）对劳动者的个人所得征税必然降低其实际薪酬或净收入，改变取得收入的代价，产生工作的收入效应⑤和闲暇的替代效应⑥；企业不仅要为其职工支付薪酬，还要为其交纳一定比例的社会保障税，社会保障税是按职工薪酬的一定比例同时向职工和企业分别征收，从而提高了劳动力的价格，劳动力价格的提升有可能引发机器设备的替代效应⑦和职工投入需求减少的规模效应⑧；不同来源的个人所得税收征缴的方式和税率的不同直接影响企业的利润分配和资本运营，进而影响了企业融资的资本成本。

（4）企业所得税对投资的影响。一是对企业对实物资产投资的影响。企业所得税影响了企业税后利润的多少，直接影响了资本的净收益率 $\frac{R}{M}$（1－ t），其中，R 为税前收益；M 为资本投入量；t 为企业所得税税率。可见，税

---

① 税收的产出效应，是指对商品课税会减少市场上商品的均衡交易量，从而影响该商品生产行业的产出量。

② 税收的生产替代效应，是指当课税商品的成本价格发生不利于生产企业的变化时，企业会相应减少课税商品的生产甚至放弃生产，同时把资源更多地转向非税商品的生产。

③ 税收的消费替代效应，由于商品的可替代性，课税商品与性能相同或相似的非税商品的比价关系在发生变化时，消费者将减少对课税商品的购买，相应增加对非税商品的购买，即为税收的消费替代效应。

④ 税收对消费的收入效应，当政府对所有商品征税时，消费者在既定的收入水平下，消费水平的降低。

⑤ 工作的收入效应，是指由于对个人所得征税，个人所得税后的收入减少，纳税人为保证原有的收入水平，弥补因纳税带来的收入损失，减少闲暇而增加工作的行为。

⑥ 闲暇的替代效应，由于征税（设税率为 t），工资率由税前的 W 降低为（1－t）W，这意味着职工工作的机会成本提高，闲暇的机会成本降低，职工个人趋向于减少工作而增加闲暇。

⑦ 机器设备的替代效应，因劳动力成本的增加，劳动力对机器设备的相对价格上涨，因二者存在着技术上的替代性，企业为保持原有投入水平，用机器设备替代部分劳动力，从而减少对劳动力需求的反应。

⑧ 劳动力投入需求减少的规模效应，因劳动力价格提高，企业某产品的边际成本上升，造成了均衡产量的下降，从而导致了企业对劳动力投入需求的减少。

率越高,资本的净收益率越小,企业投资的动力就越小。企业所得税有两种
方式影响企业实物资产投资行为:对投资形成的边际收益征税,减少投资的
边际收益,抑制企业投资行为;通过加速折旧、亏损弥补、投资税收抵免等
资本成本项目的扣除和税收优惠减小所得税税基,降低投资成本,鼓励投资。
二是对金融资产投资的影响。一般地,金融资产投资风险越大,收益越大;
风险越小,收益也越小。国家对金融资产投资的收益征税,意味着国家与投
资者共享金融资产的投资收益,而其投资风险却由投资者独自承担,这提高
了金融资产投资的风险,影响了企业金融资产投资行为。三是对企业投资方
向和区域的影响。国家对特定行业和区域实行了所得税税率优惠措施,企业
为了追求税收的转化收益,会将更多资源投资于这些行业和区域。

4. 国债政策对公司理财的影响

无论何种债券,都由票面面值、债券期限及票面利率构成,国债也不例
外。债券的面值、期限及票面利率和市场利率决定了债券的价值,债券的价
值一般即为债券的发行价格。

如图 3-9 所示:首先,国债的发行本身就可以作为公司理财的一种方式;
其次,国债期限的不同,影响了流通中货币的流动性,流动性的不同可以影
响货币的市场利率和公司理财活动;最后,国债债权人类型的不同,决定了
市场中可供流通的货币供给量,货币的供给量一方面直接影响公司理财,另
一方面可以通过因供求关系的变化引起市场利率的变化来影响公司理财。当
然货币供给量和市场利率是相互影响的关系。

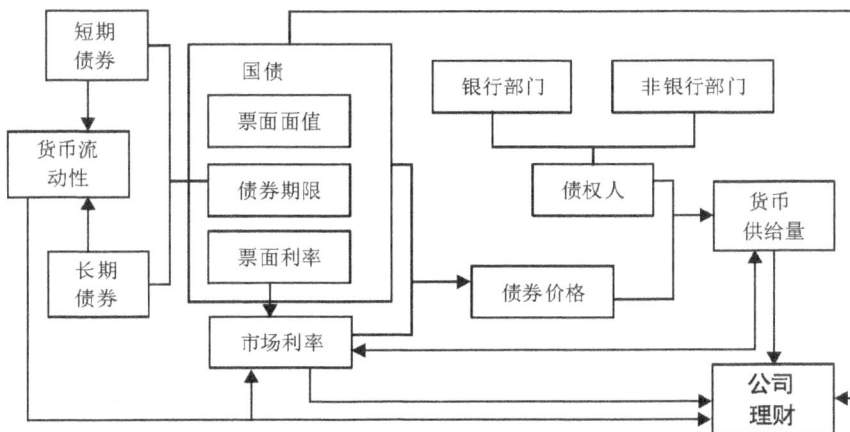

图 3-9 国债政策影响公司理财的路径

此外，一国的各级政府及相关的职能部门作为财政政策的制定者和执行者，其行为规范对于政策功能的发挥和政策效应的大小都具有关键作用。因此，财政政策的制定者和执行者对于公司理财也具有重大的影响，在制定和运用财政政策的过程中，也要重视和约束这些政策主体的行为和偏好，以使各项财政政策功能得到正常发挥的同时，减少对于公司理财造成的重大影响。

三、货币政策影响公司理财的机理分析

任何一个国家的经济增长都离不开货币供给的支持，企业理财目标的实现，甚至生存和发展，也离不开作为交换媒介的货币的支持。

（一）货币政策的目标

1. 货币政策的基本目标

货币政策的基本目标是把货币供应量控制在市场和经济发展客观需要量的范围之内，进而实现货币稳定。适宜的货币投放量，可以在货币所容许的客观需要量范围内进行选择。稳定的货币是经济发展的必要条件，经济的发展又是货币稳定的前提。没有良好的货币金融环境，要保持经济的稳定发展是不可能的；而没有经济持续、稳定和协调的发展，货币就失去了稳定的经济基础。货币稳定和经济发展的目标是一致的，两者相互促进，互为条件。但是，货币稳定和经济发展有时也会发生背离，货币投放的适当追加，可以使潜在生产要素转化为现实生产要素，从而促进经济发展；但货币的过度投放，却有可能造成通货膨胀，进而干扰经济的正常发展。

2. 货币政策的终极目标

货币政策的最终目标就是国家宏观经济目标，需要货币发行当局通过调控货币供应量、信用和外汇政策等来予以实现。一般包括稳定物价、促进经济增长、实现充分就业及平衡国际收支。因此，货币政策是一个组织实施过程，并且要围绕最终目标随经济的发展而不断实施、检验和调整货币政策。

3. 货币政策的中介目标

作为一个长期目标，货币政策的最终目标只能为货币发行当局制定相关政策或措施提供指导思想和方向，不能提供制定政策所需的详细数据依据。因此，为能够适时掌握经济变化情况，及时制定货币政策，干预经济的运行，货币发行当局仍需以一个短期的、较为准确的、数量化的数据依据作为最终目标的中介，此即货币政策中介目标。基于此，货币政策的中介目标是指一些期限较短的、能够较准确观测度量的、数据稳定性较好并能体现货币政

最终目标要求的金融数据指标。中介目标不仅要在很大程度上与本国货币政策的最终目标相适应，而且要能被货币发行当局采用适当的货币政策工具进行有效的控制。货币政策中介目标一般有货币供应量、利率、基础货币、超额准备金等，因国情的不同，各国所采用的货币政策中介目标往往也会不同。

（二）货币政策工具

货币供应量是货币政策的核心，通过调节货币供应量与其需要量之间的对比关系，可以调节社会的总供求。如前所述，货币发行当局必须运用一定的货币政策工具对货币政策的中介目标进行有效控制，进而影响经济活动，实现货币政策的最终目标。运用货币政策工具，可以对货币发行当局资产负债表中的各个项目产生影响，也可以影响对应的金融机构资产负债表的各个项目，从而影响货币供应量。货币政策工具分为一般性货币政策操作工具和选择性货币政策操作工具两类，其中，前者属于间接政策工具，如法定存款准备金率、公开市场操作和再贴现；后者如证券信用控制、直接和间接信用控制、不动产信用控制及消费者信用控制等。大多数国家最常使用的货币政策操作工具是一般性货币政策工具，但中央银行具体使用哪类中的哪种货币政策操作工具，则取决于一国某一时期实际的经济金融形势。

1. 法定存款准备金率

在实行中央银行体制的国家，一般都会采用法定存款准备金率制度以确保金融机构的付现能力，控制金融机构的信贷和货币供给量。法定存款准备金率制度，是指一个国家的各金融机构按照法律规定和中央银行规定的存款准备金率，把自己吸收的存款存入中央银行的制度。总体上，存款准备金制度大致有两种：其一，一般存款准备金率，即商业银行按其存款总额的一定百分比向中央银行上缴存款准备金；其二，累进存款准备金率，即商业银行采用累进比率，按其存款的增加幅度向中央银行上缴存款准备金。一般存款期限越短，要求的准备金率就越高。累进存款准备金率制度虽较为灵活，却也较为复杂，采用的国家不多。

在法定授权范围内，中央银行可通过调整存款准备金率的高低来影响各金融机构的信贷能力，达到收缩或扩张信贷和货币供给的能力。同时，存放在中央银行的那部分资金，经中央银行的调剂分配，可用于需要优先发展的部门或企业。可见，法定存款准备金率制度对于货币供应量的调控作用是明显的。但是，它也存在一定局限性：一是，准备比率调整结果的影响较大；二是，当法定准备金率很高时，金融机构往往采用各种方式逃避缴纳这样一大笔不付息的准备金；三是，商业银行在上缴无息存款准备金后，出于盈利，不是提高贷款利率就是降低存款利率，有可能导致企业绕过金融体系进行直接信贷，致使资金流出金融体系。

2. 再贴现

中央银行对商业银行的再贴现，是指中央银行通过买进商业银行持有的已贴现但尚未到期的商业汇票，向商业银行提供融资支持的行为。实际上，这是中央银行将一定数量的基础货币①投入流通，通过调整自身资产来控制货币供给量的一种行为。由于再贴现票据的贴现时间与该票据到期时间之间存在一个时间差，这段时间无异于贴现方向被贴现方提供了贷款支持，所以被贴现方要给贴现方支付贴现息。贴现率越大，支付的贴现息越多，票据贴现方取得贴现款项的成本越高。中央银行主要通过两方面的措施来实现对商业银行再贴现的影响：一方面，着眼于短期的再贴现率调整，根据市场的资金供求状况，中央银行随时调整再贴现率，影响商业银行的资金成本，刺激或抑制它的信用扩张，进而达到调节货币供给量的目标；另一方面，着眼于长期的对再贴现的贴现方资格、可贴现的票据种类及贴现数额的规定，以引导资金流向需要扶持的部门或产业。此外，由于信号传递作用，再贴现率的变动会起到一个告示效应，向商业银行传递了中央银行的政策意向，从而引导短期利率的变化。

总体上，再贴现的政策效果较为明显，但也存在不足之处，如只能被动接受商业银行的再贴现业务、受制于票据市场发达程度，且频繁调整再贴现率会引起市场利率的过度波动，不利于经济的稳定发展。

3. 公开市场操作

公开市场操作，又称公开市场业务，是指中央银行在公开市场上与指定交易商进行有价证券和外汇交易，以实现货币政策调控目标的行为。通过公开市场操作，中央银行吞吐基础货币，调节市场流动性。中央银行卖出有价证券，即吞进基础货币或从金融市场收回流动性；买入有价证券，即吐出基础货币或向金融市场投放流动性。中央银行通过有价证券的买卖，可以调节自身的资金量，并依次对金融机构的准备金→货币供给量→银行信贷能力→

---

① 基础货币，也称货币基数、强力货币、始初货币，高能货币，根据国际货币基金组织《货币与金融统计手册》（2002年版）的定义，基础货币包括中央银行为广义货币和信贷扩张提供支持的各种负债，主要指银行持有的货币（库存现金）和银行外的货币（流通中的现金），以及银行与非银行在货币当局的存款。从用途上看，基础货币表现为流通中的现金和商业银行的准备金；从数量上看，基础货币由银行体系的法定准备金、超额准备金、库存现金以及银行体系之外的社会公众的手持现金等四部分构成，其公式为：基础货币＝法定准备金＋超额准备金＋银行系统的库存现金＋社会公众手持现金

市场利率→汇率产生影响。公开市场操作具有主动性、灵活性和可逆性的优点。根据货币政策的要求，中央银行可以主动在公开金融市场上进行有价证券的买卖；根据金融市场的变化，中央银行能够随时对有价证券的买进或卖出进行经常性和连续性的操作，调节货币供给量；中央银行一旦发现其所制定的政策有误，也可以及时采取相反的措施予以纠正，且由于市场操作的连续性，避免了金融市场的剧烈波动。公开市场操作的主动性、灵活性和可逆性使其具有了较高的有效性，但是，实际操作中要注意公开市场操作的时滞性。

由于证券市场发达程度不同，公开市场业务的运用在不同的国家存在差异。对于市场机制高度发达的美国而言，公开市场业务是联邦贮备体系使用最多和最灵活的货币政策工具。欧洲中央银行体系内的公开市场业务主要通过回购协议购买、出售资产、信贷业务等反向交易进行公开市场业务操作，在指导利率、管理货币市场，并向市场发出政策信号等方面发挥主要作用。中国人民银行运用回购交易①、现券交易②和发行中央银行票据③实现货币政策目标。大多数发展中国家，由于证券市场处于萌芽阶段或尚未形成，而无法开展公开市场业务。

（三）货币政策影响公司理财的传导机制

货币政策传导机制，是指中央银行根据货币政策目标，运用货币政策工具，通过金融市场和金融机构经营活动的传导，对企业和居民的消费、投资、生产等行为产生影响的过程。一般情况下，货币政策是通过资产价格、利率、信贷、汇率等渠道进行传导的。

1. 存款准备金影响公司理财的传导路径

存款准备金对公司理财的影响的传导路径如图 3-10 所示，有如下几种：

（1）存放在中央银行的存款准备金，经中央银行的调剂分配，可用于需要优先发展的部门或企业，这会直接影响企业的融投资等公司理财。

（2）中央银行存款准备金率的高低，直接影响金融机构用于信贷的能力，在保持市场利率不变的情况下，银行会依据资产负债表效应和银行贷款效应

---

① 回购交易分为正回购和逆回购两种，正回购为央行向一级交易商卖出有价证券，并约定在未来特定日期赎回有价证券的交易行为，卖出即从市场收回流动性，正回购到期则是投放流动性；逆回购则相反。

② 现券交易分为现券买断和现券卖断，现券买断即为央行直接从二级市场买入债券，一次性投放基础货币；现券卖断即为央行直接从二级市场卖出债券，一次性回笼基础货币。

③ 中央银行票据即央行发行的短期债券，发行为回笼基础货币，债券到期则为投放基础货币。

做出信贷决策，从而对公司理财产生影响。所谓资产负债表效应是指，由于货币供给量的变化影响了市场利率，而市场利率会影响物价，物价的变化会对企业的资产净值产生影响，企业资产净值的大小代表了其偿债能力的强弱，从而使得金融机构的意愿信贷供给发生变化，最终导致企业投融资的变化。而银行贷款效应，是指因存款准备金的变化影响了金融机构的可贷款规模，金融机构只能通过信贷配给的变动来应对该变化，从而波及企业的投融资行为。

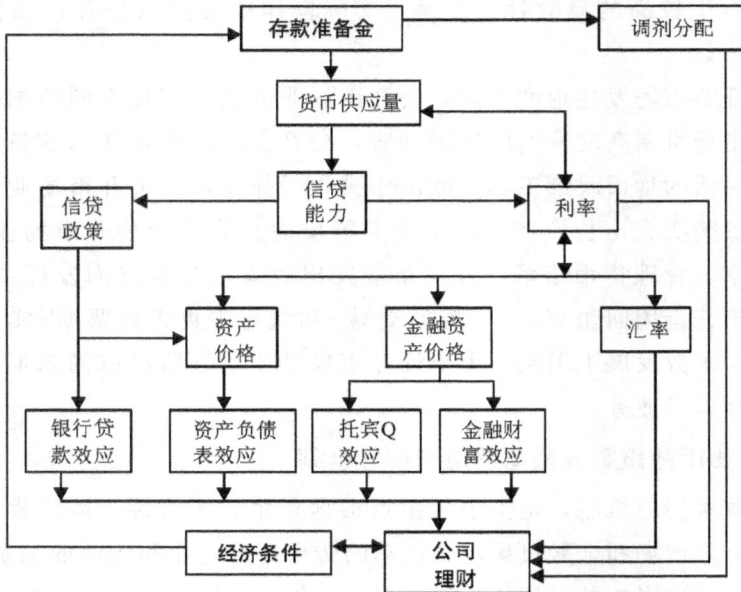

图 3-10　存款准备金影响公司理财的路径

（3）中央银行存款准备金率的高低，直接影响金融机构用于信贷的能力，在不存在利率管制的条件下，市场利率会因之发生变化。利率的变化会影响金融资产（如股票和债券）的价格，金融资产价格的变化通过托宾 Q[①] 效应和金融财富效应进而影响公司的投融资行为。托宾 Q 效应是指，当 Q 值上升时，股票市场价格相对于资本重置成本在上涨，也即新资产的购置成本低于股票市场价格，这就意味着当 Q>1 时，企业可发行股票，获得较购买新资产成本更高的价格。由于企业能通过发行股票换取更多的新资产的购买，于是投资增加；反之则反是。金融财富效应是指，金融资产价格的变化使得拥有金融资产的消费者财富增加，财富的增加会刺激消费的增长，消费的增长

---

① 托宾 Q，是指真实资本的当期股票市场价格与该真实资本的档期重置成本的比率。

会拉动需求的增长，需求的增长会刺激企业的理财活动进而引起经济增长。当然利率的变化会反过来影响货币供给量，而资产价格和金融资产价格的变化也会带来利率的调整。

（4）中央银行存款准备金率的高低，直接影响金融机构用于信贷的能力，在不存在利率管制的条件下，市场利率会因之发生变化，市场利率的变化，会引起一般物价水平的变动。

当国内一般物价水平的变动与国际或其他国家的一般物价水平变动不一致时，就会出现汇率的变动。一般地，通货膨胀相对严重的国家，汇率会贬值；而通货膨胀率相对较低的国家，汇率会升值。在不实行外汇管制的国家，汇率的变动会引发国际范围内资本的流动，进而对公司理财产生影响；在采用浮动汇率制①的国家，汇率的变动及其趋势会引发公司套期保值等涉外理财活动的变化或者由于价格粘性和汇率超调而引发公司大量的套利理财行为。但是，若国家采用固定汇率制②，汇率则不会发生变化，货币政策无效。当汇率发生变化，会引起经济资源的重新配置，进而引起市场利率发生新的改变。

当然，公司理财行为的变化，最终会引起经济资源的重新配置，实现新的经济增长，改变原有的经济环境，在新的经济环境下，国家会实行新的存款准备金制度。

2. 再贴现影响公司理财的传导路径

再贴现制度对于公司理财的影响与存款准备金制度具有类似的影响路径，只是存在一点区别，就是再贴现制度下，中央银行对贴现资格和贴现额度进行限定，从而直接影响公司的理财行为。

3. 公开市场操作影响公司理财的传导路径

公开市场业务相对于存款准备金制度和贴现制度而言，具有两项不同点，一是，公开市场业务通过所发行的票据可以直接影响市场利率；二是，公开市场业务因其可以在一级和二级金融市场上直接进行金融资产的买卖，所以可以直接影响公司的投融资活动。

---

① 浮动汇率制，是指一国货币的汇率并非固定，而是由自由市场的供求关系决定的制度。浮动汇率制下经济的调整不再是由国际收支不平衡引起的货币供应量的调整，而是由国际收支不平衡引起的汇率调整。浮动汇率制有管理的浮动汇率制和自由浮动汇率制，包括水平钉住、爬行钉住、爬行区间浮动、不预告干预路径的有管理浮动和独立浮动汇率制。

② 固定汇率制，是指货币当局把本国货币的汇率加以基本固定，波动幅度限制在一定的范围内。在固定汇率制下，货币当局有义务在固定的汇率水平上按市场要求被动地买进和卖出外汇，因此，外汇储备量完全受国际收支状况的影响。固定汇率制包括无独立法定货币的汇率制、货币局制度和传统的固定钉住汇率安排。

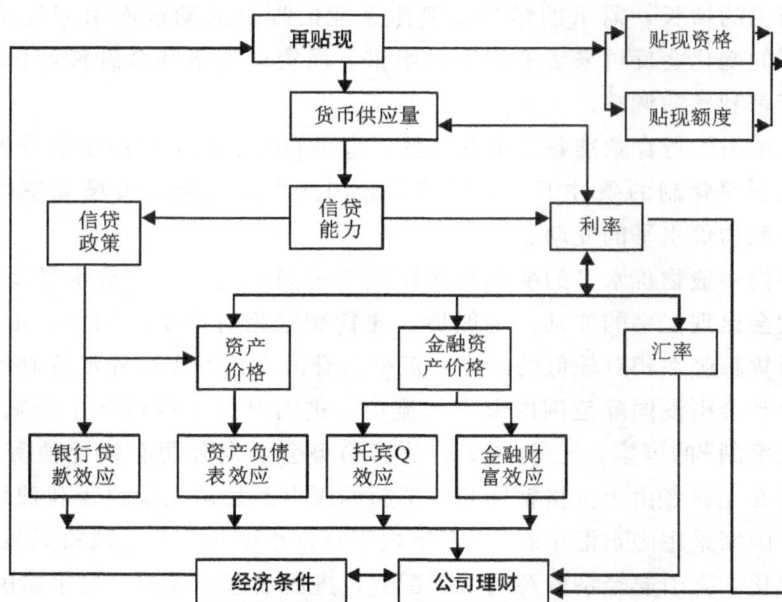

图 3-11　再贴现影响公司理财的路径

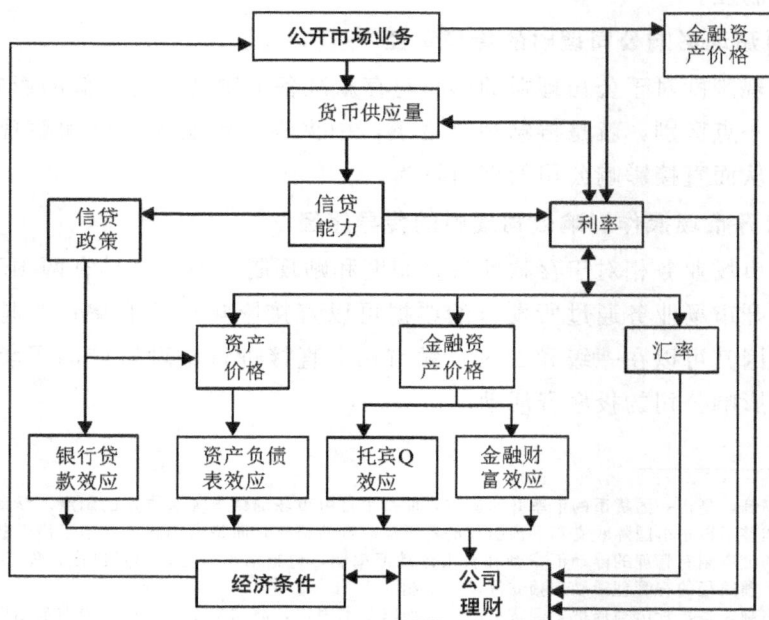

图 3-12　公开市场操作影响公司理财的传导路径

第四节　国际环境下制度对公司理财的影响机理分析

世界各国制度的创新、发展和开放，不仅促进了本国科技和经济的发展，也促进了国际贸易的高速增长，国际贸易的高速增长带来了国际投资、国际金融的蓬勃发展。随着企业跨国投融资及资金运营规模的日益扩大，形式变得复杂和多样化，跨国利润转移及分配也变得更加多变和具有风险。在这种生产要素国际流动不断增多的经济全球一体化的国际环境下，所有的企业的生产经营活动不仅受到本国制度的制约，也会受到非本国国家制度和国际法律体系的制约。

一、国际环境下制度对公司理财影响分析

缘于各国制度变革和开放所带来的国际理财环境的变化，在拓宽企业理财业务和手段的同时，也使得企业处于更为复杂多变的理财环境，面临更为复杂的财务关系，加大了企业理财的风险。

（一）对企业投融资的影响

1. 拓宽了投融资渠道

国际环境的变化使得资本可以在国际间流动，国际资本流动拓宽了企业的投融资渠道。本质上，国际资本流动可以概括为：国际商品资本流动、国际生产资本流动和国际金融资本流动三种形式。国际商品资本流动是指，在国际贸易中支付发生的，或是与国际贸易直接联系而发生的各种贸易信贷产生的国际资本流动。贸易性资本流动因商品销售款的收回可以增加本国的货币供应总量，或者因购买商品而延期付款形成自发性负债，减轻了企业的融资压力。国际资本的直接投资带来了国际生产资本的流动，它是以介入和控制另一个国家企业的实际经营管理，或直接在另一个国家兴办企业的方式进行的资金流动。直接投资会改变原有企业的经营理念，制定不同生产经营策略和投融资策略，降低企业的生产成本和竞争力，进而影响反映企业理财结果的财务状况、经营成果和现金流量。根据取得的理财结果，企业会调整自己的理财行为，重构理财关系。企业在不同国家的货币借贷、证券投资以及在国际货币和资本市场上发行的金融证券不仅解决了企业当前投资资金的问题，而且国际资金的乘数效应能促进各国金融市场的繁荣，这将进一步拉动

企业的投资。此外，当国际资本以各种金融及衍生金融工具的形式在国际金融市场中的运动，不仅可以使得企业的富余资金能够进行无风险变现，还能提高资金的运用效率，达到保值增值的目的。

2. 增加了企业投融资风险

不同的筹资方式，其筹资费用和用资成本都是不一样的。汇率对于筹资成本的影响是国际间的筹资活动不能不考虑的问题；而企业的投资，特别是跨国投资活动，要充分考虑东道国的外汇风险及政治风险。此外，跨国资金频繁、大规模的进出会给所属国家的国际收支带来巨大的冲击和震荡，同时，也使得各国货币当局货币政策运用的自由度受到一定限制，不能完全根据国内的情况来确定本国利率，有时甚至会出现与调控目标相反的结果，利率的变化会引发融资成本和投资者对于投资回报预期的变化。而由巨额资金流动引起的外汇市场供求关系的变化加大了汇率风险，使一国的宏观经济变量和企业类微观经济主体的行为都受到巨大影响。

（二）对企业资金运营活动的影响

1. 丰富和改变了资金运营活动

经济的全球化拓宽了资产在全球范围内的流动，也进一步加速和深化了国内和国际社会劳动分工。企业可以在更广泛区域内寻找合适地点生产商品和购销自己的商品及商品零部件，这不仅在全球范围内调节了商品和要素的余缺，而且也可以在全球范围内实现社会再生产的价值补偿和实物补偿，外汇管理也因此成为企业重要的理财内容。由此产生了一些全新的行业，如专门从事物资运转的物流行业和专门从事国际贸易的公司。

经济的全球化，科技的日新月异，不仅加深了本国企业间社会劳动分工，更是在国际范围内进行了社会劳动的分工。更广和更深的社会分工促成了企业组织形式的复杂化和多样化，一个企业集团被按地区或业务分成不同的生产经营部门，改变了企业内部员工和各部门间的财务关系；因为技术、资金和管理水平的影响，有些发展中国家变成了世界制造中心，而发达国家却变成了研发和金融中心，直接改变了某个国家所有企业理财行为。

2. 增加了企业资金运营活动的风险

一般而言，国际间资本的输出，或为规避风险，或因该笔输出资本在别国的利益高于本国。由于各国政治制度、经济制度、文化习俗等制度环境的不同，形成了各国不同的诚信机制，以及对于企业存货及现金最佳持有量管理理念的不同。企业跨国资金运营面临的环境更为不确定，信用政策和存货及现金最佳持有量管理变得更为复杂。这些使得跨国公司风险事件发生的可能性变大，风险损失产生的几率提高，加大了企业跨国理财的风险，严重时会导致跨国公司全球经营战略的失败。

（三）对企业利润分配的影响

企业可以利用不同国家的不同制度，通过不同的经营行为来改变同一企业集团内不同公司的的利润水平，进而影响企业的整体利润水平，最后对利润分配产生影响。譬如，因各国或地区的税负水平不同，利用国际转移定价来调节集团内子公司的利润，进而降低或提高相应公司的利润，最终使得企业集团的税负最低、未分配利润最高就是通常意义上的税务筹划理财手段。企业制定的合理股利分配政策，应综合考虑国际环境下企业的投资风险以及各种可能筹资方式的资金成本。

二、国际环境下国家间制度竞争对公司理财的影响

Olson（1996）指出不涉及制度就不可能解释经济增长率上的持续差异；约翰·鲍威尔森（1994）揭示了制度在长期经济发展中的核心作用；道格拉斯·诺斯（1994）认为，"对经济增长的历史研究就是对制度创新的研究。这种制度创新能减少交换活动的交易（及生产）成本，从而实现日益复杂的交换活动"。调配资本、劳力、技术，发现有用的知识，并因此创造出不断增长的产出，制度具有极端的重要性。世界各国制度的创新、发展和开放，不仅促进了本国科技和经济的发展，也促进了国际贸易和国际直接投资的高速增长，进而促进了经济的全球化。反过来，经济的全球化又导致了国际范围内的"制度竞争"[①]，全球化与国际性制度竞争紧紧相连。公司是在全球范围内比较各国制度下的交易费用和成本费用，如果一个国家丧失了成本竞争力，生产设施大都会迁往别处。与政府有关的征税成本和服从成本，以及由政府供给的服务和基础设施的质量对于一个政区吸引服务供给者来说也是至关重要的。一个国家政区，如果能提供便利商务活动的惯例、常规、法律和政府条例促进交易成本的降低和可靠的竞争秩序，就会吸引面向全球市场的国际生产者（Kasper，1994）。相反，达不到要求的政区很可能要经受越来越多的产业外迁，如零部件装配线、研究和开发、金融、会计咨询等服务产业的外流。

---

① 制度竞争，是指内在规则和外在规则体系对于一个国家的成本水平从而国际竞争力的重要性。由于全球化对高成本的制度系统会存在更加直接的反馈，由此会出现调整哪些制度的必要性，不仅会出现被动的制度调整，而且还可能出现预先主动进行的调整。

　　较低的运输成本和交易成本使公司理财者和要素所有者们更易于放弃其他制度系统，也使更多地了解不同国家里可供替代的制度条件成为可能。如图 3-13 所示，国际流动要素的经营者和所有者在跨国界寻找理财方案时，需要在各国不同的制度系统间做出选择。只要他们能认识不同国家制度系统的差异以及差异带给他们的不同营利影响，并能恰当地解释这种效应，那么不同国家间制度的选择就变成了一种制度的竞争。制度竞争受到贸易自由、迁徙自由和货币兑换自由，以及保障这些自由的元规则等经济开放性的影响。经济开放性程度对于公司理财主体资本经营的"进入"或"退出"决策有着重要的影响。公司理财主体的"进入"或"退出"，会给那些处于制度制定政治过程中的个人或群体发去信号，但是，这样的信号并不能马上带来制度的创新或变革。因为无论是处于政治过程中的全体选民和有组织的利益集团，还是"硬化"政区中的政治主体都没有像公司理财主体那样对变化做出反应的经验，他们没有能力对此做出适应性调整。此外，在多数时代和国家，与从事寻租活动的院外集团结盟的的官僚等制度的制定者或执行者往往能巩固歧视性的外在规则，阻挡对外开放，妨碍支持竞争的规则不断演化，在面临

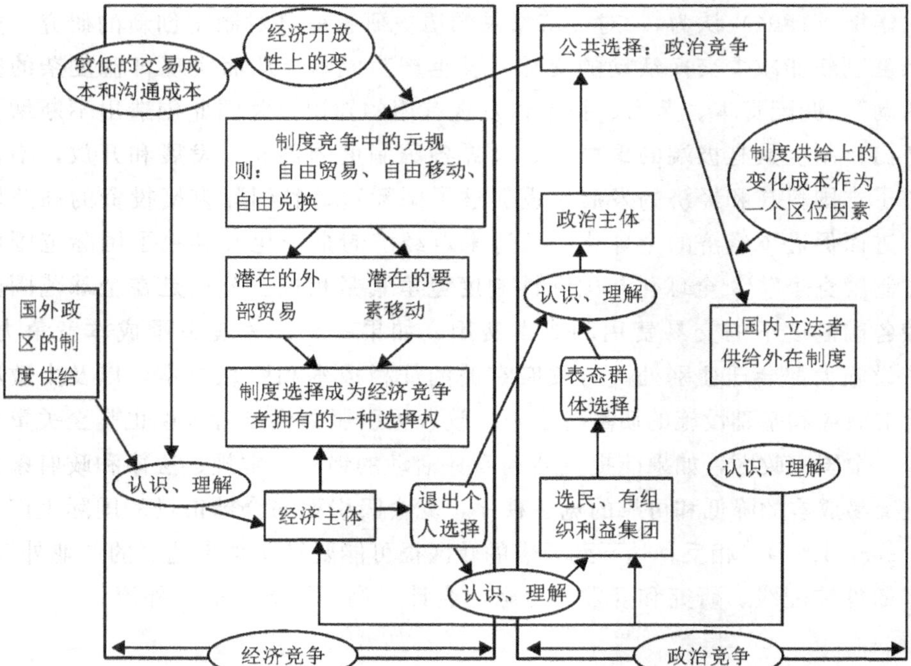

图 3-13　国际环境下理财过程与制度间的基本互动关系

经济退出权时，部落式的仇外本能往往仍会占据上风。只有当有组织的集团发现了开放的好处时，制度创新才会开始。一旦经济开放了，政府就会相互竞争（即制度的跨国竞争），开放和制度创新在很大程度上依赖于政府和公众对于理财主体资本经营的"进入"或"退出"信号，及时调整自己政区内不适应的制度，以构成有吸引力的政区性竞争要素。

　　不同国家间的制度竞争是一个不断演化的过程，它从不同的方面影响着公司理财主体的不同行为和理财结果。（1）制度竞争使得不同国家政区的政府不得不进行技术变革、组织变革和经济系统的开放，这使公司理财者的理财环境变得更广阔，具有了进行国际性的区位替代理财的可能；而理财环境的改善调动了企业在技术上、组织上的创造性，这种创造性又会带来经济上的创造性，形成了不同的理财结果。（2）要素的可移动性以及商品和服务贸易在国际框架下的流动，对各国及地区的制度施加了约束性的控制，它既控制内在的惯例和习俗，也控制外在制度的形成和执行，进而对企业内部的制度产生重大影响，这有助于抑制委托代理问题，激发各科层结构制度的创新。（3）制度竞争有助于培养公司经营者的企业家精神，企业家精神在调配资本、劳力、技术及发现有用知识，并因此创造出不断增长的理财成果上具有重要意义。（4）制度竞争制约了政府行政机构中的政治——行政性和司法性以及企业内部组织结构的官僚性，助长了其透明、公开、开放的竞争机制，从而创造性地、预先主动地加速生产力的增长，增强竞争力，对公司理财行为形成了持续的制度性激励。

　　总之，经济的全球化从根本上改变了各个国家的政治博弈计划，各国间制度所形成的较小的成本差异都会促使了解不同国家间条件差异的个体或组织去从事"套利"活动。结果就是，对交易成本产生影响的各种制度不得不服从于国家间的制度竞争，对国家政策和制度的反馈更加直截了当，政区间的差异变得更难持久。

三、国际经济法对公司理财的影响分析

　　国际交易必须应对一种特殊的风险，即违约方所承担的契约义务不可能轻易地在国外政区中得到强制执行，因此，国际贸易和国际金融必须以有效的、复杂的制度为基础。没有一套促进跨国界交易的制度框架支撑，全球化经济的增长是无法想象的。这些制度的优越性加上通讯、运输等方面技术的进步，业已成为企业跨国经营的强大支柱，促进经济增长的强劲动力。为适应经济全球化趋势，各国必须共同努力构建一套符合全球化要求，并反映各

国共同利益的制度和规范。但是，一旦这样的制度规范建立起来，由于它改变了整个国际贸易、投资及金融等的做法，就会对国际经济产生重大影响。因而，对许多国家而言，只要其国内的企业想要参与国际贸易及融资就只能融入其中，接受该制度规范的约束。

（一）WTO 规则与公司理财

1. WTO 及 WTO 规则

WTO 是一个集管理货物及服务贸易以及与贸易有关的知识产权等多边协议在内的国际贸易组织，其目的在于协调各成员方的贸易政策（事实上也涉及成员方的投资措施、金融政策），一般不涉及单个企业行为，只对政府行为提出要求。

WTO 法规的架构由 WTO 的基本原则、组织结构和法律体系构成，其中基本原则不仅是制定和执行 WTO 各种规则的基本精神，也是各成员国履行 WTO 协定义务和行使权力、制定各国国内法的国际法指导依据；组织结构是 WTO 规则的制定者、执行者和监督者；法律体系是国际贸易的法律体系和国际通行规则，各成员国一般都根据这些协定和协议制定本国的有关法律与法规。WTO 法律体系是调整当前国际贸易关系的"宪法"，由《WTO 协定》及一系列多边贸易协议或诸边贸易协议构成，大体可分为：1 个基本法、2 个程序法、3 个实体法、4 个诸边贸易协议、5 个服务贸易的部门协议、6 个货物贸易的非关税壁垒协议和 7 个有关货物贸易的多边协议，共 28 个非常复杂的法律法规。在特定体制总体框架内，通过各种"规则"或法律规范，一整套复杂的"限制"机制被设计出来，整个体制的复杂部分在于限制的多样性，如公共或私人事务的决策者可以从中选择不同水平、不同范围的限制政策，有些规则较为容易改变，而有些几乎是不可改变的。

2. WTO 贸易体制的理论基础

任何契约的缔结都是缔约各方利益博弈的结果，WTO 及其规则也不例外，比较优势理论（自由贸易论）和贸易保护论共同构成了 WTO 的理论基础。

（1）自由贸易论/比较优势理论

"两利相权取其重，两弊相权取其轻"。大卫·李嘉图在 1817 年提出，国际贸易的基础是参与贸易公司生产技术的相对差别及因此产生的商品生产成本的相对差别，即比较优势贸易理论。在李嘉图提出比较优势说 100 年之后，赫克歇尔于 1919 年提出了要素禀赋论的基本论点，以此为基础，其学生俄林研究探讨了国际贸易中生产要素的影响，认为因各国要素禀赋差异导致了相同产品国家间的价格差异，并据此提出了著名的"H-O模型"要素禀赋论。之后，萨缪尔森对"H-O模型"做了进一步的研究，提出了关于要素均等化的H-O-S定理。随着全球经济和国际贸易的迅速发展，克鲁格曼和赫尔普曼（1985）提出了一个垄断竞争模型，该模型显示，在平均成本定价和自由进入条件下，产品多样性数目内生决定了市场规模与与规模报酬间的相互作用。梯伯特（1993）则集中论述了作为比较优势源泉的递增性内部规模收益。多勒尔（Dollar and Wolff，1993）等认为技术差异才是国际分工日益深化的合理解释。格罗斯曼和赫尔普曼（1989，1990）从研究与开发（R&D）的角度推进了比较优势理论和世界贸易的跨期演进，提出了一个基于国际贸易与产品创新的多国动态一般均衡模型。杨小凯和博兰（1991）从专业化和分工的角度拓展分析了比较优势理论。此后，格罗斯曼和麦吉从人力资本配置的角度，费希尔和卡卡尔从开放经济的演进过程等角度分析研究了比较优势理论。

（2）贸易保护理论

贸易保护理论，是指在对外贸易中，政府一方面为增强本国商品的国际竞争力而向本国商品提供各种优惠，另一方面又通过限制进口等保护措施避免本国商品在国内市场遭受外国商品的竞争。国际贸易的发展史证明，完全的贸易自由从来也没有存在过。早在15世纪的重商主义就非常强调和重视对贸易的保护，如同恩格斯在其《资本论》中所描述的"就像守财奴一样，双手抱住他心爱的钱袋，用妒忌和猜疑的目光打量着自己的邻居"。之后的不同时期，经济学家们基于本国的现实情况提出了不同出发点的贸易保护理论。汉密尔顿（1791）提出了保护关税论，他认为国家应以高关税来限制外国工业品的输入，且应协调运用免税、津贴、补助、退税、便利汇兑等各种手段来鼓励国内急需原料的进口和一般产品的出口，但限制重要原料、国内先进生产设备的出口。保护关税论的提出，标志着贸易保护理论体系的真正形成。随后，李斯特（1841）提出了基于历史主义分析的保护幼稚工业论，他认为各国应结合本国国民实际，因时因地采取不同的贸易政策，要以禁止进口和征收高关税的办法对新兴的工业进行保护。1930年代，凯恩斯把对外贸易与有效需求联系起来，主张采取"奖出限入"的办法，进一步有效地推行保护贸易政策，形成了超贸易保护论。1970年代中期，高德莱利用凯恩斯的宏观经济理论提出了保护贸易理论模型，称之为新贸易保护主义论。此外，也出现了许多其他的贸易保护理论，如"中心—外围论"①、"收入转移论"②、"贸易条件论、贸易条件恶化论"③、政府收入论、充分就业论、保护公平竞争论、多样化论、非经济目标论等，但不管何种贸易保护理论，都强调了关税在其中的重要作用。在今天，非关税的贸易保护日渐增多，如采取进口许可证制、进口配额制、外汇管制、繁琐的进出口手续、歧视性的政府采购政策、苛刻的环保标准及技术规范市场准入条件等，都是常用的非关税贸易壁垒。

3. 贸易与投资的同一性

国际贸易是国际资本流动的重要基础，资本的流动往往伴随着投资的发生。随着跨国公司的全球一体化生产经营，跨国公司的内部跨国贸易成为了推动国际贸易和经济发展的重要力量，凸显了贸易和投资实际是企业选择的两种不同国际化经营方式。Kindleberge（1966）经考察后发现区域经济一体化能够促进区域内公司的跨国投资行为；Markusen 和 Melvin（1981）在 H-O 模型的基础上，引入规模收益、技术差异及不完全竞争等条件，得出贸易与直接投资具有互补性；Helpman 和 Krugman（1985）分析了要素禀赋差异条件下的垂直国际分工，论证了投资与贸易的相互促进关系；Fujita、Krugman 和 Venables（1999）发展了一个基于贸易与要素国际流动垄断竞争的一般均衡模型，发现当贸易开放达到一定程度时，国际要素流动便会应运而生并蓬勃展开，这说明了贸易对跨国投资具有一定的基础作用。

新加坡议题的重要内容之一——WTO 与多边投资，显示了贸易与投资之间紧密的联系，两者相互影响。一方面，市场准入限制、准入发展优惠、出口鼓励及限制等贸易措施，会直接影响贸易流动，进而影响外国直接投资

① "中心—外围"论：普雷维什对国际经济体系进行了结构性分析，提出由发达国家构成的中心体系和发展中国家构成的外围体系，是旧的国际秩序下世界的两大体系。中心体系的工业国在整个国际经济体系中居主导地位，外围体系的广大发展中国家主要从事初级品生产并被工业中心所控制和剥削，造成外围国经济困难重重发展缓慢。

② "收入转移论"：普雷维什认为，当技术进步实现后，中心国家出口的制成品的价格不一定随着下降，如果企业家和生产要素的收入增加幅度大于生产率增长幅度，那么制成品价格反而会上升；而外围国家则刚好相反，其收入增长低于生产率增长，其所出口的初级产品在国际市场上的相对价格呈下降趋势。结果，技术进步的利益几乎被中心国家全部占有。而且，由于制成品市场结构的垄断性，制成品与初级品价格变化在资本主义的经济周期中的表现并不相同，经济繁荣时，制成品和初级品的价格均会出现上涨趋势；经济萧条时，由于制成品价格具有垄断性，下降的幅度比初级品价格下降的幅度小很多，相比而言，制成品价格可看成是上涨的。总体来讲，收入由外围国转移到了中心国。

③ "贸易条件恶化论"：普雷维什认为，由于技术进步的利益几乎被中心国家全部占有，加上制成品市场结构的垄断性，使得外围国家的贸易条件恶化就成为了自然。另外，由于中心国家强大的工会，其职工薪酬的刚性更能得到工会组织的强化，无论经济繁荣或是萧条，薪酬总能保持较高的水平，致使制成品也能保持较高的价格。而外围国家则相反，工会组织很薄弱，没有控制职工薪酬的能力，尤其经济萧条时雇主还可以大幅度裁员并缩减工资，致使初级品价格低廉，这也在一定程度上加剧了外围国家贸易条件的恶化。

及其分布形式；另一方面，投资中的出口业绩要求、外汇平衡要求、当地份额要求等都会影响贸易的正常流向。其他一些 WTO 规则，如《与贸易有关的投资措施协定》《反倾销协定》《技术性贸易壁垒协定》《保障措施协定》等都会对企业的投资理财行为产生重要影响；WTO 及其他规则作为调整当前国际贸易关系的"宪法"，自然也会对企业理财活动和理财关系产生深远的影响。

4. WTO 规则对公司理财的影响分析

任何契约的缔结都是利益双方博弈的结果，WTO 规则的制定也不例外，是各成员国基于本国利益在贸易自由和贸易保护理论下达成的一系列契约。

（1）贸易自由论主导下的 WTO 规则对公司理财的影响

WTO 成员受 WTO 规则的强制性法律约束，任何国家或地区加入 WTO，则必须接受 WTO 体制——市场经济体制的制约，其国内市场将在法律意义上成为国际市场的一部分。由于加入成员与 WTO 及其成员国之间的法律协议，他国企业进入该国市场将成为一种权利，他国企业将享有在该国国内市场的运作权利，并得到 WTO 协议的保障。这体现了贸易自由理论的思想，只要两国资源存在比较优势，不论是市场上生产相同商品的不同成本、相同商品不同的销售价格、要素禀赋的不同、技术差异、人力资本配置、研究与开发、专业化与分工等，都会引发企业跨国贸易的发生。且不论贸易与投资的同一性，只要发生国际贸易，款项的支付方式、现金的管理、应收、应付账款的管理、存货的管理、外汇和汇率管理制度、税务管理、东道国政治风险等无一不涉及公司理财事项。此外，自由贸易带来的不仅只有商品的贸易，还有资本的流动、技术的传播、文化理念的冲击，这些对于东道国及其本土企业的理财都会产生全方位的影响。

（2）贸易保护论主导下的 WTO 规则对公司理财的影响

虽然 WTO 的宗旨是为了自由贸易，而自由贸易的最终目的仍然是企业对利润最大限度的追求，有了好的经济效益，企业才能发展，企业发展才能带动国家经济的发展和繁荣，国家的经济实力的增强才能带来国家的强盛。因此，WTO 的各缔约国基于本国经济利益，会在自由贸易的框架下，尽量保护本国企业和经济的发展。在贸易保护理论下，为了保护本国工业的发展，所属国家会采取关税、进口许可证制、进口配额制、外汇管制、繁琐的进出口手续、歧视性的政府采购政策、苛刻的环保标准及技术规范市场准入条件等一系列来限制进口，进而给企业理财带来不同的影响，如图 3-14 所示。

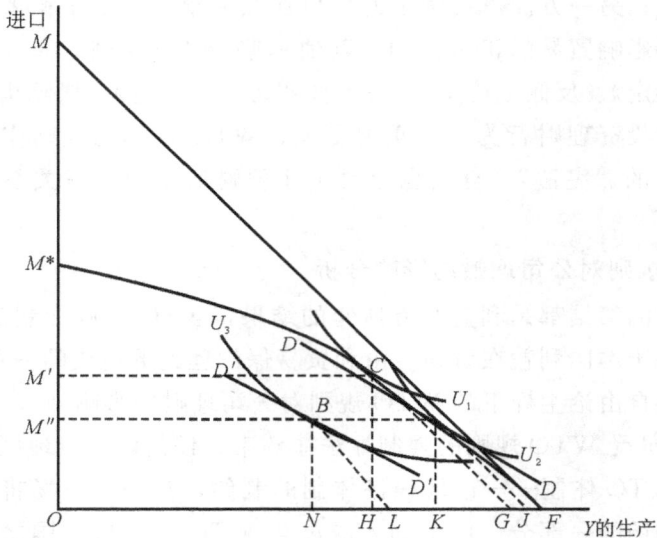

图 3-14　限制进口和寻租

　　图中的直线 FM 是商品 Y 的一条消费可能性边界。如果进口品必须进行分配，而且这一过程是无费用的，那么 FM 实际上就表示了沿这一轨迹的消费可能性的所有范围。然而，由于进口品的分配并不是无费用的，如按原先国内生产的生产费用来估算进口品的额外费用，这样进口品的消费可能性轨迹就变成了 FM^*。如果社会偏好由 U_1 给定，那么发现 C 点是社会效率点，C 点的自由贸易是最优的。因为，Y 的消费与进口之间的边际转换率与消费的边际替代率相等，价格率由 FM 给定。它表示：产量是 OG，进口是 OM'，Y 的消费是 OH，Y 的出口是 HG。

　　如果现在对进口加以限制，这样 M' 就变成了 M''。结果，进口品的国内价格将上涨（DD），其分配费用也将上涨；社会偏好不得不从 U_1 移到 U_2，造成了社会福利损失；国内生产从 OG 增加到 OJ，出口从 HG 减少到 KJ，以及消费从 OH 增加到 OK。如果该国采用进口许可证制来限制进口，那么对进口的限制就给那些拥有进口许可证的企业带来了经济价值，由此衍生出对获得这些许可证的竞争或者已得到的许可证的保护，对许可证的竞争是使用稀缺资源在点产生一个新的均衡的寻租行为。B 点虽然可在同一进口水平（OM''）上达到，但因付出一定的资源才能获得宝贵的进口权利，Y 的总产量变小（OL），Y 的消费水平也降低了（ON），能够出口的也减少了（NL），效用甚至更低了（U_3）。总体上，限制进口不仅导致了两种物品相对价格的变化和社会效用的相应损失，而且为了保护限制进口的进口许可证或进口份额而发生的寻租也会浪费稀缺资源，造成收入的重新分配。

显而易见，进口限制会给国外生产企业的生产经营带来重大影响，而生产经营的变动会影响资金的需求、自发性债务债权的变化、资产的变化、存货的变化等，而且进口管制本身也构成了企业的一项经营风险，这些都与公司理财息息相关。对于实行进口限制的国家来说，该措施是对国内企业经济优势的重新分配，拥有进口许可证和无进口许可证的企业之间存在着不一样的经济优势，会形成不一样的资源配置，导致不一样的经济后果，给企业理财带来重大的影响。

（二）国际投资法律体系与公司理财

国际投资法律体系是调整国与国之间、投资者与母国和东道国之间投资关系的一整套国际投资法律的总称，跨国公司是国际投资法律关系的重要主体。现行国际投资法律体系主要由双边投资协定、区域性国际投资协定及全球性国际投资条约构成。

1. 双边投资协定与公司理财

一个国家保护与鼓励国际投资的法律规定，如果没有国家间的法律合作，是难以实现其立法目的的，因此，为了调整国际私人直接投资关系，以促进和保护国际私人投资，加强对国际投资的法律保护，在资本输出国和输入国之间签订保护国际投资的双边条约是非常必要的。通过这种双边条约就双方投资中共同的问题做出约定，既可保证国内有关立法的效力，又能促进两国间的投资关系顺利发展。保护国际投资的双边条约主要分为：投资保证协定①、促进和保护投资协定②两种类型。投资保证协定是缔约国一方为保护其在缔约国对方境内的投资而同对方签订的双边协定，重点在于规定资本输出国海外投资保险机构或政府当局的权利，保护对象只是单方面的投资；促进与保护投资协定保护缔约国之间相互的投资，规定了关于促进和保护投资各

---

① 投资保证协定。亦称美国式投资保证协定，是资本输出国与输入国就代位求偿权以及解决国际投资争议的程序问题所达成的双边协定，一般适用于缔约国一方是实行海外投资保险制度的国家。代位求偿权，是指如果由于政治原因致使投资者遭受损失，可由投资者所属国给予赔偿，当投资者所属国的海外投资保险机构根据承保范围想投资者支付风险损失赔偿金后，即取得相应的所有权和请求权，可以代替投资者向东道国政府提出赔偿要求。如果在执行代位求偿权的过程中，缔约国双方对投资保证协定条款的解释和适用发生争议，或因赔赔偿问题发生争端，应采用双边协商谈判或国际仲裁的方式解决。

② 促进与保护投资协定。亦称联邦德国式的促进和保护投资协定，是指资本输出国与输入国为共同促进与保护缔约一方投资者在缔约另一方领土内所进行的投资活动和投资项目而订立的政府协定，一般要求缔约国通过正式立法程序由最高国家权力机关批准。包括外国投资者待遇（如公平待遇、最惠国待遇、国民待遇及不歧视待遇等）、征收及补偿、投资资本金与利润汇出、代位求偿权及争议的解决五个方面的内容。

方面的内容，涵盖面较宽。

　　保护国际投资的双边条约，鼓励了签约双方国家的企业的海外投资行为，为企业海外投资提供了保障，降低了企业海外投资的风险。

　　2. 区域性国际投资的协定与公司理财

　　区域性国际投资协定，是指某一地区的国家间共同签订的，或者是由某一区域性国际组织主持签订的关于保护、促进和管理国际投资的条约，或包含一些有关促进和保护国际投资内容和条款的区域经济一体化条约，如《安第斯共同市场外国投资规则》①《马斯特里赫特条约》②《东盟投资协定》③《北美自由贸易协定》④ 等。区域性国际投资协定的签订，不仅规定了该区域内国家间企业投资的范围、时间、待遇、征收及赔偿、投资资本金及利润的转移、争议的解决等内容，也就区域内所有国家与非区域内国家间的投资问题进行了相应的规定。特别是《马斯特里赫特条约》所涉及的欧盟成员国，更是实现了货币的一体化，消除了跨国投资中的汇率风险，增强了不同国家的不同公司或不同投资项目投资回报的可比性。

　　3. 全球性国际投资条约与公司理财

　　全球性国际投资条约，是指保护国际投资的世界性多边条约，也称世界性多边投资条约，是由国际经济组织主持制定并经多国共同参与签订的有关保护和促进国际私人直接投资的多边条约，是调整国际直接投资关系的主要国际法规范之一。目前已有两部有关保护国际投资的世界性多边条约，即《解决国家与他国国民之间投资争议公约》⑤（简称《华盛顿公约》或《多边投资担保机构公约》）⑥。面临着复杂的、不熟悉的政治环境、法律环境、金融环

---

① 拉美安第斯山脉国家秘鲁、哥伦比亚、厄尔多尔、玻利维亚、委内瑞拉五国根据《波哥大宣言》组成了安第斯共同市场。

② 欧洲经济共同体十二个成员国于 1991 年通过了旨在"欧洲联盟"（简称"欧盟"）的《马斯特里赫特条约》（简称《马约》）。1993 年 11 月 1 日，《马约》正式生效，这标志了作为经济一体化组织的"欧共体"已开始作为政治、经济一体化组织的"欧盟"过渡。

③ 东南亚国家联盟，简称东盟，包括马来西亚、印度尼西亚、泰国、菲律宾、新加坡、文莱、越南、老挝等国，成立于 1967 年。1987 年 12 月，东盟成员国签订《东盟促进和保护投资协定》（简称《东盟投资协定》），1990 年 7 月 1 日开始生效，这表执着东盟区域内跨国投资法制正式运作。

④ 1990 年 9 月，美国、加拿大和墨西哥三国签订了《北美自由贸易协定》，并于 1994 年 1 月 1 日开始生效。虽然投资不属于贸易范畴，但有关的投资关系也是该协定谈判过程中的一项重要议题。

⑤ 1965 年 3 月 18 日，在世界银行主持下于美国华盛顿缔结签字，1966 年 10 月 14 日正式生效，是目前世界上仅有的一部解决外国投资者与东道国之间投资争议的国际公约。签署公约的目的是设立一个专门为解决各国与其他国家国民间的投资争端提供调节和仲裁的便利的国际机构，即设立解决投资争议国际中心。

⑥ 又称《1985 年汉城公约》，是 1985 年 10 月 11 日世界银行年会上通过的，签署该公约的目的是设立一个为外国私人投资提供政治风险担保的多边投资担保机构。

境以及东道国的各项法律法规，跨国企业在投资经营中难免会与东道国政府之间出现不协调或矛盾，此时依据《华盛顿公约》就可以调解这种不一致，处理好两者之间的财务关系，进而增强企业进行跨国投资的保障和信心；《多边投资担保机构公约》为外国私人投资提供政治风险担保，在一定程度上降低或消除了企业国际投资风险，并且引导国际投资资金向发展中国家流动，特别是鼓励投资资金向发展中国家的生产性投资方向流动，影响了跨国公司的投资方向。

（三）国际金融法律体系与公司理财

随着经济的全球一体化、金融化及社会资产的金融资产化，作为调整国际金融关系的国际金融法对于国际经济社会具有越来越重要的作用。国际金融关系，是指人们在国际汇兑、国际借贷、国际结算与贸易融资、国际证券融资、国际金融监管等经济活动中所形成的涉外资金融通关系，其表现形式主要有国际货币汇兑与国际货币合作关系、国际借贷及担保关系、国际结算支付关系、国际证券融资关系、国际金融监管合作关系等。它不仅包括国家之间、国际组织之间、国家与国际组织之间发生的金融关系，还包括来自于不同国家的自然人与法人之间及其他们和国家或国际组织之间发生的金融关系。因此，从法律角度调整某一具体金融关系时，与之相关的国际金融法和国内金融法时常需要共同配合规范，互相为用，这决定了国际金融法规范的多样性和复杂性。

1. 从其服务的对象来看其对公司理财的影响

国际金融法包括国际金融公法和国际金融私法。国际金融公法，以各国政府和国际金融组织的金融活动为主线，是为国家或政府制定国际金融法律和政策、完善金融监管措施服务。同时，涉外金融监管关系是国际金融公法规范的主要调整对象，主权国家对经济金融的宏观调控和对涉外金融活动的积极干预通常是在"权力—权利"的关系中实现的。国际金融私法，主要以平等主体间的金融交易为主线，包括国际商业贷款、国际融资担保、跨国证券发行和上市、国际外汇交易、国际资金结算等法律问题。满足国际社会和国际市场的需求是研究国际金融私法的主要目的，这些需求来自于从事跨国金融交易的企业、贸易公司、跨国商业银行、跨国投资银行、跨国保险公司、从事国际业务的会计师事务所、律师事务所，甚至具有涉外业务的司法机关和行政管理机关。而且，作为平等主体的当事人之间所形成的关系是国际金融私法规范调整的主要范畴，通常是在"权利—权利"这一关系中基于意思自治基础上对金融市场和金融活动进行调节。

从国际金融法律规范的现状来看，国际金融法的主要表现形式是涉外金融立法。涉外金融立法的主要内容包括私法规范和为数不少的公法规范，而且它们相互渗透、相互补充，共同营造着国际金融活动的法律环境，而涉外金融立法的这些特点都要归因于国际金融关系的纵横统一性。总之，国际金融法是有关国际金融的国际法规范和国内法规范的总和。

2. 从规范的内容来看对公司理财的影响

现有的国际金融法规范按其内容大体上可归纳为如下几类：

（1）关于国际金融业监管及其协调的规范，其内容主要包括跨国银行业监管、国际证券业监管、国际保险业监管以及国际金融服务贸易自由化等。（2）关于国际货币合作与监管的规范，其内容主要包括国际收支平衡、国际储备、国际汇率、外汇管制等。（3）关于国际借贷及担保的规范，其内容主要包括国际商业银行贷款、国际金融机构贷款、政府贷款、国际项目贷款、出口信贷及其相关的信用担保与物权担保等。（4）关于国际结算与贸易融资的规范，其内容主要包括国际汇付、国际托收及保理、信用证、电子资金划拨等国际支付方式及其支付工具。（5）关于国际证券融资的规范，其内容主要包括国际债券和股票的发行与流通、衍生金融工具的监管等。（6）关于国际金融组织的规范，其内容主要包括国际货币基金组织、世界银行集团、国际清算银行及各区域性开发银行的法律地位、职能范围与活动规则及相互关系。此外，还有关于国际保险、信托及融资租赁的规范等。

从总体上看，各类法律规范之间在内容上是相互衔接、相互渗透、相互影响的。而且，它们的主要规制对象都是国际银行及其他金融中介，主要内容都是国际借贷及担保、国际贸易融资和国际证券融资等融资业务活动规则，基本目的都是促进国际金融监管的合作与协调、建立合理的国际金融秩序、促进国际金融的可持续发展。

3. 从其功能来看对公司理财的影响

国际金融法最基本的功能是建立和维护国际金融秩序，同时它也是国际金融法对于社会生活的根本价值所在。交易秩序和权力运行秩序是国际金融法所建立和维护的秩序的主要内容。

国际金融的交易秩序，是指对国际金融的交易主体、交易工具、交易市场进行法律确认和调整而形成的秩序。而交易得以开展和延续的前提条件就是存在交易秩序，同时交易秩序对协调交易各方的利益关系、促进资金的全球配置也都具有重要意义。作为交易秩序的基础和象征，国际金融法主要是通过以下几个方面实现的：首先，对国际银行、国际券商、国际保险业者等各类交易主体的权利与义务进行确认与保障；其次，对国际融资合同、国际设权证券等各种交易工具进行规范与调整；最后，对国际外汇市场、国际黄金市场、国际信贷市场、国际证券市场的交易规则进行规定或维护，从而让交易秩序使冲突的利益关系趋于协调，使偶然和随意的金融交易变得稳定和连续，使模糊的交易因素具有可预测性，进而使资金的全球取得与配置成为可能。

国际金融的权力运行秩序，是指对掌握不同国际金融权力资源的各个主体的权力界限、权力配置、权力关系、权力的组织和协调等进行法律确认和调整而形成的秩序。同时，实现金融权力运行的规则化和制度化的基本保证就是权力运行秩序。从经济意义角度出发，金融是一种源于价值的积累和凝结的权力资源，进而产生一种索取权、支配权和拥有权。

国际金融关系的历史结晶和法律写照的表现形式就是国际金融法，同时它又反映了国际社会政治、经济、文化等各种条件对国际金融发展的动态影响和合力作用。国际金融法从产生、发展到现在，已形成了调整国际金融关系的多项国际金融法律制度，成为国际经济法律体系中一个重要的法律部分。

21世纪，各国国内金融法、区域金融法及国际金融法密切联系，共同促进着国际金融法的发展。随着经济金融化程度的加深，金融全球化将成为经济全球化的主要表现形式。无论来自于哪个方面、以何种形式所表现出来的对国际资本流动的影响因素，如政治稳定、经济发展、一国市场流动性状况等，最终都要作用于利差或风险因素，进而影响资本国际流动。国际投资者自始至终都是在投资收益与投资风险的权衡间通过市场行为决定资本国际流动的流向与规模。只要国家间制度造成了投资利差和投资风险规避的可能性，就会引起资本在国际间的流动。

国际贸易和国际投资的实现依托于国际间的货币收付和资金融通，而国际金融市场上的汇率和利率变动，与国际贸易和国际投资相辅相成、相互影响、相互作用。从某种意义上来说，跨国金融服务和国际资金融通，不仅从内容上体现了国际金融活动，而且也属于国际贸易或国际投资的广义范畴。从法律角度出发，国际贸易关系和国际投资关系的调整与国际金融关系的某些法律规范是相互衔接、相互渗透和相互制约的。

（四）国际知识产权法与公司理财

科学技术是知识产权法产生与发展的最终动力，也是知识产权法完善和进步的依据。科学技术作为第一生产力，已成为促进当代经济发展的重要决定力量，世界经济的增长越来越依赖于技术创新，知识产权已成为经济发展取之不尽、用之不竭的重要资源之一。

1. 国际知识产权法体系

根据法律规范的形成与执行所依附的国际机构，可以把国际知识产权法律规范分为世界知识产权组织（World Intellectual Property Organization，WIPO）体制下的规范、WTO 体制下的规范和联合国教科文组织（United Nations Educational，Scientific and Cultural Organization，UNESCO）体制下的规范三部分，他们分别以国际组织、实体协调、程序合作及争端解决等四种法律规范对专利权、商标权和版权三种主要的知识产权进行调整和规范（古祖雪，2002）。WIPO 管理的国际条约和《建立世界知识产权组织公约》为 WIPO 的基本法律文件，是国际知识产权法中历史最悠久、成员国最多、对象最广泛的法律规范；《建立世界贸易组织协定》和《与贸易有关的知识产权协议》是 WTO 规范知识产权的基本文件，是国家知识产权法中保护标准最高、强制力最强的法律规范；《世界版权公约》是 UNESCO 规范知识产权的基本法律文件，也是国际知识产权法中调整对象较窄、保护程度较弱、协调作用较小的法律规范。上述三种法律规范，自成一体，相互独立。唯一的例外是，《罗马公约》由 WIPO 和 UNESCO 共同发起缔结并管理。

国际知识产权法实际上是各主权国家经平等协商达成的一系列知识产权条约，其调整的直接对象是各国的知识产权制度，通过当事国对条约中所规定的知识产权保护义务的履行，转化为本国的知识产权制度，最终实现国际知识产权法的调整作用，其调整顺序为"国际知识产权法→国内知识产权法→知识产权"。因此，国际知识产权法的核心作用之一就是解决国际知识产权争端，调节各国知识产权制度，促成各国在知识产权领域的合作，而无论这种争端是微观层次上国家间的个人和企业或企业与企业之间的知识产权纠纷，还是宏观层次上知识产权国际条约成员国之间就条约的解释和适用问题发生的争议。

2. 国际知识产权法对公司理财的影响

知识产权法具有双重性，它的制定需要在各种利益之间维持一种利益均衡。一方面，知识产权授予权利人以此获得经济利益的排他性权利，使之从中获得智力劳动成果的回报，从而激励更多的人进行科学技术的创新和发明，进而推动整个社会的科技进步并最终推动经济的持续增长；另一方面，知识产权的排他性权利特征又使得竞争者在一段时间之内不能复制或仿制其权利产品，垄断了该权利产品的生产，排斥了其他人的竞争，限制了新知识的传播以及他人利用新知识进一步创新的可能。因此，如何把握知识产权保护标准高低的"度"，使之既能促进经济的发展和技术的创新，又不致因过高的保护而导致对竞争和技术创新的过度限制，是知识产权法制定的关键所在。"知识产权外交"是一种经济外交，国际知识产权法律体系保护知识产权程度的不同对于企业理财的影响各不相同。

如图3-15所示，国际知识产权法作为调整各主权国家的知识产权制度，实际上决定了各国企业对涉及知识产权的理财活动的利益分配，而任何条约的缔结都是缔约各国相互之间政治和经济博弈结果的反映。因此，国际知识产权法可以对跨国公司理财产生直接的影响，也可以依知识产权制度保护程度的强弱通过影响跨国公司对于知识产权制度的服从成本和交易成本，以及保护获得的超额收益或保护不力所造成的知识剽窃而对公司理财产生影响。而根据国际知识产权法→国内知识产权法→知识产权的调整顺序，也可以依本国知识产权制度对知识产权保护程度的强弱，通过影响本国企业对于知识产权制度的服从成本和交易成本，以及因知识产权制度的保护获得的超额收益或保护不力所造成的知识剽窃而对公司理财产生影响。

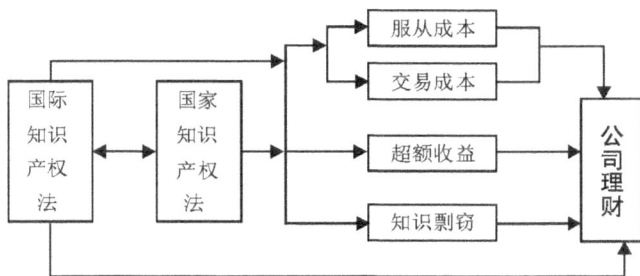

图 3-15　国际知识产权法对公司理财的影响路径

本章小结

社会总是需要存在一系列规则来协调人们的偏好以及偏好的集合，非正式内在制度作为一个社会共同认可的知识传统共识，是经济社会中竞争均衡的稳定器，不仅可以按照具体环境制定贴切解释和惩罚措施，能被灵活地运用于大量变化的环境，还可以通过影响正式制度的制定和执行来对经济社会发生作用。从这个意义上说，非正式制度不仅是正式制度制定的基础，也是公司理财的基础和前提。市场不会自动地引导某个具体的人或团体进入市场，市场规则决定了个体或组织的选择范围以及个体或组织为了获得采取某种特定行为权利拥有者的许可，需要及能够付出的努力。宏观经济稳定制度、有效产权制度、法律制度、规制制度等市场规则制度的建立及执行，都必须依靠国家。国家的政治制度、政府的宏观调控及全球经济一体化背景下国际经济法对于一国市场规则的建立和执行具有重要的影响。市场规则对于市场的运行秩序、运行方式、运行效率等有着举足轻重的作用，市场规则所决定的运行秩序、运行方式、运行效率对于公司理财的重要影响自是不言而喻的。任何经济都不可能是无计划的，只要存在相互依赖性，就会存在某种规则，这种规则不是包含在整个社会所主张的文化观念及基本价值观中，就是体现在由政府部门及政府官员所控制的计划、指令、政策和建立在司法或立法基础上的不同所有权之中。

第四章　微观制度对公司理财的影响机理

企业是由许多不同类型、相互关联的要素组成，并依靠各要素间相互作用、耦合运行达到一定目的的人造经济系统。如同张五常（1983）所说"企业是要素交易的契约，市场是产品交易的契约"。而且，企业要素交易契约的最终实现需要通过产品交易的契约形成的市场渠道来帮助完成，因此，表现为各种不同的具体产权制度的经济体制、经济和社会性规制、企业内部的各项制度对于企业经营管理活动有着直接的影响。

第一节　产权制度影响公司理财的机理分析

现实中，经济体制必然表现为各种具体的产权制度，不同的产权组合决定了不同的所有权实现形式；由于存在内在约束和激励差异，不同的产权实现形式具有不同的效率水平。因此，产权制度是最深层次的资源配置效率决定"装置"，是最根本的经济制度。为追求产权效率水平的提高，对产权结构的有效配置、产权激励与约束机制的健全、产权对于责权利的分割与制衡及权力信息对称等的具体研究，使得产权得以应用于实际管理。从而，产权制度的作用可以被观察，产权制度安排及其利用水平可以被比较，通过产权制度配置提高效率可以被利用，本来抽象的产权概念，也因此而变成了一个非常丰富的追求效率提高的理论体系。

一、产权

（一）产权的定义

产权理论是一种历史的科学，应用涉及经济的各个领域，但是关于产权的概念，至今未有一个统一的具体全面而又精确的定义。中外学者总是根据特定的研究需要和特殊的理解从某一角度来定义产权，对产权范畴本身理解的不同决定了界定产权概念的差异。归纳起来无外乎存在以下几种观点：①马克思作为第一位有产权理论的社会科学家，所认为的"产权就是所有权"，《牛津法律大辞典》的解释、S. 佩乔维奇及我国的张军均持此观点；②P. 阿贝尔、魏杰和黄少安等所认为的，"产权包括所有权及其他所有关于财产的权利"；③产权不仅包括人对物的权利，而且体现了人与人之间的社会关系，费雪（L. Fisher）就曾说过一种产权不是物品，而是抽象的社会关系，持此观点的学者还有菲吕博腾和佩乔维奇、黄少安及岳福斌；④科斯认为产权是政府的主动性行为，是法律、国家或政府强制性规定的人对物的权利，柯武刚和史漫飞、阿尔钦及法兰西民法对于产权均有类似的表达；⑤其他观点如哈罗德·德姆塞茨的产权功能的定义，R. A. 波斯纳产权有效性标准的定义等。

但是，不管是哪种产权定义，有三点涵义是相同的：①产权是一种排他性的权利，构成市场机制基础和运动内容的产权必须是可以平等交易的法权，不是不能进入市场的特权；②产权是社会的基础性规则，规定了人们相互行为关系的规则，其核心功能是强调权责对等，为人们提供合理预期；③产权是一簇包括所有权、管理权、收入的独享权、使用权、资产安全权、自由转让权、毁坏权，及侵权法、合同法、普通法、成文法，民法、刑法中关于财产权利与责任的涵义在内的权利，它可以被分解成多种权利并统一呈现一种结构状态。当代中西方学者关于产权定义及其变化的重要倾向，就是将产权看成是一种多权利构成的权利束，且随着社会经济生活的演变而这一权利束也得到不断扩张。本书所指的产权，是指得到政府、国家或法律等权威所认可的一系列与财产相关的权利束，是所有权，占用权、使政府、国家或法律用权、收益权等权项的统一，及所体现的人与人之间的社会关系。

（二）产权的功能

产权对于社会经济关系和经济运行的作用体现为产权的功能，这些功能与产权的属性相关联，是产权本身所具有的而非人们所设计的。只要实施了产权或拥有产权，它都会产生相应的作用或具备相应的功能。

1. 内部化外部性

克服外部性、降低社会成本是产权经济功能的体现，其从制度上保证了资源配置的有效性（科斯，1937）。外部性的产生是因为一个经济主体对另一个经济主体的影响不能通过市场来解决。产权关系归根到底是一种物质利益关系，并且是整个利益关系的核心或基础，有什么样的产权关系就有什么样的利益关系，无产权或产权模糊，经济活动主体都不能得到相应的利益。产权的基本功能是引导在更大程度上实现外部性的内部化的动力，正如Demsetz所指出的，"内部化"这些效应涉及一个过程，通常是产权的变化，使得所有相关的人们（在更大程度上）承受这些有害或有益的效应（Demsetz，2003）。"外部性内部化"的存在，既是旧产权发展变化的直接促因，也是新产权最终要实现的落脚点。"当内在化的收益大于成本时，产权就会产生，将外部性内在化（Demsetz，1967）。"在经济运行过程中，产权对各当事人经济利益的明确肯定与拥护，保证了主体行为的内在动力，并可通过利益机制实现产权的激励功能。因此，市场经济社会中复杂利益关系主体的产权利益应予明确界定，产权的边界模糊，会使得整个利益关系模糊，其结果必然表现为生产经营单位或个人失去动力，生产经营缺乏积极性。

2. 减少不确定性

尽管人类认识环境、预测环境的能力和技术在不断提高，但随着经济和社会发展的日趋复杂多变，人们面临的选择环境总是充满了不确定性。设计一些规则和制度来约束人们的经济活动，是减少人们经济交往中面临的不确定性的重要途径。产权，作为核心的经济制度，无疑具有减少不确定性的作用。正如哈罗德·德姆塞茨（1967）指出的，"它们能够帮助一个人形成他与其他人进行交易的合理预期"，菲吕博腾和佩乔维奇也承认产权的完整界定可以减少不确定性，并且会增进资源的有效配置与使用。

产权是一种社会契约，由于产权的存在，人们在进行市场交易时能够对未来有一个合理的预期。而且，产权本身作为产权存在时，已经具有了边界，具有了确定性。但对于具体财产，具体经济主体在发现其之前未被发现的价值时，其产权却没有得到界定，也就是说此时它的这一价值还不是一项产权，只能以物的形式存在，处于一种无产权的状态，这使得任何人对它的使用都是无限制的。针对某些资产而言，不同个人或组织的权利可能是不明确或不确定的，这会使他们各自的选择集不确定，这种不确定不仅意味着自身选择的不确定，也由此导致了与之进行交易的个人或组织据此进行决策的不确定。因此，产权的确立、设置或明晰，可以帮助确定同一资产的不同产权或不同资产产权间的边界，使不同的经济主体对所拥有的产权具有确定的权利，从而使人们的经济交往环境变得比较确定。

3. 降低交易成本

当交易费用为零时，市场机制可以自动达到资源配置的帕累托最优。但是，由于经济人的有限理性、不完全竞争、信息的不完备和不对称以及外部效应的存在，现实市场机制下的交易费用不可能为零。只要交易费用大于零，因交易费用与产权的内在逻辑联系，产权制度就会对资源配置效率产生重要影响。产权没有被完全界定，说明一部分有价值的产权被置于"公共领域"，由于资源的稀缺性，人们势必耗费一定的资源去争夺这些置于"公共领域"的有价值的产权，进而引起交易成本的增加。与产权的"内化外部性"功能相联系，内部化外部性之后，会减少经济交易双方收集信息、签订和履行契约过程中发生的各项交易费用；与产权的"减少不确定性"功能相联系，经济主体交易中为搜寻足够的信息而发生的交易费用会随着不确定性的减少而得到降低，而且不确定性的降低一般伴随着可能损失的减少。在其他条件不变的情况下，交易费用的增加或减少会导致资源配置效率的下降或提高。相较于具有"暴力潜能"的国家而言，个体或经济主体对于自身资产产权的保护，往往需要耗费大量的成本，因此，由国家所保护的产权存在规模经济，降低了整个国家或社会的交易成本。

4. 激励功能

界限确定的产权，界定了各经济主体的选择集合，使其行为有了稳定的收益预期或收益保证，形成了对经济主体的利益刺激或激励。经济主体的收益或收益预期与其努力程度一致时，就能充分调动经济主体的积极性，形成有效激励。产权的排他性赋予了经济主体独立自主进行决策，独享由此产生的收益和成本的权利，这对追求经济利益的经济主体产生了强大而持久的利益刺激。"有恒产者，有恒心"，产权对于权利的持久界定，使得它的激励作用也具有持久性。因此，利贝卡普（2001）说，产权的功能在于它决定了经济系统的主角，形成了对社会经济行为的激励。对经济主体来说，界定产权是重要的，它赋予了经济主体参与分配的资格和权利，决定了生产条件和生产要素的分配，是经济主体从事社会生产，进行经济活动的前提，是对资本和利益分配的界定，是最基本的激励手段，是整个社会经济制度的基础。

但是，界定产权并不是单纯地赋予权利和利益，还必须承担责任，是责、权、利一体的界定。约束是与激励相对应的，产权在确定其选择空间的同时，也限制了其作用空间。菲吕博腾和佩乔维奇（E. Furubotn & S. Pejovich）及费希尔都承认产权安排赋予了产权所有人享有收益和相关权利的同时，也必须承担与之相关或不遵守产权安排界定的相互关系的成本。而且，基于产权的可转让性所形成的以市场竞争形式表现的产权的外部性约束，也会对经济主体的行为产生重要影响和约束。不受约束的权利等于没有权利，出于对自身经济利益的考虑，市场中的各经济主体必然约束自己的行为，把产权激发的创造、占有财富的热情和动力限制在一定的范围、方向和程度之内。

二、产权制度及其与市场经济的关系

产权制度是人类社会发展到一定历史阶段的必然产物，是协调社会生产力、生产关系相互关系的结果；作为制度化的产权关系，是经济运行的基础，对生产组织形式、技术进步和经济效率起根本性的决定作用。资源的稀缺是产权和产权制度诞生的源泉，产权制度和资源优化配置及其效率问题有着天然的联系。

（一）产权制度的涵义

虽然产权定义不统一，但是人们都认为产权制度是与产权有关的"制度安排"。黄少安（1995）认为，产权制度是制度化的产权关系或对产权关系的制度化，是划分、界定、确定、保护和行使产权的一系列规则，杨秋宝对此也表示赞同；胡峰（2003）也认为，产权制度应包括的内容为：一是确定产权，二是划分产权，三是界定产权，四是约束产权，五是保护产权。基于上述三人的研究结论，邱爽（2005）提出，产权制度是指既定产权关系和产权规则结合而成的且能对产权关系实行有效的组合、调节和保护的制度安排，包括了经济活动中对产权主体地位、权利、义务、责任、利益等的法律规定，即产权安排、产权关系和产权保护，产权制度最主要的功能在于它能降低经济活动中的交易费用，提高资源的配置效率。

本书界定的产权制度是以产权为中心，用来约束、鼓励、规范人们产权行为的一系列制度安排和法律规定的总称。在不同的人类发展阶段，产权制度具有不同的具体内容。现代市场经济条件下，为保证资源有效配置的产权制度是责、权、利高度统一的制度。产权主体明晰、责权利明确对等、产权保护严格和产权流转顺畅是现代产权制度建立健全的重要标志。

（二）产权制度与市场经济

产权制度作为经济运行的基础，是市场经济得以快速发展的前提，但是市场经济的发展又促进了产权制度的演进和发展，两者相互联系，相互影响。

1. 市场经济的发展有赖于产权制度

以市场为基础进行资源配置的市场经济中，商品交换普遍存在，商品交换的实质是产权的交换，而且资源配置的优化，也取决于产权交易或转让。产权制度对于产权安排、产权关系和产权保护的职能正好适应了市场经济的发展。

（1）产权安排对于市场经济发展的影响。在现代市场经济中，财产的所有权、使用权、管理权等可以分离，其实际占有关系具有多样性和复杂性，产权制度通过产权安排，可以确定谁有权做什么，明确市场交易主体对交易对象所拥有的明晰产权，有利于市场经济中的交易形成多样化的财产转让或财货交换方式；通过产权安排所确立的产权规则，产权具有可交易性，这是资源自由流动和市场平等交易的前提条件；同时产权规则也赋予了产权拥有者在不违反法律及不损害他人利益前提下，不受任何限制行使自己产权的权利。这些是市场经济得以有序、有效运行的重要条件。

（2）产权关系对于市场经济发展的影响。市场经济是一种社会分工的经济，通过社会分工可以提高劳动生产率，进而促进经济的发展。现代市场经济客观上要求对资产的权利进行社会分工，一套能提高企业产权结构效率的激励约束规则有助于企业投资者、经营者、职工、政府等利益相关者间权利和义务关系的形成，以便降低交易费用、提高经营成果。产权制度对于产权关系的厘定，明确了产权相关者之间的权利义务，可以激励约束企业内部及与企业有关的各要素所有者之间在企业生产经营中的行为，从而提高经济运作的效率，获得最佳的经济效益。

（3）产权保护对于市场经济发展的影响。市场经济条件下，企业或个人的经济交往中，难免会发生一些财产权利的纠纷，并会因此而付出费用，合约方可以利用产权制度的产权保护职能行使退出权保护自己的权益，或者利用维护产权权益的法律制度强制惩罚一切破坏现有产权关系的行为和通过由此产生的威慑力量来实现对产权的保护。这也是市场经济能够正常有序运行的基础。

2. 市场经济的发展促进了产权制度的发展

（1）对产权安排的内生驱动。产权的分解是一个动态过程，随着市场经济的发展和社会分工的日益细化，产权行使或管理的产权分解现象越普遍。随着经济和社会分工的发展，原来组成完整产权的各个部分或各种不同的产权权能会出现相互的分离，表现为一个拥有全部责权利的完整产权主体，可能因资产规模、时间、能力及对经济利益的预期把一部分产权权能让渡给别人。随着产权关系分解的复杂化，这些被分解出来的产权权能需要予以及时界定，否则就会导致"产权残缺"，影响经济的进一步发展。但是，经济发展也要求生产的社会化，这与产权分解的细化形成了一对矛盾，这意味着具有不同目标的不同产权主体必须互相协调，共同运营，以实现各自效用的最大化。尽管产权已有效界定，但经济主体的"机会主义"及"搭便车"等倾向仍会存在，客观上也要求产权制度对产权规则予以明确界定。

（2）对产权经营自主和自由流动的客观需求。市场经济条件下的产权流动可以有多种形式，如商品的购销、证券市场上的产权交易、企业的并购、产权的赠与与继承等。作为实现资源配置有效机制的市场经济客观上要求产权的自主经营和自由流动。社会化的大生产，为生产规模的扩大创造了条件，也对其提出了要求，生产规模的扩大离不开资产规模的扩大，资本集中作为资产规模扩大最有效的形式，客观上要求产权能够在自主经营的基础上迅速重新流动以组合形成大资本。当然，由于市场经济的竞争规律，难免会有一些经济主体在竞争中失败，由此引起的破产或兼并，要求相关的经济资源能自主、自由地流向利益最优配置的地方。产权经营自主和自由流动是现代市场经济发展的必要条件，也体现了产权有效运营的经济要求和价值导向的整合。

（三）产权制度与效率

资源的稀缺是产权和产权制度诞生的源泉，产权制度和资源优化配置及其效率问题有着天然的联系。

1. 产权制度的效率

产权制度的效率，是指产权制度成本与其效用或收益的比较。产权制度作为一套约束和保护个人行为的规则，具有公共产品的性质，其效用就每个人来说都是一样的，自己的交易行为受到保护和认可的同时也会受到它的约束。因此，对于产权制度效率的评价就可以从产权制度成本角度来考察，而成本是可以计量和比较的。那么，产权制度的效率评价标准就可能在全社会范围内不同的个人之间统一起来，进而从总体上对产权制度的效率进行评价。

曹钢（2002）认为产权制度的核心就是"效率"问题，是围绕交易费用，以效率为中心，从效率成本出发，到效率认定，再到效率制度的选择和调整，最后形成效率史观的一个逐层推进的研究模式，追求的是产权单位经济效率的提高和制度的优化安排。产权制度的制定和执行主体的不同构成了产权制度成本的两大类别：其一，相对于产权制度的供方，划分、界定产权，保护和监督产权及产权制度运转耗费的必要成本，变革不适应经济发展的产权制度的耗费；其二，相对于特定产权制度下从事经济交易活动的交易者而言，交易过程中支付的除商品价值以外的其他成本，即遵从产权制度的服从成本。对于产权制度效率的评价包括三层涵义：第一，比较一项产权制度的实施成本和所带来的制度收益，前者小于后者则可取；第二，对现存的不同产权制度的交易成本进行比较，交易成本越低效率越高；第三，比较不同产权制度变革方案的交易成本，做出变革目标、变革方案和变革路径的选择。因此，影响产权制度效率的因素实质上就是影响产权制度成本的因素，降低产权制度的成本就是在提高产权制度的效率。

2. 产权制度对效率的影响

现实中，经济体制表现为各种不同的具体的产权制度，由于产权组合的不同，同一所有制可以有多种不同的实现形式；而由于内在激励和约束的差异，不同产权实现形式的效率水平不同。因此，产权制度是最深层次的资源配置效率决定"装置"，是"垫底的东西"。思拉恩·埃格特森（2004）就指出，"产权方面的细微变化可以改变经济系统的宏观业绩并导致经济的增长或停滞"。其他条件既定时，经济效益的好坏取决于交易费用的大小，而交易费用的大小又取决于交易中所转手的产权的多寡和产权配置及其制度安排的优劣。

产权制度所赋予的权利及不同组合对效率有不同的影响，而不同的制度组合效果又不尽一样，即使是政府的权力行为，它有可能促进效率的提高，也有可能付出高额的成本却并不促进效率的提高。为追求产权效率水平的提高，对产权结构的有效配置、产权激励与约束机制的健全、产权对于责权利的分割与制衡及权力信息对称等的具体研究，使得产权得以应用于实际管理。从而，产权制度的作用可以被观察，产权制度安排及其利用水平可以被比较，通过产权制度配置提高效率可以被利用，本来抽象的产权概念，也因此变成了一个非常丰富的追求效率提高的理论体系。

三、产权及产权制度对公司理财的影响

爱德华·波茨·切尼在他的《英国工业社会史导论》中曾说："那些小偷小摸的人从公地上偷走了鹅，法律使他们饱受牢狱之苦；那些从鹅那里偷走公地的大盗们，法律却使他们一直逍遥在外。"这说明产权制度不仅是界定谁可以使用有价值客体、谁可以控制客体的使用及谁可以从客体中获取收益的制度安排，它还是一种将成本施加给他人的法律能力。这样的法律能力意味着谁拥有特权和谁没有权利，或者谁有权利和谁有义务。

（一）产权及产权制度是公司理财的前提

巴泽尔（2006）认为，拥有对资产的消费、从资产中取得收入及让渡资产的权利或权力，构成了个人或企业对资产的产权。交换是权利的互相转让，

通过资产交换可以取得收入，实现资产让渡。而马克思（1995）进一步指出："从法律上来看，这种交换的唯一前提是参与交换的双方都拥有对自己产品的所有权和自由支配权。"这说明，产权关系是商品交换关系发生的前提，商品交换的当事人只有彼此承认对方的财产权利，通过双方共同一致的意志行为，才能让渡自己的商品，占有别人的商品。法律上，公司的定义是，一种以营利为目的而依法设立的法人。公司的目的是生存和发展，表现为价值形态就是资本的保值、增值。在公司理财过程中，无论是筹资、投资及其资本运营和利润分配本质上都是通过交换实现的，企业就利润分配和投资收益与投资者的资金使用权进行交换；企业就投资收益和被投资对象进行资金的交换；企业通过产品的生产和交换来实现实物投资的保值增值；职工就自己的劳动与企业支付的薪酬进行交换等，交换的基础就是交换对象的产权界定和产权制度对此进行的保护。

（二）产权制度影响公司理财的机理

制度是确定社会所能接受的个人和集体行为的集体规则，是双重预期的集合。这就意味着，在既定的产权制度安排下，除能够直接对公司的生产经营活动产生影响，也可以通过对其他公司生产经营行为的限制或许可来对另外公司的生产经营活动产生影响，产权归属是决定企业绩效的决定因素。

霍菲尔德（1913，1917）界定了作为法律关系的制度的四种基本法律关系：

表 4-1　作为法律关系的制度的四种基本法律关系

	甲公司	乙公司
静态关系	权利	义务
	特权	无权利
动态关系	权力	责任
	豁免权	无权力

其中，静态关系中，权利/义务关系[①]和特权/无权利[②]关系是同一制度对甲、乙两公司进行约束的两个方面。动态关系中，权力是指甲公司可以自主

[①] 权利意味着甲公司可以预期或保证乙公司将对甲公司采取某种方式的行动；义务指乙公司必须对甲公司采取某种方式的行动。
[②] 特权指甲公司可以随意对乙公司采取某一方式的行动；无权利是指乙公司在甲公司随意对乙公司采取某一方式的行动时毫无办法。

地创制一个影响乙公司的新的法律关系，如乙公司提出一个报价，甲可以最终决定合同并强迫乙公司履行；责任指的是乙公司收到甲公司自主创制的新法律关系的支配；豁免权是指甲公司不受乙公司自主创制的新法律关系的支配，如违法合约的履行是无效的；无权力指乙公司不可以自主创制一个影响甲公司的新法律关系。社会中的个体或组织都有其既放纵又限制行为的行为准则和所有权，甲公司和乙公司的位置是对称的，他们的法律关系是相同的，差别"在……甲公司和乙公司……的位置和前景中。这两者一起构成了此关系中的两个逆反方面"（Hoebel，1942）。

在公司理财的实践中，对应上面的四种法律关系，在既定的产权制度下，不同个体或组织可能会采取不同的理财行为。

1. 制度安排一：甲公司有特权，乙公司无权利

甲公司有特权，乙公司无权利，意味着甲公司在进行理财时可以不考虑乙公司是否会受到影响及这些影响的程度。假定甲公司所进行的生产活动会排放污染物，而此制度安排允许甲可以任意处理他的污染物，而该污染物会在 10 年后对乙造成 450 元的损失。此时，甲可以不理会对乙造成的伤害，也可以考虑花费 300 元购买一台污染物处理设备以使 10 年之后的伤害不会发生，那么甲该如何决策呢？假定甲现有 1800 元可供消费和投资，10 年间的银行存款利率是 8%。

如图 4-1 描绘了甲公司有特权，乙公司无权利时的甲的决策，直线 MZ 反映了资本的社会机会成本，MW 表示甲公司跨时间的生产可能性曲线。

（1）在时间 $t=0$ 年时，如果甲不投资购买污染物处理设备，时间 $t=10$ 时甲对乙造成的损失是 450 元。①如果这类行动的时间偏好的社会边际率为 8%，$t=10$ 时的 450 元在 $t=0$ 时的现值是 208 元，而如果甲投资购买污染物处理设备，需要在时间 $t=0$ 时耗费 300 元，208 元＜300 元；②在时间 $t=0$ 时，将用于购买污染物处理设备的 300 元投资于一个完全的资本市场中，产生 648 元的收益，648 元＞450 元；③在时间 $t=0$ 时，将用于购买污染物处理设备的 300 元用于另外的投资，产生 1080 元的收益，1080 元＞450 元。可见，在甲公司有特权，乙公司无权利时，甲公司将不会投资购买污染物处理设备。

（2）根据效用最大化原则，如图 4-1 所示，在银行贴现率为 8% 时，这个时期内消费价值最大化的效率点在 R。在 R 点，时间偏好率（8%）与现在的生产转换成 $t=10$ 时的生产的比率相同，投资为 400 元。这样，在 $t=0$ 时投资的 400 元在 $t=10$ 时可变成 1300 元，加上 $t=0$ 投资之后还还剩余的 1400

元（1800－400），甲总的跨时间可消费值为2700元。2700元减去对乙造成的450元的损失，总的社会效用是2250元。

2. 制度安排二：甲公司有义务，乙公司有权利

甲有义务，乙有权利，这意味着甲在进行公司理财时不得不考虑乙公司的利益保护问题。在制度许可的条件下，甲对乙利益的保护可以采取不同方式，比如控制自己的理财行为使之不使乙公司受到利益损失，或者直接对所造成的利益损失进行赔偿，或者通过投资建立一项偿债机制以弥补对乙造成的损失。

（1）在时间 $t=0$ 年时，如果甲投资300元购买污染物处理设备，使乙避免在 $t=10$ 时遭受450元的损失。如图4-1所示，曲线 MN 描绘了甲使乙不受损失的投资机会。购买污染物处理设备之后，剩余1500元（1800－300），基于效用最大化原则，甲找到了跨时间生产可能性曲线与利率线相切的 R^* 点，R^* 点表示在 $t=0$ 时投资180元，消费1320元。甲总的跨时间消费为 $t=0$ 时投资180元在 $t=10$ 时产生的收益648元，加上 $t=0$ 时消费的1320元，合计1968元。

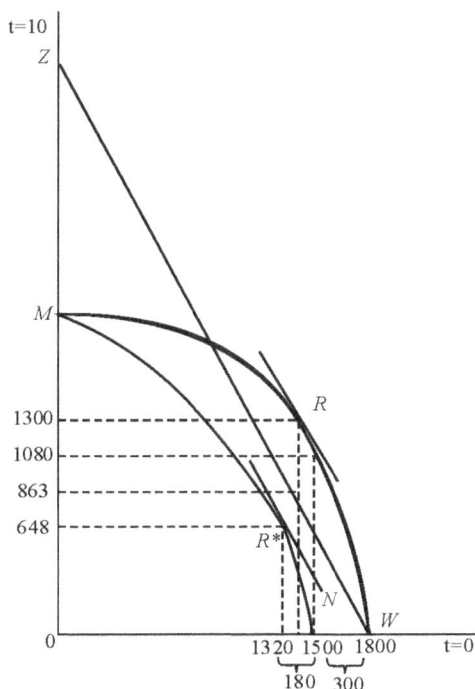

图4-1　甲有特权，乙无权利　　**图4-2　甲有义务，乙有权利**

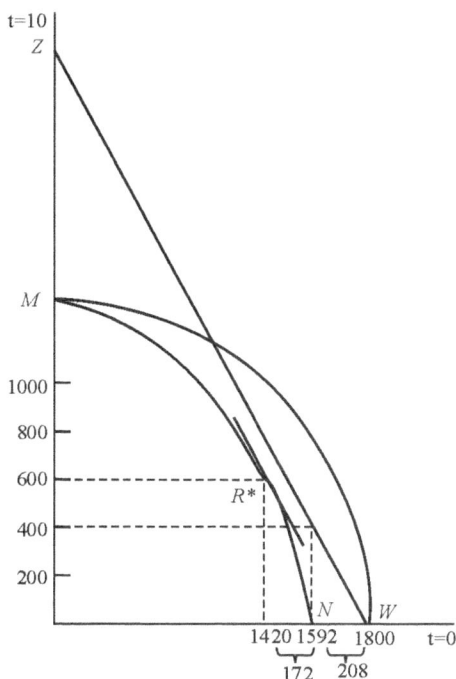

（2）如图 4-1 所示，甲不投资购买污染处理设备，但同意在 $t=10$ 时向乙支付 450 元以补偿损失。这样，在 $t=0$ 时，甲可把 1800 元中的 400 元用于有效率的投资，可在 $t=10$ 产生 1300 元的收益，另外的 1400 元用于消费。在 $t=10$ 时，甲总的跨时间消费收益是 2250 元（1300＋1400－450）。

（3）如图 4-2 所示，图描绘了甲有义务，乙有权利时甲不投资购买污染处理设备的决策，直线 MZ 反映了资本的社会机会成本，MW 表示甲公司有特权时的跨时间生产可能性曲线，MN' 表示甲公司有义务时的跨时间生产可能性曲线。当这类行动的时间偏好的社会边际率为 8% 时，$t=10$ 时的 450 元在 $t=0$ 时的现值是 208 元。

因此，在 $t=0$ 时，甲公司花费 208 元购买了一份 10 年期年利率为 8% 的债权，并沿着 MN' 甲可以找到新的有效率的投资决策点 R^*，在 R^* 点，甲投资 172 元是有效率的，剩下的 1420 元（1800－208－172）用来消费。当 $t=10$ 时，208 元 10 年期年利率为 8% 的债权产生 450 元的回收价值用以补偿乙的损失，甲总的跨时间消费为 $t=0$ 时 172 元投资在 $t=10$ 的价值 580 元，加上 $t=0$ 消费的 1420 元，合计是 2000 元。

从上面的分析中我们可以看出，不同的产权制度在决定了公司理财决策的同时，也决定了这些理财决策的效果。当然，正如冯巨章（2003）所说，"产权制度（表现为一定的产权安排）对企业绩效起基础性、最终决定性作用，但它要通过管理活动，即在产权运行过程中才能发挥作用。产权决定管理，管理服从和依赖于产权。产权安排合理不是企业绩效的充要条件，它只是企业普遍有效率有活力的前提，并不能自然而然地带来高效率。"对此，我们要有清醒的认识。

第二节　经济性规制影响公司理财的机理分析

在对市场和社会进行监管时，政府可以通过制定特定产业的市场准入以避免出现竞争主体过多或过少而引起过度竞争或竞争不足；还可以限制产品的定价、监管相关信息的发布及制定融资等政策对经济主体行为进行有效的调整，避免造成资源的浪费或配置的低效率以及妨碍社会生产效率和公正、稳定的服务供给。

一、经济性规制的定义

Kahn（1970）认为，作为一种基本的制度安排，政府规制是"对该种产业的结构及其经济绩效的主要方面的直接的政府规定，如进入控制、价格决定、服务条件及质量的规定以及在合理条件下服务所有客户时应尽义务的规定"。

Wilson（1980）从政治学的角度，根据成本和收益把规制分为四类，即"社会的全部或多数人都期望获得收益，而其成本也由全部或多数人承担"的大众政治模式；"收益集中在少数企业或个人，而其成本由非特定多数承担"的顾客政治模式；"收益对象是广泛的多数人，而规制成本由少数企业或个人承担"的倡导式政治模式；"规制的成本和收益都集中于少数群体，并且涉及利益较大"的利益集团政治模式。其中"大多数人政治""顾客政治"和"利益集团政治"作为经济性规制起源的三种来源，在共同的分类基础上囊括了前三种理论，较好地解释了经济性规制的起源。

黑夫兰（1983）把规制分为经济的、社会的和辅助的三种类型，并且经济规制涉及产业行为的市场方面，如费率、服务的质量和数量、竞争行为等。

植草益（1992）认为，经济性规制是指为防止发生资源配置的低效率，并确保利用者的公平利用，政府机关用法律权限，通过许可和认可等手段在自然垄断和存在信息不对称的领域对企业的价格、准入、投资、服务的数量和质量、财务会计等有关行为进行的规制。我国学者对于经济性规制的定义，大多采用了植草益的观点。

维斯卡西等（1995）认为，经济性规制是指政府通过进入与退出、价格及产量等对企业经营决策所实施的各种强制性制约。

综上所述，经济性规制的内容主要包括：特定产业的价格规制；为了获得产业的规模经济性和成本弱增性而实行的市场准入规制；为防止过度竞争，保证投资效率的投资规制；保证产品质量的质量规制，且因许多产品或服务的质量具有综合性，往往不单独实行质量规制，而是在价格规制中包含质量规制。经济性规制的四项内容中，准入规制和价格规制是最基本的规制内容。本书所称的经济性规制，是指在自然垄断和存在信息不对称领域，政府通过产品或服务的价格、市场准入、投资及产品或服务质量等对企业运作所实施的各种强制性制约。

二、经济性规制工具

从对经济性规制的定义，我们可知，经济性规制中价格规制和准入规制是最基本的规制内容，它们同时也是经济性规制的主要政策工具。

（一）价格规制

植草益（1992）认为，价格规制是经济性规制的最重要内容，是规制者从资源有效配置和服务的公平供给出发，以限制垄断企业的垄断价格为目的，对价格体系和价格水平进行的规制。也就是说，政府价格规制主要是对自然垄断行业内单种商品价格水平以及多种商品价格水平体系的监管，目的是限制垄断定价，提高资源配置效率，促进普遍服务。国内学者关于价格监管的大多数定义也基本限定在对价格水平和价格水平体系的监管，如王俊豪（2001）、马云泽（2008）、王雅莉和毕乐强（2005）都认为价格水平监管程序体现了监管机构、生产厂商、消费者以及相关当事人之间讨价还价的博弈过程，其意义在于，充分收集各方的信息和意见，促使各方利益需求的显示，在各方博弈、协调之中，产生一个相对合理的价格水平，促使各方总利益的最大化。但是，植草益也指出，从稳定物价和保护生产出发，靠财政手段等来防止价格的一定幅度波动和对一定水平以下的价格给予差价补贴的"维持价格政策"，不包含在经济性规制之内。

1. 价格规制的缘由

马克思认为，商品价格是商品价值的货币表现，属于交换范畴，会受到商品自身供求关系的影响，实质上反映了商品交换中各经济主体之间的交换关系和物资利益关系，价格关系决定了市场交易者之间的利益分配关系。价格的自然属性表现为：价格形成于市场中；是经济活动参与者相互沟通信息的方式；是资源稀缺程度的反映；是一种激励因素。通常情况下，能够充分体现参与经济活动交换双方利益和意志的价格应形成于竞争性的市场中。

现实世界中的经济是一个内部有机统一的整体，各种各样的商品价格相互关联，其中一个发生变化，就会以某种方式或途径影响其他商品的价格，这就是所谓的"一切决定于其他一切"（罗宾逊等，1982）。而且，现实世界的市场是复杂的，一个经济系统中总会出现如垄断、信息不对称等因素引起的一个或一些供给者或需求者可以支配市场价格的情形。如此一来，商品的价格就不能真实反映参与经济活动交换双方的利益和意志，继而背离价格的本性，引发整个价格体系的混乱。这表明，市场存在局限性，需要市场之外的力量去影响和引导市场机制的正常发挥。

2. 价格规制的作用机理

一般在完全竞争中，商品或服务的价格会低于自然垄断条件下商品或服务的价格，且自然垄断条件下可供消费的商品或服务数量较少，还有可能会造成社会成本的大量浪费。政府价格规制的制定正是为了减少或消除这些社会成本的浪费。

图 4-3 显示了社会成本的来源与数量。垄断者的平均收益曲线为 AR，边际收益曲线为 MR，边际成本曲线为 MC。垄断厂商在 MR 等于 MC 处生产可达到利润最大化，对应的价格为 P_m，产量为 Q_m。由于商品销售价格 P_m 较高，购买商品的消费者丧失的福利损失为四边形 AFP_cP_m，那些在价格 P_m 没买而在价格 P_c 将会购买的消费者损失的福利为 BFC。此时，生产者得到四边形 AFP_cP_m，却损失了三角形 AFC。因此剩余的净损失为 ABC，这是垄断所造成的无谓损失，是一种非效率的社会成本。

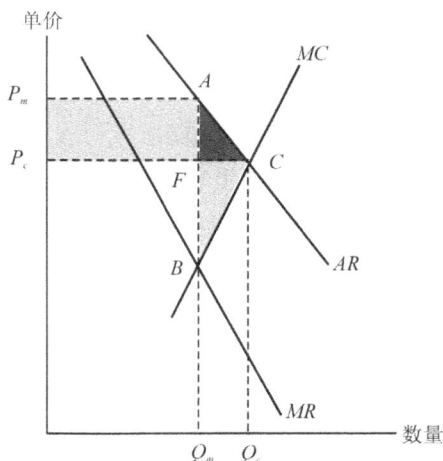

图 4-3　垄断下的社会成本　　　图 4-4　价格规制下的社会成本

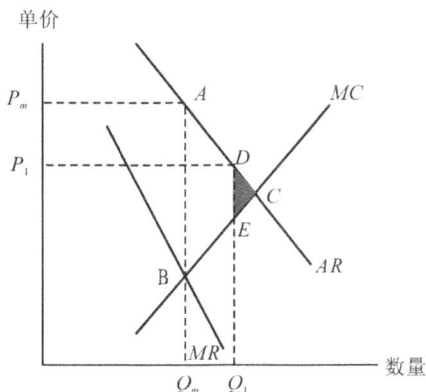

图 4-4 分析了政府对垄断行业实施价格规制后对消费者福利产生的影响。假设政府价格规制规定商品的最高限价为 Q_1，该企业将产出 Q_1。此时三角形 CDE 就是无谓损失，不再是图 4-3 中的三角形 ABC。所以，政府的价格规制减少了社会成本损失，增加了社会福利[①]。

---

① 社会福利，是指规制下的消费者剩余减去政府补贴，再减去政府的规制费用。政府的规制费用是指，进行价格规制耗费的直接和间接的货币与实物；规制耗费的货币与实物的机会成本；谈判费用、合同费用及组织活动费用等交易成本；由于权力介入经济活动领域所引发的"寻租"等政治代价。

3. 价格规制的主要方法

目前，发达国家常用的价格规制方法有以下几种。

（1）投资回报率价格规制

为了克服垄断企业因限制产量来提高价格造成的弊端，政府往往会实施投资回报率规制。政府规制机构运用投资回报率来控制构成价格一部分的利润的大小，可以保证自然垄断行业能够补偿其运营成本，也能保证一定的投资回报率，以此实现对自然垄断行业价格水平的间接控制，即为政府的投资回报率价格规制法。不同的规制者在使用投资回报率规制方法时，因产业性质、决策时间和评价者的不同，会表现出投资回报率规制的多样性特征，但其规制机理却大体相同。

如果企业只生产一种产品或服务，则投资回报率价格规制模型为：

$$R(p,q) = C(q) + S \times RB$$

如果企业生产多种产品或服务，则投资回报率价格规制模型为：

$$\sum_{i=1}^{n} R(p_i,q_i) = C(q_i) + S \times RB$$

其中，R 为收入函数，它取决于产品价格（p）和数量（q）；C 为成本费用；S 为政府制定的投资回报率；RB 为企业的资本投资总额。

从上式可以看出，给定 S，投资回报率价格规制实际上就是一种成本加成合同，被规制的企业仅只简单地将自己的运营成本和绩效成本转嫁出去。投资回报率 S，又叫公正报酬率，是企业资本投资的机会成本，其计算公式为：

$$S = (D \div RB) \times i + (E \div RB) \times \eta$$

其中，D 为债务性资本，i 为债务性资本成本，E 为权益性资本，η 为权益性资本成本。上式表明：投资回报率实际上就是企业资本投资的综合加权成本，债务性资本与权益性资本的构成比重、债务性资本成本以及权益性资本成本，可以根据企业实际的运营情况来确定。这意味着，规制者要想通过投资回报率来规制企业的收入，必须要非常了解企业的运营知识和运营成本信息。

（2）最高限价规制

最高限价规制是一种零售价格指数与企业生产效率挂钩的规制模式。其确定原则是，被规制企业产品或服务的价格上涨不能高于通货膨胀率，同时还要考虑劳动生产率的提高对产品或服务价格下降的影响。其公式是：

$$P_{t+1} = P_t(1 + RPI - X)$$

其中，RPI 是指零售价格指数；X 是在一定时期内，规制者所确定的生产效率增长百分比，各自然垄断行业的技术经济特点决定了 X 的大小，一般情况下，技术发展潜力越大的行业，X 越大，表明了消费者获得的剩余越多。X 的确定也是规制者与被规制者博弈的焦点，一般 3 到 5 年核定一次。$RPI-X$ 是针对企业所生产的各种被规制产品或服务的综合最高限价，不是针对特定企业生产的特定产品的最高限价，它是一个"一揽子价格"的规制模型。

最高限价规制是对企业的价格而不是企业的利润进行规制，企业任何因成本降低而可能获得的利润都将归企业自己所有，有利于激励企业提高生产效率和促进技术创新；它只需要衡量价格指数，无需知晓公正报酬率和资产基础，也不用在企业的垄断部分与竞争部分之间分配成本，更不必预测未来的需求状况和成本，所以规制成本较低；企业产品或服务价格的增长率等于 $RPI-X$，与企业的实际成本变化无关，当 $RPI-X>0$ 时，企业可以提高价格；当 $RPI-X<0$ 时，企业必须降低价格。该规制方法把企业产品或服务的价格、生产资料价格指数和劳动生产率结合起来，向企业提供了提高效率、降低成本的激励。

（二）准入规制

"即使固定成本真的限制了潜在企业的进入，现有企业也不能保证自己能获得超额利润"（陈明森，2001）。准入规制，是政府为了防止企业的过度竞争或资源配置低效，确保范围经济效益、规模经济效益及经济整体运行效率的提高，通过审批、许可等手段，对经济主体进入或退出市场的行为进行的管理。当某种准入限制使得行业外企业不能利用有利市场时，该行业的平均利润率将明显高于其他行业。

1. 准入规制的特征

准入规制作为经济性规制的重要工具，主要针对两种情况：一是基于自然垄断行业所固有的生产效率而实施的准入规制；二是基于信息不对称而实行的准入规制，其实质是控制企业数量，改变行业集中度，进而改变行业结构。准入规制包括进入[①]规制和退出[②]规制相对应的两个方面，政府对金融、保险、证券等信息严重不对称的行业实行市场进入规制，通过许可、审批等手段对进入者的自身条件进行必要审查，防止条件不合格企业利用信息的不对称进行欺诈行为；相应地，为了使获准进入的企业所提供的商品和服务的

[①]　所谓进入，是指一个厂商进入新的业务领域并开始生产或提供某一特定市场上原有产品或服务的充分替代品的行动集合；进入规制，即授权单一企业独家垄断经营以保证其实行规模经济的稳定和有效。

[②]　所谓退出，是指一个厂商从原来的业务领域中撤出来，放弃生产或提供某一特定市场上的产品或服务的行动集合；退出规制，即由于被允许参加自然垄断的企业，如果从该企业中退出，就会使生产或服务得不到保证，因此，必须由政府规定使获准参加的企业负有一定责任，使其"退出"受到限制。

有效供给，政府会采取使获准进入的企业负供给责任的形式限制其退出。

政府准入规制具有如下特征：第一，准入规制的主体和客体。准入规制的主体是国家或政府。国家或政府机构通过立法或其他形式被授予准许权，是准许权行使的主体，根据自己的政治、经济发展情况及国际上的承诺，他们有权对本国市场进入情况进行干预；市场准入的客体是各种经济主体（主要是企业）和货物、服务或资本等交易对象。第二，准入规制的动因是市场失灵。准入规制是克服市场配置资源缺陷的一种不可或缺的制度安排，自然垄断行业的特性要求政府对该行业规定一些严格的准入条件，并限制行业中经济主体的资格和数目；为存在外部性的企业制定较高的准入标准或通过准入保证现有企业的正外部性，鼓励公共物品的生产。第三，市场准入的依据。市场准入的主要依据表现为各种法律法规和规章制度，这些规则明确规定限制及如何限制被规制者的行为及违反规则将受到何种制裁。第四，准入规制是一个动态的综合评价机制。一国经济发展水平、市场和市场主体发育程度、国际参与度、决策者和社会对经济的认识程度、国家干预经济的水平以及政治和民主发展等因素经常处于动态变化中，加上市场的不确定性和科学技术的日益发展，准入规制亦始终处于动态的变化之中。

2. 准入规制的作用机理

准入规制的实质是控制企业数量，改变行业容量[①]或行业集中度[②]，进而改变行业结构。行业集中度一般可以用绝对集中度 CR_n、基尼系数、赫芬达尔指数 HHI、相对集中度洛伦兹曲线或熵指数来进行度量。CR_n 也叫联合市场份额或卖方集中比率，表示行业内规模最大的家企业的总资产、产值、产量、销售量、净利润、员工数等占整个市场或行业的比重，即 $CR_n = S_1 + S_2 + S_3 + \cdots + S_n$，其中，要计算的前若干家企业的数目为 n，行业内的企业总数为 N。如果所有企业规模均相同，则 $CR_n = n/N$，当相同规模的企业数目 $N \to \infty$ 时，$CR_n \to 0$；而如果 N 或者更少的企业供应整个市场，那么 $CR_n \to 1$。CR_n 为 0 或 1，对应着过度进入[③]和进入不足[④]，会造成行业结构失衡，此时，

---

① 行业容量指行业中能够容纳的企业数目和生产规模，它是由供给与需求双方共同作用的结果。对于一个特定的行业，其产品具有有限的市场需求，因此企业数目过多和生产能力过多都会造成供给过剩，从而导致过度激烈的市场竞争，并出现亏损。

② 行业集中度，是指某行业的资源或者利润等经济效益指标向某一个或几个特定企业集中的程度。

③ 过度进入，是指行业中企业数量高于最优行业结构下的企业数量，即有过多的企业在同一个行业中从事投资经营。它是一种过度竞争的行为，会导致行业生产能力过剩，虽然较多企业出现亏损，但仍有新企业继续进入该行业。

④ 进入不足，是指进入行业的企业数目过少，使得该行业提供的产品或服务量少于行业均衡产量，造成社会福利的损失。

政府通常会加强或放松准入管制。

这里使用 Salop 模型来说明准入规制影响行业结构的机理。假设有一个圆形市场，其周长为 1，消费者根据各自的偏好以分布密度 1 均匀分布其中；市场中有 n 家企业进入，企业为规避竞争都会理性地沿圆周对称定址，企业进入市场的固定成本为 f，边际成本为 c；按最小一般化成本原则，消费者愿意购买单位售价为 p_i 的商品，消费者单位距离的搜寻成本为 t。为了分析问题的简便性，这里只考虑线性搜寻成本函数。

企业 i 如果进入市场，则其利润为 $(p_i-c) D_i - f$，其中 D_i 是市场对其生产销售的产品的需求。实际上，因消费者存在搜寻成本，这时只有位于企业 i 左右的两个企业是其真正的竞争对手。假定 x 为企业 i 的消费者距离它的距离，$x \in (0, 1/n)$，根据成本最小化原则，对消费者来说，必定存在商品的购买无差异点 $\overline{x} = (p+t/n-p_i) 2t$，消费者会以此为临界点，采取就近购买。企业 i 此时面对的需求满足 $D_i (P_i, P) = 2\overline{x}$，谋求利润最大化

$$\underset{p_i}{Max} \left[(p_i-c) \left(\frac{p+t/n-p_i}{t} - f \right) \right] 。$$

考虑同一价格均衡 $p_i = p$ 的一阶条件，可以得到均衡定价 $p = c + t/n$。根据市场自由进入状态下的零利润条件 $(p-c) \dfrac{1}{n} - f = 0$，可以得到均衡状态下企业的数目为：$\hat{n} = \sqrt{\dfrac{t}{f}}$。从以上公式中可以看出：边际利润 $(p-c)$ 随着进入市场企业数的增加而减少，随着单位搜寻成本 t 的增加而增加；固定成本的增加将导致进入市场企业数目的减少以及边际利润的升高；单位搜寻成本的增加，提高了边际利润，导致企业数目增加。值得注意的是，即使投资回报率为零，均衡价格也被要求高于边际成本。

政府的准入规制，可以调节进入市场的企业数，同时因政府准入规制的存在，导致了企业进入市场的固定成本的增加。设企业为满足政府准入规制条件所需的费用为，行业要求的最低投资回报率为 δ，则 $\left[(p-c) \dfrac{1}{n} - (f+v) \right] / (f+v) = \delta$。由于同一价格的均衡为 $p = c + t/n$，所以有 $t/n^2 - (f+v) = (f+v) \delta$，可以得到企业进入的均衡数目为 $n = \sqrt{\dfrac{t}{(1+\delta)(f+v)}}$。

显见 $n \leqslant \hat{n}$，因此，政府设定的许可证、技术标准、行业协会等附加准入条款，使得企业进入市场的固定成本升高，并据此对市场中企业数目进行调控，保障了行业最低利润水平。

适当地通过技术标准、许可证、行业协会等附加准入条款的设定来提高企业进入市场的固定成本，就可以调控市场中企业的数量，保证行业的最低利润水平。市场规划人员遵循总成本最低原则，得出的社会最优化下最优企业进入水平的优化目标函数满足 $\min\limits_{n}\left[nf + t\left(2n\int_0^{1/2n} xdx\right)\right]$，由一阶条件可得：$n^* = \frac{1}{2}\sqrt{\frac{t}{f}} = \frac{1}{2}\hat{n}$，这是保证社会资源最优的市场容量水平。显然，当 $v = \frac{3-\delta}{1+\delta}f$ 时，就可以保证 $n = n^*$，此时，行业利润率 $\delta = \frac{t}{n^2(f+v)} - 1$。这也再次证明：政府的准入规制改变了市场的进入成本，有助于经济主体资源配置达到最优，保障了既定行业的利润水平。

三、经济性规制对公司理财的影响

产权是市场经济条件下最基本的制度安排，所有经济主体交易行为本质上都是围绕产权进行的。某种产权安排一旦通过制度确定下来，就会对与之相关的社会经济资源配置产生基础性的影响，不同的资源配置结果又会反过来影响相关经济主体的行为。经济性规制就是通过制约被规制者的部分产权权能来实现的，即在一定的规制治理机制下，通过特定的规制政策，在市场上形成特定的产权安排或制约部分特定的产权权能，以影响资源配置和权利的安排，或是直接限制被管制产业的生产、交换和分配行为，从而约束和激励被管制者，实现规制目标。政府实施经济性规制的主要目标有：限制垄断价格的形成，实现企业资源的有效配置；对自然垄断行业的企业施加压力，促使企业内部效率的提高；实现企业财务的稳定性，促使企业正常运作和健康发展。可见，经济性规制的目标就是为了改善企业运营，提高企业经营效率，这与企业理财的目标和过程不谋而合。

（一）价格规制对公司理财的影响

Taggart（1981）首次对企业资本结构与政府价格规制之间的关系进行了研究，并将价格规制对资本结构决策的影响称之为"价格影响效应"。Dasgupta 和 Nanda（1993）强调了价格规制实施过程中消费者与生产者福利相对偏好在价格影响效应中的作用。Spiegel 和 Spulber（1994）则将规制承诺问题纳入负债的价格影响效应，对价格规制、资本结构和投资之间的关系进行了研究。Fraja 和 Stones（2004）探讨了价格规制下受规制企业的最优资本结构问题。此外，Taggart（1985）及 Klein 等（2002）实证检验了受规制企业的资本结构与政府价格规制显著相关。

1. 投资回报率规制对公司理财的影响

（1）对企业投资的影响

根据公式 $\sum_{i=1}^{n} R(p_i, q_i) = C(q_i) + S \times RB$ 可知，当投资回报率（S）既定时，企业要想获得更高的利润，可以通过提高 C 和 RB 来实现。但是的增减，会引起价格的同步增减，不改变企业所获得的收益率。因此，企业收益的增加只有通过追加投资、扩大投资回报率基数（RB），提高资本/劳动比率来实现。这必然会刺激企业投入过多的资本、较少地使用劳动力，使得企业偏离最优生产要素组合，导致企业生产成本的增加，从而造成生产和资源利用的低效率，产生所谓的 A-J 效应（图 4-5）。

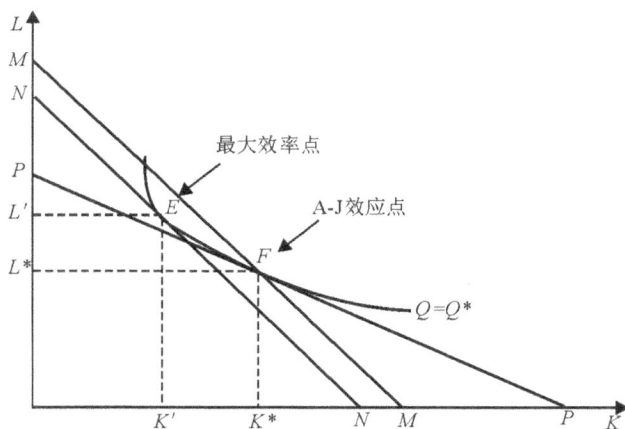

图 4-5　A-J 效应和最小生产成本

在图 4-5 中，被规制企业所选择的产出水平 $Q=Q^*$，是一条无差异曲线，对应的横轴和纵轴分别表示生产 Q^* 所需的资本 K^* 和劳动力数量 L^*。如图 4-5 所示，相较于最大效率点的资本投入量（K'）和劳动力投入量（L'），被规制企业所选择的产出水平 $Q=Q^*$ 使用了过多的资本（K^*）和过少的劳动力（L^*），A-J 效应的发生导致了生产效率的降低。

（2）对企业融资的影响

根据公式 $\sum_{i=1}^{n} R(p_i, q_i) = C(q_i) + S \times RB$ 和 $S = (D \div RB) \times i + (E \div RB) \times \eta$ 可知，在 C 和 RB 不变的条件下，改变 S 的大小也可以影响企业的收益。而 S 作为企业资本投资的综合加权成本，受到债务性资本与权益性资本的构成比重、债务性资本成本以及权益性资本成本的影响。在既定的经济及金融环境下，债务性资本成本以及权益性资本受到其债务资本结构及权益资本机构的影响，实际上就是与企业的资本结构有关。因此，政府的投资回报率规制对于企业的融资方式及资本结构具有重大的影响。

2. 最高限价规制对公司理财的影响

（1）促进企业成本的降低

根据公式 $P_{t+1}=P_t(1+RPI-X)$ 可知，企业产品或服务价格的增长率等于 $RPI-X$，是一个与企业的实际成本变化无关的量。在其他条件不变的情况下，当企业实际劳动生产率的提高大于规制者给定的 X 时，规制的最高限价实际上大于规制者预设的企业目标利润率下的产品或服务的价格，企业可以获得因劳动生产率提高产生的一部分额外收益。因 X 一般3到5年核定一次，所以再次核定 X 的3到5年期间的规制价格会保持不变，该期间企业因降低生产成本而形成的额外收益可以为企业全部获得，这可以促进企业提高生产效率。

如图4-6所示，MC_1 是企业规制之前的边际成本曲线，MR 是相应的边际收益曲线，P_0 是企业边际成本与边际收益相等时的产量所确定的垄断价格，此时，社会福利损失为 adf。如果政府进行价格规制，确定规制价格 P_1，则企业面临折弯的需求曲线 P_1cD 与折弯的边际收益曲线 P_1ckMR。此时，在政府规制价格 P_1 下，企业的边际成本曲线由 MC_1 移降至 MC_2，企业选择边际收益垂直段 ck 所对应的产量 Q_1，社会福利损失由 adf 减少为 cef，企业获得额外收益 $hekl$。社会福利损失 cef 至少可以得到额外收益 $hekl$ 的部分补偿，如果 $hekl$ 大于 cef，则意味着激励性价格规制形成的社会福利高于初始边际成本定价的最优化福利安排，很好地体现了激励性价格规制的动态效率。

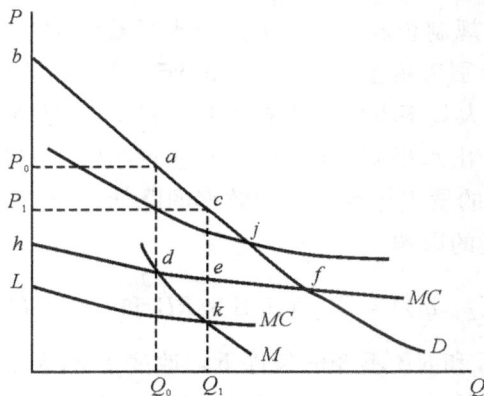

图4-6 最高限价规制下，企业生产成本曲线

在最高上限价格规制下，企业为获得更多的利润，可能会牺牲产品质量以降低成本，因此，价格上限规制通常伴有质量标准方面的规制。

（2）促进企业改善资本运营

企业产品或服务价格的增长率等于 $RPI-X$，其中的 RPI 是由政府部门统计计算出来的零售价格指数。对特定的企业而言，RPI 是指该企业在生产经营过程中所消耗的各种生产要素的价格指数的变化。很显然，零售价格指数与特定企业生产经营过程中所消耗的各种生产要素的价格指数存在不一致。这就意味着，企业可以通过存货的管理及其相关资产的管理来使得企业实际的生产要素的价格指数小于规制者规定的 RPI，以达到增加利润的目的。

（二）准入规制对公司理财的影响

Qian 和 Roland（1998）认为，实际的经济运行中，政府拥有很大的权力，重点行业的准入需要政府审批，重要的经济资源为政府掌握，重大项目的建设由政府垄断等，政府对经济生活的干预很普遍。准入规制的内容十分广泛，包括资本市场准入、贸易准入、企业准入、产业准入、资本准入等多方面，不同内容的准入规制从不同的方面对企业理财产生着重要的影响，如图 4-7 所示。

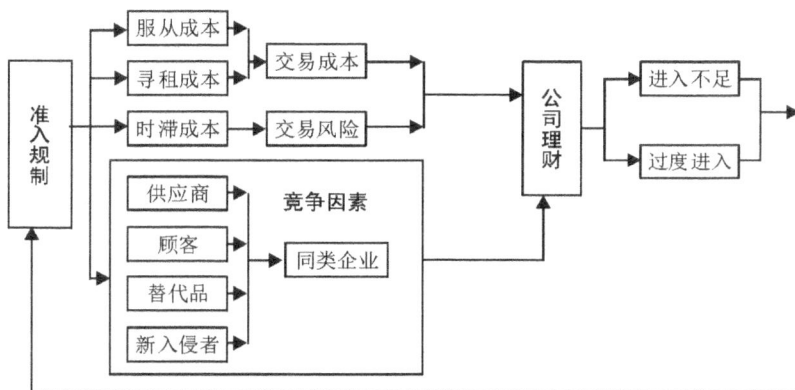

图 4-7　准入规制与公司理财

1. 融资影响

各国证券监管机构都对进入本国资本市场的企业制定了相应的准入规制，这些准入规制按照上市公司的入市时间分为前期进入管制和后期退市管制。前期进入管制对拟上市融资的公司的财务状况、经营成果、证券的发行种类及规模等各方面的条件提出了要求，只有满足条件的企业才能进入资本市场进行融资，这无疑决定了企业的融资渠道和方式。不同的融资方式，因其准入规制带来的交易成本的不同会影响企业的资本成本，资本成本的大小决定了企业的资本结构。

2. 投资影响

资本市场既是企业融资的场所，又是企业找寻投资机会的舞台，政府资本市场的准入规制在影响企业融资的同时，也对另外一些企业的投资方式和投资范围产生了重大的影响。而政府对于某些产业的准入规制也直接决定了企业的投资范围，如我国政府对于盐业和烟草业等的准入管制，决定了一般的企业不能进入该行业进行投资经营，除非得到政府的许可；有些行业的准入规制明确规定了拥有不同资质的企业其投资经营的内容不同，如商业银行和投资银行的投资经营内容就具有显著的不同；有些行业中，企业投资的地理区间被政府加以严格限制，如民航业、造纸业等。另外，政府的准入管制不仅增加了企业对准入规制政策的服从成本及等待所带来的时滞成本，也激发了企业的寻租活动，由此直接提高了企业参与市场交易的成本和风险，影响了企业投资某项业务的收益，进而影响了企业的投资决策。

3. 对企业运营的影响

政府的准入规制对企业运营的影响体现在两个方面：一方面是对企业自身运营产生的直接影响。首先，准入规制对于企业融资的影响，最终会对企业的所有权结构产生影响，所有权结构是公司治理的核心和基础，对企业所有经营活动的最终决策具有举足轻重的影响；其次，当政府的准入管制导致上游商品供给的稀缺和价格的上涨时，市场交易的成本和风险增加，使得下游企业的经营难度和压力随之增加，面临很高的经营风险。一旦企业高价也无法购买到自己所需的商品，意味着市场的交易成本已变得无限大，企业将面临经营失败。为了降低交易成本，规避风险，缓解压力，按照科斯理论，企业将有强烈的动机进行垂直整合而自行生产所需的商品，譬如刘永行经营炼铝的案例。另一方面是因准入规制对于竞争因素的影响而对企业运营所产生的影响。准入规制不仅对行业中既有和意欲进入的企业发挥作用，还会影响与该行业有关的所有竞争因素。首先，先期进入的企业会利用准入规制形成的既得优势对所有意欲进入该行业的企业进行各方面的压制；其次，准入规制在阻碍企业进入该行业的同时，也对其他意欲进入该行业的企业产生了阻碍作用，而企业在选择新进入某个行业时，必须考虑新建购销关系，那么供应商和渠道商的准入规制是潜在进入企业不得不考量的问题；最后，替代品和本行业产品的相对价格，顾客的使用习惯及对价格的敏感性等产生的对本行业的冲击也是潜在进入企业需要考虑的重要因素。当然，如果企业能够成功进入政府实行准入规制的行业，则将获得持续的垄断优势，产品销售价格的垄断优势自不待言，还拥有与渠道商和供应商的议价优势。

4. 利润分配的影响

政府的准入规制对于企业融资、投资和资本运营的影响表现在不仅影响了企业的运营成本、利润水平、利润分配的对象和方式，也决定了利润分配的多少及所采取的利润分配政策。

第三节　社会性规制影响公司理财的机理分析

在没有政府管制的前提下，公司为了自身的利益，有可能在生产过程中给环境造成污染，或者对自然资源进行掠夺性和枯竭性开发，产生了一种需由第三方或社会全体支付的成本，即形成了外部不经济；或者市场交易中，因拥有信息优势的交易方不向信息弱势交易方完全公开其知晓的所有信息，造成的非合约成本由信息弱势交易方承担，即形成了内部不经济，如公司隐瞒工作场所的安全卫生隐患等，导致所聘用的职工因此而受到伤害。面对市场和社会中存在的内、外部不经济性，政府采取的对交易主体进行准入、设定标准信息披露和收费等方面的监管，就是政府的社会性规制。

一、社会性规制的定义

1970 年代，Joskow 和 Noll 将政府规制分为垄断性行业、竞争性产业的进入和价格规制、产品质量的规制三类。其中，产品质量的规制是指 HSE（Health，Safety and Environmental Regulation）规制，这就是后来学者称之为"社会性规制"的概念。Harrison、White 和 Wilson 均把 HSE 规制称为社会性规制，并且 Harrison 还认为社会性规制是为了实现经济的均衡发展或国民收入的再分配。

植草益（1992）提出了较为完整系统的社会性规制的定义，他认为社会性规制是关于产品和服务的质量标准及禁止、限制特定行为的规制，该规制的目的是保障消费者和劳动者的安全、健康、卫生，保护环境，防止灾害。我国学者王俊豪和夏大慰均采用了植草益的观点。尹栾玉（2005）对社会性规制的理解是，政府及职能部门制定的一系列法律法规及实施的对个人和企业等市场主体活动的强制性干预，其目的是保障国民的生命安全、文化教育等基本权利，保护环境和防止灾害。

可见，政府社会性管制是为了实现社会的稳定与公平，由中央政府及地方各级政府相关职能部门采取标准制定、认证管制、资格认定、企业特定行为规定、信息公开管制、收费补偿管制等手段实施的，针对所有的企事业单位的一种横向制约。

二、社会性规制的性质和特点

社会性规制所规制的对象涉及的领域很广，虽各有其特殊性，但也具有共同的一般性特征。

（一）社会性规制的性质

1. 通过政府来调整需求

缘于市场经济的盲目性，某些行业的过度竞争会引起产品或服务的供大于求，而最终以产品或服务的质量下降，甚至破产等结局收场。为了防止这种现象发生，政府通过"进入许可"的方式对此进行规制来实现供求的调整。当然，"进入许可"制度的实施需要政府事先对市场的供需情况进行预测，在预测过程中会产生大量的相关成本费用，而且预测是否合理还未可知。

2. 事先规制主义

因为政府要采取"进入许可"的规制方式来对特殊行业的企业数量、产品或服务的质量进行管理，所以"进入许可"的评判标准必须事先给定，只有符合一定标准的企业，才能被许可进入某些领域。政府这种调整需求的做法，是一种事先规制主义。这种规制方式的假设前提就是，只有那些获得政府认定的符合要求的企业，才能提供好的服务，并保证处于信息劣势的消费者权益不会受到损害。

但是，在事先规制体制下，为争取进入市场、扩大营业规模，企业会向相关政府管理部门进行寻租甚或创租，而寻租或创租所产生的成本归根结底会变相地转嫁给消费者。而且，一旦企业获得了进入许可证，由于新竞争者的进入受阻，现有从业企业极易勾结形成垄断价格，加上经营风险的减少，产品或服务的质量很难实现真正的提高。

3. 普遍服务的保持

为了保证每个公民能够享受到基本的公用设施服务，政府需要对进入基本公用设施的企业进行规制，以防止出现能够取得高额利润服务的竞价和赤字服务无人问津的现象。比如铁路运输和城市公交中政府需要用效率较好干线的盈余去弥补经营不景气线路的赤字，为了保证这些盈余干线免受市场竞争冲击，以致带来部分民众无法享受平等基础服务，必然会对企业进入该行业进行规制。这种规制的本质实际上是一种收入的再分配，但是这种分配是直接通过政府规制制度由一些消费者转移给了另外的消费者。但是这种依靠政府规制所保证的普遍服务，可能会使得那些已获得专营权的企业没有积极性去降低成本和革新技术。

4. 私营企业无法进入

一般而言，企业作为自主经营、自负盈亏的经济实体，以实现价值最大化为追求目标。鉴于此，企业应根据自身经营状况自由进出市场，一旦这样将难以有效保证为社会提供稳定的服务。另外，企业可能为实现自身价值的最大化而提供质量低劣的产品或服务，这会使消费者的利益受到损害。这些都会影响企业实现社会性规制保护国民卫生和健康以及安全需要的目标。因此，社会性规制的第四个性质就是进入规制行业的企业大多是"非营利的法人"，或者是得到政府许可的营利法人企业，且非营利法人企业可以得到政府提供的补助金。比如一些社会福利性设施对于私营资本进入的严格限制，即使能够进入，也无法与同类的国有企业一样享受社会补贴等优惠，竞争地位不对等。

但是，如果单纯对民间资本进入该行业加以限制，公有资本必然会因缺少竞争而逐步走向垄断，服务或商品的供给集中于少数企业；消费者会因供给对象的别无选择而被迫忍耐该行业的种种不合理，甚至放弃消费，其结果就是进入该行业的国有企业经营无以为继。另外，国家对于进入该行业的国有企业的财政补贴，在一定程度上可能会导致更多的无效率经营和更多消费者剩余被剥夺。

（二）社会性规制的特点

与经济性规制相比，社会性规制具有如下特点。

1. 规制目标的多元性

一般认为，政府规制的目的是为了解决"市场失灵"问题，但是不同类型的政府规制所解决的市场失灵的类型是不同的，对应实现的目标也会有所不同。经济性规制主要纠正由于自然垄断及信息不对称等引致的市场失灵，偏重于效率目标；社会性规制主要纠正外部性和内部性引起的市场失灵，在强调经济效率的基础上更强调保障社会的公平和正义。

2. 规制对象的横向性

经济性规制通常是针对某个单独行业的纵向规制，相对侧重于提高该行业的收益，而消费者和公众的利益被视为次要的；社会性规制是涉及社会经济生活广泛领域的横向规制，而且几乎渗透到企业和消费者之间的每次交易或雇佣决策，侧重关注消费者和公众的健康、安全等公共利益问题。

3. 规制政策工具特殊性

因经济性规制对象的特定性，规制主体可以制定一系列针对企业决策的制度，管控的关键是价格和企业数量，采用的主要政策工具是价格规制和进入规制。但是，社会性管制涉及面广，因而采取的管制措施也比较复杂，主要规制措施有：禁止特定行为、营业活动限制、执业资格制度、标准认证和检查制度、收费补偿制度、信息公开制度（植草益，1992）。

三、社会性规制的分类

（一）按照规制性质分

按照规制的性质，可以把社会性规制分为：积极规制和消极规制。其中，积极规制是指在市场经济交易和竞争中从正面引导市场主体实施市场行为的应为或可为的规则，如我国的《广告法》（1994）；消极规制则指在市场经济交易和竞争中从反面限制或矫正市场主体的不当行为的不应为或禁止为的规则，如我国的《反不正当竞争法》（1993）。按照规制的性质，还可以把社会性规制分为，在常态情况下所采取的常规性规制手段和在非常态情况下所采取的非常规性规制规制手段等。实际规制过程中，往往需要积极规制与消极规制、常规性规制和非常规性规制积极配合使用。

（二）按受规制主体被规制的强弱分

按受规制主体被规制的强弱，可以把社会性规制分为惩罚性规制与激励性规制、弹性规制与刚性规制。惩罚性规制是指利用惩罚手段强制受制主体接受的规制，实践中具有普遍适用性；激励性规制是指利用可得利益增加的手段鼓励受制主体接受的规制，在实践中适用面较窄。弹性规制一般是自愿性原则或推荐性标准，给受制主体留有一定的选择空间；刚性规制一般是禁止性命令，受制主体没有选择的余地。规制实践中，应以刚性规制为主，弹性规制为辅。

（三）按规制目的

按规制目的可将社会性规制分为结构规制与行为规制。结构规制是为控制市场结构，防止经济主体市场支配力过度集中的规制；不考虑市场结构，禁止或限制经济主体竞争行为的规制就是行为规制。据此，各国的反垄断立法基本形成了两种模式：结构主义规制和行为主义规制。结构主义规制以结构规制方式为主，如美国的《谢尔曼法》；行为主义规制以行为规制方式为主，如日本、德国。但是，随着经济全球一体化，各国反垄断立法纷纷转向或偏重于行为主义规制模式。

（四）按规制主体的特性

按规制主体的特性，可以将社会性规制分为自律性规制与他律性规制和单独规制与联合规制。自律性规制是指规制主体与客体之间存在契约性组织隶属关系的规制方式；他律性规制是指规制主体与客体之间不存在契约性组织隶属关系的规制方式。单独规制是指特定规制主体单独实施的规制；联合规制是指强调不同规制主体间相互协调和配合的规制。社会规制本身涉及领域较为广泛，规制对象复杂，往往存在多个规制主体针对同一规制对象进行规制的情形，多个规制主体的职能虽有分工，也有交叉。因此，规制实践时，就某一规制对象发生不同规制主体职责竞合时，就需要联合规制，并且以他律性规制为主，自律性规制为辅。

（五）按规制功能

社会性规制依规制功能的不同，可以分为事前规制、事中规制及事后规制。其中，事前规制是对经济主体发生经济行为前的规制，重在防范；事中规制是对经济主体正在发生的经济行为进行的规制，防范与矫正并重；而事后规制是对经济主体所发生的不当经济行为进行的规制，在惩罚和补救中偏重前者。规制实践中的某些规制对象需要进行全程规制，如针对产品质量进行的规制。

上述规制的不同分类之间相互交叉、相互渗透，规制实践中，应根据具体规制对象和规制目的的需要，单独采用一种或多种规制方法相互配合进行规制。

四、既定社会性规制下的公司理财分析

对于不存在不确定性和跨时间因素的外部性问题所进行的社会性规制是不同的，对于相关联的公司理财行为具有重要影响。如果某一条河的沿岸设有两家公司，位于河上游的 A 造纸公司和河下游的 B 发电公司。A 造纸公司可能会直接排放其所生产产生的污水，这会给需要用清水冷却发电设备的 B 发电公司造成了额外的负担。很显然，按照马钱德和拉塞尔（1973）的理论，A 造纸公司和 B 发电公司有不可分的成本函数，A 造纸公司产品生产数量为

q_1，销售单价为 p_1；B 发电公司产品生产数量 q_2，p_2，且 B 发电公司对 A 造纸公司不造成成本，则两公司的成本函数为：$A(q_1)$；$B(q_1, q_2)$。该成本函数具有如下性质：$A_1 > 0$；$B_1 > 0$；$B_2 > 0$；$A(0) = 0$；$B(q_1, 0) = 0$；$B(q_1, q_2) > 0$。则 A 造纸公司的运营决策可以表示成：$\max_{q_1} p_1 q_1 - A(q_1)$，其中 $q_1 \geq 0$；而 B 发电公司的运营决策可以表示成：$\max_{q_1} p_2 q_2 - B(q_1, q_2)$，其中 $q_2 \geq 0$。两家公司将找出价格与边际成本相等的产出水平（$\hat{q}_1$ 和 $\hat{q}_2$），即 $p_1 = A_1(\hat{q}_1)$，$p_2 = B_2(\hat{q}_1, \hat{q}_2)$，并应据此进行资产运营。可是，在不同社会性规制制度安排下，A 造纸公司和 B 发电公司会一定据此进行理财决策吗？

（一）A 造纸公司有特权，而 B 发电公司无权利

在这样的制度安排下，由于 A 造纸公司无需为它所造成的污染问题承担费用，纸张的生产成本被"人为压缩"，由此导致了 A 造纸公司对与纸张生产的过度投资。如图 4-8，因为污染造成的是"负外部经济性"，为简化模型，将边际社会收益曲线 MSB 和边际私人收益曲线 MPB 合并为一条需求曲线 DD。供给曲线 SS 反映造纸厂的边际私人成本 MPC，这意味着 A 造纸公司用于生产纸张的资源成本，构成了其边际社会成本 MSC 的一部分。如果 A 造纸公司生产数量为 q_1，其社会边际成本为 15 元，而其所带来的社会收益只有 10 元，也就是说，随着 q_1 数量纸张的生产，社会福利从它本来可能达到的水平下降了 5 元，即图 4-8 的 AB 段所示。可见，在这样的制度安排下，A 造纸公司过度投资了纸张的生产，造成了社会福利的损失。

那么 A 造纸公司到底是如何影响 B 发电公司的运营呢？

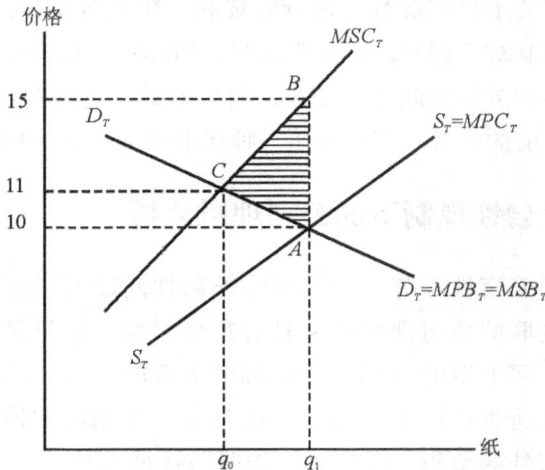

图 4-8　A 公司的生产曲线

1. 假定 A 造纸公司和 B 发电公司属于一个统一企业

如果 A 造纸公司和 B 发电公司属于一个统一企业，则 A 造纸公司在进行生产决策时会主动考虑对 B 发电公司造成的影响，并会据此选择有经济效率的运营方式，即母公司的决策问题变为：$\max\limits_{q_1,q_2} p_1q_1 + p_2q_2 - A(q_1) - B(q_1, q_2)$，其中 $q_1 \geqslant 0$，$q_2 \geqslant 0$。此时，公司经理所选择的产出水平满足：

$$p_1 = A_1(q_1^*) + B_1(q_1^*, q_2^*); p_2 = B_2(q_1^*, q_2^*)$$

马钱德和拉塞尔用二阶条件证明了：现状下，A 造纸公司生产了过多的 q_1，而 B 发电公司生产了过少的 q_2，即 $\hat{q}_1 > q_1^*$，$\hat{q}_2 < q_2^*$，这为判断市场失灵的程度提供了衡量的尺度。

2. 假定 A 造纸公司和 B 发电公司不属于一个统一企业

在现有的制度安排下，B 发电公司必须承担 A 造纸公司所造成的外部性成本，或是必须付钱给 A 造纸公司用来减少他所造成的外部性成本。B 发电公司最大可能的付款（S）为因 B 发电公司而使得 A 造纸公司以低于其自身最优产出水平（$\hat{q}_1$）进行生产所放弃的收入，即 $S = [B(\hat{q}_1, q_2) - B(q_1, q_2)]$。此时，A 造纸公司收益就变为，$\max\limits_{q_1} p_1q_1 - A(q_1) + [B(\hat{q}_1, q_2) - B(q_1, q_2)]$，其中 $q_1 \geqslant 0$；B 发电公司的收益就变为，$\max\limits_{q_2} p_2q_2 - B(q_1, q_2) - [B(\hat{q}_1, q_2) - B(q_1, q_2)]$，其中 $q_2 \geqslant 0$。此时，公司经理所选择的产出水平满足：

$$p_1 = A_1(q_1') + B_1(q_1', q_2'); \quad p_2 = B_2(\hat{q}_1, q_2')$$

而且存在 $\hat{q}_1 > q_1^* < q_1'$，$\hat{q}_2 < q_2^* > q_2'$

这说明在 A 造纸公司有特权，而 B 发电公司无权利的制度安排下，存在外部性成本的 A 造纸公司的产出总是大于社会最佳水平的，而必须承担额外成本的 B 发电公司的产出总是低于社会最佳水平的。

（二）B 发电公司有权利，而 A 造纸公司有义务

这一新的制度安排，并不意味着要严格禁止 A 造纸公司的冒犯行为，只是要求 B 发电公司的权利要得到保护，也就是说，当 A 造纸公司的冒犯行为触犯了 B 发电公司的利益时，A 造纸公司必须为其对 B 发电公司造成的成本承担经济义务。A 造纸公司据此对 B 发电公司的支付为：

$$L = [B(q_1, q_2) - B(0, q_2)]$$

此时，A 造纸公司的收益由下式给出：

$$\max\limits_{q_1} p_1q_1 - A(q_1) - [B(q_1, q_2) - B(0, q_2)], \text{其中 } q_1 \geqslant 0$$

而 B 发电公司的收益由下式给出：

$$\max_{q_2} p_2 q_2 - B(q_1, q_2) + [B(q_1, q_2) - B(0, q_2)]，其中 q_2 \geqslant 0$$

此时，公司经理所选择的产出水平满足：

$$p_1 = A_1(q_1'') + B_1(q_1'', q_2''); p_2 = B_2(0, q_2'')$$

马钱德和拉塞尔用二阶条件证明，当制度安排发生变化后，与统一企业条件相比，A 造纸公司生产了过少的 q_1，而 B 发电公司生产了过多的 q_2。即，

$$q_1'' < q_1^* < q_1' < \hat{q}_1 ; q_2'' > q_2^* > q_2' > \hat{q}_2$$

也就是说在交易费用不为零的条件下，不同的所有权安排和社会性规制的不同，会使得相关的企业做出不同的理财决策，如上图 4-9 所示。

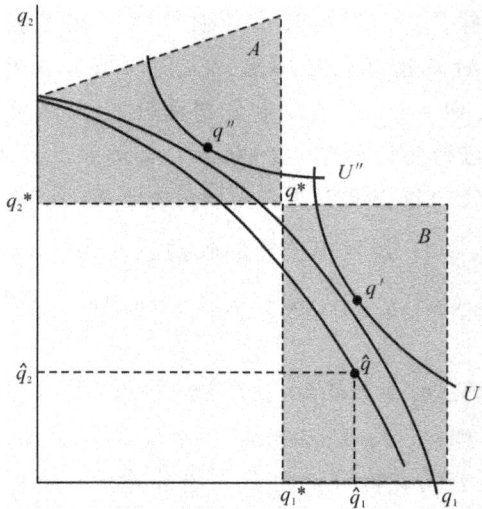

图 4-9　交易费用为正的生产可能性边界

第四节　公司制度影响公司理财的机理分析

企业是由许多不同类型、相互关联的要素组成，并依靠各要素间相互作用、耦合运行达到一定目的的人造经济系统。如同张五常（1983）所说"企业是要素交易的契约，市场是产品交易的契约。"它是由一整套契约界定的，一个社会认可的、有权力按自己的方式和理由做出决策的组织实体，是经济中占主导地位的决策单位。但是，企业是一种不完备的契约，尽管具有这样

的缺陷，但企业的这种不完备性却是减少交易费用的一种代价。为了在降低交易费用的同时弥补企业契约不完备性的缺陷，就需要在企业内部设计一套控制机制，以保证企业的正常运营和不断发展。

一、科层理论

马克斯·韦伯（Max Weber）最先提出了科层理论。他在《社会组织和经济组织的理论》中阐述了科层制度的特征：组织体系为层级结构；劳动分工以提高组织效率；以规则制度来控制管理者的决定和行动；淡化人情关系以实施有效的控制；职业定向、薪酬与科层组织中的职位挂钩，升迁以工作年限和业绩为依据，职工有辞职的自由，也有权享受养老金。韦伯认为，科层制在纪律性、稳定性、精确性和可靠性方面都优于其他形式的组织模式，是最符合理性原则和效率最高的组织形式。当然，韦伯也注意到了科层组织结构的缺陷，非人格和高度正规化的组织有可能窒息组织中人们的自由和创造力；失去控制的大规模科层组织则可能构成对社会的威胁。自 20 世纪以来，为适应现代社会大生产的管理需要，科层制得到了快速发展，"已成为当今社会占主导地位的组织制度，并在事实上成为现代性的缩影。如果我们不能理解这种制度形式，我们就无法理解今天的社会生活（彼得·布劳，2001）"。

二、公司层级制度

科层制组织最显著的特征就是组织内各部门的设置呈现层级结构，任何组织本质上都是一种层级结构，组织中相互关联的各项活动被分解成各不相同的任务单元，每一层级组织负责不同的任务单元，为实现既定的组织目标，每一层级组织之间需要保持信息畅通，以保证行为的协调一致。从经济学的角度来看，分工协作与社会化大生产是经济发展中矛盾的统一，作为市场交易替代机制的企业，采取纵向协调的某种层级结构是一种必然。从管理学的角度来看，企业层级组织结构的出现，适应了社会大生产的要求，通过它可以实现高度复杂的外部环境下对稀缺资源控制和整合，进而实现企业的基本目标和终极目标。

（一）公司的层级组织形式

随着经济的发展，市场容量和产品需求的扩大，企业规模也随之扩大，企业所有者受其精力、专业知识、能力等的限制，越来越难以完全独立地进行企业的生产经营管理，客观上要求一个专业化的、高效的经营管理层级组织的出现。现代企业层级结构中每一层级的管理者只拥有不完全界定和非对称性的权威，这种权威能在一定范围内指挥其他人的活动（Barzel，1989）。通过企业层级组织中一层层的行政隶属关系，按照企业内部的组织制度和行政命令来完成企业内部的交易；通过层级结构将个人目标融入组织目标，确定了各要素禀赋在层级组织中的责权利分配，为直接协调或预测其行为提供了可能。

公司层级结构是工业企业的主要组织形式，分层授权、权责明确、分工细致、关系正式和标准统一是其主要特征（陈传明，2000）。现代公司总体上存在三种层级组织形式：第一种，纵向一体化的、按职能划分部门的 U 型结构。其特点是：管理层级的集中控制，所的经济决策均来自于公司的最高管理当局，有利于将公司有限的资源集中投资到最有效的项目上去；有利于协调公司生产经营管理的各环节，尽量减少交易费用的发生；但是，企业最高管理当局的集权和事必躬亲使得他们无法高屋建瓴地规划企业的整体长远战略，也无法做到统筹全局。第二种，高度分权的 H 型层级组织结构。其特征是：一家公司拥有多个不相关联的子公司或分公司，他们之间主要靠产权纽带来连接，通过各种委员会和职能部门来协调和控制子公司或分公司的行为，因此他们之间缺乏必要的战略联系和协调，公司整体资源战略配置效率较差。第三种，是多部门的 M 型层级组织结构，也称事业部制，这些部门可以按职能机构的设置层次和各部门取得职能部门支持性服务的方式来划分。M 型层级组织结构由三个互相关联的层次组成：第一层是由公司董事会和经理层组成的总部构成公司的最高决策层，负责战略研究和交易协调；第二层由职能部门和支持、服务部门组成，负责公司战略的执行、资金的筹措、税务筹划及财务核算等；第三个层次是围绕公司主导或核心业务的相互独立又相互依存的各分公司或各事业部。

虽然在知识经济时代，传统的企业组织结构模式受到了知识化、技能化和信息化的冲击，从根本上改变了企业的发展要素和内外环境，改变了企业组织的内部操作与整个运行机制，但现实中，一定程度的集权和统一指挥对于管理任何由一定数量成员参与的集体活动都是必不可少的。因此，即使是知识经济时代，其对于企业组织结构的影响也不过是对现存层级结构进行的网络化改造，而完全取代现有层级结构（陈传明，2000）。

（二）委托代理关系与公司层级组织形式

委托代理关系伴随着现代企业组织结构的变化而产生，在企业层级组织

100多年的演变过程中，委托代理关系如影相随，促进了现代企业和经济飞速发展的同时，也带来了日益复杂的代理问题。Jensen和Meckling（1980）指出，委托代理关系"存在于一切组织，一切合作性活动中，存在于企业的每一个管理层级上"。公司运作是通过一系列的委托代理来完成的，股东大会与董事和监事会，董事会与经理层，经理层与部门管理者，部门管理者与下属单位负责人，单位负责人与普通职员等，这些委托代理关系构成了一个长长的委托代理链。按照这些委托代理关系在公司层级组织运作中的作用，可以被分为三个层次。

第一个层次：所有者与经营者的委托代理关系。所有者是委托方，是传统意义上的企业激励安排的主体。但在资本市场高度发展、公司股权高度分散的条件下，所有者并不是一个非常固定的群体，他们不再能独立而一致性地起到传统激励主体的地位，而是把执行主体责任的任务委托给了董事会。此时，为了保持所有者对公司投资的兴趣，并积极参与公司的治理与监督，一定程度上所有者也成了公司激励的客体对象。

第二个层次：经营者与中层管理者间的委托代理关系。由于现代公司股权的高度分散特性，经营者是公司生产经营的实质控制者，为了维护公司的生存和发展，经营者必须使公司能盈利，实现既定的经营目标。但是公司的各项生产经营活动，需要具有不同技能、从事不同分工的全体员工协作努力才能完成。由于精力、能力等原因，经营者不得不将自己的经营决策和经营目标分解成若干个任务单元，并委托给负责各项业务的中层管理者来执行。此时，经营者是委托人，中层管理者是代理人。

第三个层次：中层管理者与普通职员间的委托代理关系。公司中各项具体的生产经营活动归根结底要落实到每个普通职员来进行实际运作，中层管理者把经营者委托的任务分解成各项作业，再把各项作业委托给具体的职员来操作完成。此时，中层管理者是委托人，普通职员是代理人。

当然，公司不仅是由股东会与董事会、股东会与监事会、监事会与董事会、董事会与总经理等人员组成的简单代理关系的集合，这些代理人也是某种资源或知识的载体或所有者，经济越发展，这些拥有某种资源或知识的载体或所有者越重要。

（三）科层结构与企业制度

科层制体现了管理效率的思想和核心，旨在解决两大类问题——代理成本的降低和组织责权利的安排，促进组织的合作与控制，并由此提高组织的效率。企业的各项制度就是一组联系各相关利益主体的正式和非正式关系的制度安排，通过这种制度安排来制衡内部各利益相关者的责权利，保证公司决策的科学性，以实现公司各利益相关者利益的维护和满足。企业的各项制度，如公司章程、公司治理结构、公司组织结构、人事制度、基本财务会计制度、基本业务经营政策、薪酬制度、绩效评价制度等内部控制制度不一而足。企业的具体制度本质上是为了解决实现企业经营目标中出现的各种委托代理关系，因此，按照科层理论和委托代理理论，可以把公司制度分成四个层次。

1. 以股东为主体的公司制度

所有者和经营者的分离是公司制企业的基本特征，但是从系统论的角度

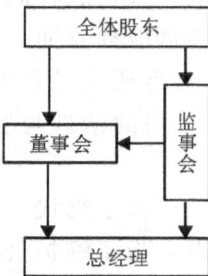

图 4-10　公司治理结构

来说，公司制度是一个理性开放的组织系统，"这种开放系统能够在高层次上维护自身，进而向更高秩序和复杂性的方向演进（Bertalanffy，1962）"。为实现这种自我维护，公司所有者应被要求构成企业制度的一个重要组成部分，而不是对公司保持一种"疏离的眷恋"，如图 4-10 所示。

以股东为主体的企业制度有：公司章程、公司治理结构、董事会专门委员会工作制度、公司战略目标、基本财务和会计政策、基本业务经营政策、基本人事制度、为董事、监事及总经理设计合理的业绩评价政策和薪酬制度、CPA 审计制度等。其目标是：监督和激励经营者，降低代理成本，实现企业价值最大化，确保公司持续发展；确保股东投入公司的资产不被任何人非法占有，也不因自然灾害而损失；确保经营者向股东报告企业真实的经济成果、财务状况、现金流量等其他重大事项。

2. 以经营者为主体的公司制度

公司制企业下，经营者实际上是公司的实际控制者，为保障公司生产经营的正常进行和实现既定的经营目标，与之有关的公司制度包括公司内部各部门的组织制度、财务成本控制制度、重大建设项目基建财务管理制度、人事制度、会计制度、内部经济责任制度、内部审计制度、募集资金管理制度、信息披露管理制度、投资者关系管理制度、关联交易管理办法、外部单位报送信息管理制度、年报报告制度、年报披露重大差错责任追究制度等。

3. 以中层管理者为主体的公司制度

经营者的经营方针和政策的执行离不开中层管理者的积极配合，以中层

管理者为主体的公司制度主要是为了监督普通员工的操作活动，同时激发他们的积极性，以实现资产安全、交易合法，如实向经营者报告各种财务信息、会计信息、统计信息等，还要尽量实现各项业务活动的优化。涉及的公司制度有岗位制度、各项业务流程、员工绩效评价制度和薪酬制度、产品销售发票管理办法、产销衔接工作的管理规定等。

4. 以员工为主体的公司制度

公司所有制度的执行，最终都会由普通员工来执行落实，公司制度要保证每位职工最大善意地保护和使用所处岗位的资源，如实报告与之相关的各项信息。与之相关的公司制度涉及员工岗位制度、考勤制度、劳动合同、申诉和报告制度等。此外，按照从事具体业务活动的不同，不同岗位上的员工也会受到特有制度的制约，如仓库保管员受制于仓库保管制度，生产一线员工受制于质量检验制度、安全生产制度等。

其实，公司的各项制度并不能完全割裂开来，它们之间相互联系，相互制约。有些制度能够制约公司所有员工，有些制度制约涉及特定业务活动的员工；有些制度是直接制约行为人的行为，有些制度针对特定业务活动，不一而足。

三、公司制度对公司理财的影响机理

公司面对的是一个复杂的、不确定性的经营环境，企业要在这个世界中生存，就得随机应变，契约的不完备性是必然的。作为公司契约表现形式的公司制度，其目的无非是在公司实现其生存和发展目标的过程中，协调各种委托代理关系中各利益方行为的规范，也就是说，不同的公司制度安排，意味着不同责权利分配，实现着不同的资源配置。因此，公司制度对于公司理财的影响，可以通过委托代理关系方间不同的激励机制来实现。

假设一个科层组织由一个委托人（P）和一个代理人（A）组成，代理人被委托人雇佣来收集几个投资项目的信息并进行投资项目可行性分析，据此做出投资决策。代理人可选择的投资项目至少有三项，开始时，委托人对这些投资项目的优劣一无所知。每个不同的投资项目可以表示为 $k \in \{1, 2, \cdots, n\}$，$n \geqslant 3$，委托人因投资项目可获得的可验证货币收益或利润为 B_k，代理人因此而获得的可验证货币收益为 b_k。伴随着投资项目的实施，代理人可获得人力资本培训加上在职消费，减去实施投资项目所带来的负效用等私人收益。如果委托人没有选择任何项目实施投资，则视为实施了投资项目 0，双方的

私人收益就是 $B_0=b_0=0$。

假设这些待选的投资项目中，至少存在一个项目将给委托人和代理人同时带来很大的负效用。因此，委托人自己绝不会贸然选择项目投资；代理人在没有获得项目充分信息时，也只会选择坦诚自己不知道，而不是贸然建议委托人选择某项项目去投资。也就是说，如果委托人和代理人双方都没有待投资项目的充分信息，他们将实施投资项目 0，不会选择任一项目进行投资。如果实施投资委托人偏好的项目，可为委托人带来 B 的利润，为代理人带来 βb 的预期收益；如果实施投资代理人偏好的项目，可为代理人带来 b 的利润，而委托人可得到 αB 的预期收益，其中 α，β 为满足条件（α，$\beta \in$（0，1]）的一致性参数。

为简化分析，现假设可供选择的相关投资项目只有两个，即项目甲和乙，投资甲项目，委托人可获得 $B>0$ 的私人收益，而投资乙项目，委托人获得的收益为 0；正好相反，投资乙项目可为代理人带来 $b>0$ 的私人收益，而投资甲项目为代理人带来的收益为 0。假设委托人是风险中性，而代理人是无限风险回避的，故委托人为代理人支付的工资激励成本非常高，但代理人的保留工资为 0。所以，委托人和代理人最终的效用函数取决于双方所选择实施的投资项目产生的私人收益与收集信息付出的努力。委托人可以耗费 $g_p(E)$ 的成本以 E 的概率知晓所有待投资项目的信息，但仍然存在（$1-E$）概率无法了解所有项目信息，因而相对于委托人，每个待投资项目都是无差别的；同样，代理人可以耗费 $g_A(e)$ 的成本，以概率 e 知晓所有待投资项目的信息，但也存在概率（$1-e$）对项目信息一无所知。现假设委托人和代理人同时进行待投资项目信息的收集，双方的费用函数 $g_p(E)$ 和 $g_A(e)$ 为严格凸的递增函数，且同时满足 $g_i(0)=g_i'(0)$，$g_i'(1)=\infty$，$i=p,A$。

公司制度制定或契约签订过程中，委托人和代理人将就以下几点达成协议：（1）委托人应首先提出一个初始契约，用于分配选择投资项目的形式控制权给委托人或代理人；（2）双方需要同时收集待投资项目的信息；（3）无形式控制权的一方要将自己收集待投资项目的部分信息提供给拥有控制权的另一方；（4）拥有控制权的一方根据自己拥有的待投资项目的所有信息，做出投资决策。据此，可以形成不同的公司制度和委托人与代理人契约，从而对项目投资产生不同的结果。（1）当委托人作为监督者，具有形式控制权时，他可以得到代理人收集的待投资项目的信息，拥有了所有待投资项目的充分信息，具有项目投资实际的控制权，此时他总是可以否定代理人，并且独立做出项目投资决策；而委托人在没有待投资项目信息的条件下，将会接受代理人的建议，代理人拥有实际控制权，但 $\alpha > 0$。（2）如果委托人授权代理人具有项目投资的决策权，代理人具有形式控制权，当代理人拥有待投资项目的充分信息时，他可以"独立"地选择并实施投资自己偏好的项目，而不会受到委托人的干预，此时代理人拥有实际控制权。下面委托代理关系下不同的激励机制对公司理财的影响进行分析说明。

1. 委托人具有形式控制权的公司制度

在委托人形式控制权下，给定努力水平，委托人和代理人的效用分别是：

$$u_p = EB + (1 - E)e\alpha B - g_p(E)$$
$$u_A = E\beta b + (1 - E)eb - g_A(e)$$

这说明：当委托人知晓所有待投资项目的信息时，他才会选择他偏好的投资项目实施；当且仅当委托人不全了解待投资项目的信息时，代理人收集的待投资项目信息才是重要的。此时，双方同时选择努力收集待投资项目的信息会有如下的纳什均衡一阶条件成立：

$$(1 - \alpha e)B = g_p{}'(E)$$
$$(1 - E)b = g_A{}'(e)$$

假设上面的纳什均衡一阶条件存在唯一的稳定解 (E, e)，那么，由 $(1 - \alpha e)B = g_p{}'(E)$ 可知，当一致性偏好参数 α 变小，委托人的收益 B 变大时，委托人的监督力度也会变大；由 $(1 - E)b = g_A{}'(e)$ 可知，若委托人的监督干预力度变大，在代理人私人收益一定的情况下，反映代理人积极性的参数 e 将变小，表现为代理人的反应曲线向下倾斜。这实际上体现了委托代理关系中的监督和激励制度的权衡，委托人过高的监督 E 会形成对代理人激励积极性 e 的打击，使得代理人努力发挥才能的几率降低，因此，委托人的适度监督可能存在收益。

2. 代理人具有形式控制权的公司制度

在代理人形式控制下，委托人和代理人的效用分别是：

$$u_p{}^d = e\alpha B + (1 - e)EB - g_p(E)$$
$$u_A{}^d = eb + (1 - e)E\beta b - g_A(e)$$

此时，双方同时选择努力收集待投资项目的信息会有如下的纳什均衡一阶条件成立：

$$(1 - e)B = g_p{}'(E)$$
$$(1 - \beta E)b = g_A{}'(e)$$

假设上面的纳什均衡一阶条件存在唯一的稳定解 (E^d, e^d)，可以证明 e

$<e^d$ 和 $E>E^d$，意味着授权增加了代理人的努力程度。这是因为，如果委托人授权代理人使之具有形式控制权的话，代理人的建议就不会被委托人贸然否决，代理人具有更强的激励去收集待投资项目信息并据此提出决策建议，授权是对代理人工作的积极肯定，增加了代理人工作的积极性。但是，委托人对于代理人的授权会造成自身控制权的损失，降低了委托人实施监督的力度。

从上面的分析可以得出如下结论：在不同的公司制度的约束下，委托人和代理人责权利的分配不同，委托人和代理人的行为方式不同，对于投资项目实施的选择是不同的，委托人和代理人最终的成本收益也会不同。当然，因为不同公司制度的不同约束，委托人和代理人责权利的分配不同，那么他们之间实际上的财务关系会存在差别。

3. 代理人仅对投资项目决策中的某个环节具有形式控制权的公司制度

采用 Aghion 和 Tirole 的一个多维控制权模型，对代理人仅对投资项目决策中的某个环节具有形式控制权的公司制度进行进一步的分析。

假设存在 m 项相互独立的投资决策，$k=1，\cdots，m$，每项投资决策给委托人带来利润 B_k，给代理人带来私人收益 b_k，对应的努力程度分别是 E_k 和 e_k。委托人具有第 k 项项目投资决策控制权，表示为 $x_k=1$；代理人拥有第 k 项项目投资决策控制权，表示为 $x_k=0$。最优的控制权分配模式为满足代理人参与约束下的委托人总收益最大化，用公式表示就是：

满足 $\sum_k \{[E_k\beta_k+(1-E_k)e_k]x_k+[e_k+(1-e_k)E_k\beta_k](1-x_k)\}b_k \geqslant \overline{u}$ 条件的

$$\max \sum_k \{[E_k+(1-E)e_k\alpha_k]x_k+[e_k\alpha_k+(1-e_k)E_k](1-x_k)\}B_k$$

假设 μ 是代理人参与约束的拉格朗日乘子，则有下式成立：

$$\begin{cases} \dfrac{b_k(1-\beta_k)}{B_k(1-\alpha_k)} > \dfrac{1}{\mu} \Rightarrow x_k=0 \\[3mm] \dfrac{b_k(1-\beta_k)}{B_k(1-\alpha_k)} < \dfrac{1}{\mu} \Rightarrow x_k=1 \end{cases}$$

由此我们得到两个重要结论：

(1) 只有那些对委托人相对不重要，表现为 b_k/B_k 较大的投资项目或经营决策才应该予以授权；那些委托人不能相信代理人或代理人信任委托人，表现为 α_k 较小或 β_k 较高的投资项目或经营决策的控制权不应该被授权。

(2) 投资项目或经营决策的最终控制权分配与委托人及代理人双方的努力没有关系。公司中，做出理财决策的信息往往分散在不同层级结构的代理链条中，往往越是重要的信息越是要从更低的科层获取，比如新的市场机会、产品竞争压力、细分市场的需求等。公司制度涉及企业运营的各项业务、各个层面，影响的不仅是公司理财活动，更影响了理财关系中各方的责权利分配，对公司理财产生了决定性直接作用。

本章小结

　　企业是由许多不同类型、相互关联的要素组成，并依靠各要素间相互作用、耦合运行达到一定目的的人造经济系统。企业要素交易契约的最终实现需要通过产品交易契约形成的市场渠道来帮助完成，因此，不仅企业内部要素交易契约及为保证要素交易契约得以实现的各项制度对于公司理财有着直接的影响，而且影响市场运行的各项经济制度也会对公司理财产生影响。现实中，经济体制表现为各种不同的具体的产权制度，由于产权组合的不同，同一所有制可以有多种不同的实现形式；而由于内在激励和约束的差异，不同产权实现形式的效率水平不同。在放任自由经济条件下，基于信息的不完备和公司的逐利本性，可能会存在企业的过度竞争或竞争不足，为避免造成资源的浪费或配置的低效率以及妨碍社会生产效率和公正、稳定的服务供给，政府不得不通过经济性规制对企业的理财行为予以规制。企业虽是由一整套契约界定的，一个社会认可的、有权力按自己的方式和理由做出决策的组织实体，但其是一种不完备的契约，为了在降低交易费用的同时弥补企业契约不完备性的缺陷，就需要在企业内部设计一套控制机制，以保证企业的正常运营和不断发展。

第五章　公司理财的制度规制分析

公司理财的过程其实就是财务关系方之间不断进行交易的过程，投资者和债权人就资金与公司发生交易，公司股东就经营者的管理才能与经营者发生交易，公司经营者就职工的劳动与公司经营者进行交易……所有这些交易能够发生的根本原因在于参与交易的各方能够因该交易的发生增加自身个人的收益，并能自动将资源配置到更有价值的地方。但现实条件是，参与交易的双方只具有有限理性，交易会发生成本，交易过程中所需要的信息是不完备、不对称的，市场并不是完全的竞争市场，这产生了制度介入社会经济生活进行调整的需求，也是制度介入社会经济生活的根本原因。基于契约安排的公司自治和经营自由原则已被大多数国家所认同，但各国都存在相关的法律法规对公司的设立、投融资、资产经营、利润分配、解散和清算等进行强制规范。

第一节　融资制度规制分析

公司设立伊始，便面临资金筹措的问题，《公司法》不仅对各种类型的公司设立时需要的最低资本金额度进行了规定，也对公司最低股东（初始投资者）的人数、出资方式、出资额、出资时间、出资股东的出资证明及不能按时出资时的处理等均做出了详细的规定。而且更进一步规定，股东在公司成立后，不得抽逃出资，当然可以转让其股权。在公司设立之后的持续运营时期，《公司法》也规定："公司从事经营活动，必须遵守法律、行政法规，遵守社会公德、商业道德，诚实守信，接受政府和社会公众的监督，承担社会责任"。也就是说，公司在经营期间的理财工作首先必须遵守法律、行政法规，遵守社会公德、商业道德等正式和非正式制度的制约。

资金是企业的血液，在其持续经营过程中，随着企业的发展壮大和市场的日趋复杂，对资金的"渴求"也变得常态化和复杂化。公司根据自身的生产经营、资金拥有的状况，以及公司未来经营发展的需要，通过科学的预测和决策，采用一定的方式，从一定的渠道向公司的投资者和债权人去筹集资金，组织资金的供应，以保证公司正常生产需要，经营管理活动需要的理财行为即为融资。按照融资优序理论，企业融资的优先次序应依次为内源性融资、债务性融资和权益性融资，但在企业的融资实践中，由于其所处经济环境、政治环境、法律环境、金融环境及其他相关制度环境的不同，企业融资的优先次序、融资规模、融资渠道、融资方式及融资期限等都会存在差异。

一、融资的制度环境分析

（一）社会信用的影响

市场经济是信用经济，社会信用体系是市场经济体制中的重要制度安排。市场是以合同为纽带、以信用为保障的资源配置机制，市场主体遵循诚信原则，建立相互信赖、遵守承诺的关系，形成诚实守信的健康环境是信用体系的基础，缺乏这样的基础信用，市场配置资源的功能必然会受到损害。社会信用体系的完善，对于防范和化解金融风险，打击失信行为，促进金融稳定和发展，保障企业良好的融资秩序，维护社会经济秩序具有重要的意义。信用有溢价，失信必折价，一个失信的社会，高昂的成本会体现在所有的地方。比如，由于信用不彰，中国的金融机构不得不主要依靠房地产抵押贷款；由于失信普遍，人们几乎对所有政府部门出台的重要宏观经济数据持怀疑的态度，这使得决定市场定价的主要依据彻底混淆；由于失信，中国证券市场的造假横行、圈钱迫切、资金错配已经对投资者造成了严重的伤害。

（二）政治环境

一个国家或地区的政治环境会影响当地资本市场的发育程度、信用担保体系、法律环境及政府部门的行为。英美同属市场主导型的直接融资模式，均有十分发达和成熟的资本市场，企业证券融资的比重远高于银行融资，但是由于两者的政治环境不同，两国证券融资中债权融资和权益融资的比重却存在差异。美国社会是从殖民地经济挣脱出来，之后直接进入资本主义社会，原始经济基础比较薄弱，因此，在其经济发展过程中，债权融资和商业信用融资等金融创新工具对其原始资本的积累功不可没。反观英国，长期处于世界殖民帝国和工商业的垄断地位，企业和居民的原始积累甚为丰厚，所以企业自有资金率较高，不需要向银行筹集长期资金。Tian（2001）、Johnson 和

Mitton（2003）、Faccio（2006）、Adhikari，Derashid 和 Zhang（2006）等研究发现，在政府管制比较严重的发展中国家，政府、国家相关法律法规及政府相关监管部门对公司融资具有决定性的影响，国家会出面帮助面临偿付银行贷款困难、有"政治关系"的企业渡过难关；拥有"政治关系"的企业能从国有银行那里获得更多的贷款，而且贷款的期限也相对较长；拥有政府背景的董事或者管理层能够让公司更容易地获得债务融资、享受更低的税率等好处；相比没有"政治关系"的企业，拥有"政治关系"的企业存在更高的违约率；当与企业有密切关系的政党其政治权力得到提高或者在选举中获胜时，这些企业获得的优惠贷款会更多（Khwaja & Mian，2005）；甚至有政府背景的公司由于容易获得贷款而基本上不到国外融资（Leuz & Oberholzer，2005）。黄少安和张岗（2001）经研究认为，由于我国股票发行制度、股权融资软约束、业绩考核制度和内部人控制等深层制度原因，造成股权融资的实际成本远远低于债务融资成本，由此造成了我国上市公司的股权融资偏好。

（三）经济体制的影响

经济越发达，与之相应的经济制度和金融市场会越完善，企业融资渠道和方式也会越多。美国企业融资特点的形成，很大程度上由其经济体制所决定。美国实行自有资本主义市场经济体制，具备较为完善的产权制度和竞争机制，企业经常面临"敌意接管"的市场约束，因此，企业融资保持了较高的内部融资，外部融资以证券融资为主，银行信贷所占比例较小。这是因为美国经历了 1929 年至 1933 年的经济大萧条，美国不仅先后出台了《证券法》和《证券交易法》，而且还制定了格拉斯-斯蒂格尔法案，该法案规定商业银行和投资银行业务必须分离，并禁止商业银行持有企业股票与从事股票买卖。根据该法案，商业银行只能经营短期贷款，不能经营长期贷款，这促使企业只能依靠证券市场来直接融通所需的外部长期资本，由此促进了美国证券市场的发展。根据融资优序理论，公司债券成为了美国证券市场上占主导地位的融资工具，几乎占到了美国企业外部融资的三分之二。

政府对于经济的干预，也会影响公司融资。当经济处于增长期时，企业资金需求增长，为保持平稳性的经济增长，政府一般会采用紧缩的货币调控政策，使得贷款利率逐渐上升，债务性融资的资金成本增加，相反地，这给作为宏观市场"晴雨表"的股市带来了经济形势的乐观预期，使得权益性融资更容易取得；但是当经济处于衰退期时，由于市场萧条，企业对于资金的需求下降，政府为拉动经济增长，会采用宽松的调控政策，调低市场利率，使得债务性融资的资金成本降低，同样，这也给使股市产生了经济形势的悲观预期，股市行情低迷，权益性融资取得变得不足或困难。政府采用货币政策，可以影响金融机构的信贷资金供应能力，从而间接调控货币供应量；可以调整利率水平和利率结构，影响社会资金供求状况，进而影响企业融资成本；可以通过汇率变动影响国际间资金流动等，这些最终都会对公司融资产生影响。此外，国家对社保基金、证券投资基金、非银行金融机构的保险公司资金、外资资金等机构资金进入资本市场的许可，对资本市场的资金供给形成了强有力的支撑，从而缓解了资本市场资金的供求状况，进而影响公司融资。

（四）法律环境的影响

法律制度及其落实对于金融市场的重要性基本上得到公认（La Porta et al，1997；Bhattacharya & Daouk，2005）。美国的法律禁止商业银行持有企业股票与从事股票买卖，商业银行只能经营短期贷款，不能经营长期贷款，这促使企业只能依靠证券市场来直接融通所需的外部长期资本。而德国的法律没有类似的规定，所以德国的银行能够参与所有与提供货币和资本有关的活动，包括发放各种期限的贷款，发行债券，参与货币、股票及各种有价证券的交易等，这使得企业主要依靠银行系统而不是证券市场来融通外部长期资本。在我国，《商业银行法》对商业银行贷款应遵守的资产负债比管理做出了具体的规定，这些规定虽然为减低银行风险构筑了防火墙，客观上却提高了其发放贷款和企业向银行借款的门槛。我国国务院发布的《中国证券监督管理委员会第 4 号》——《证券交易所管理办法》，从外部监管的角度加强对证券交易所的管理，保障了投资者的利益和企业融资顺利有序地进行。

1958 年，Modigliani 和 Miller 开创性地提出了 MM 理论，即在考虑税收的情况下，如果企业单一进行负债融资，企业价值将达到最大，这一结论虽没有现实意义，但却揭示出所得税法对企业融资的巨大影响。La Porta 等（1997）认为，在投资者法律保护较好的国家里，公司的收益不容易为内部人所侵占，而会更多地作为利息和股利回报给外部投资者，外部投资者因此愿意为金融资产支付更高的价格，使公司可以以较低的资本成本筹集资金，从而有利于公司从外部融资，也有利于金融市场的发展。Demirguc Kunt 和 Manksimovic（1998）也指出，好的法律和金融体系一方面能够有效地监督内部人，另一方面可以确保外部投资者对公司信息的获取，使得公司更容易通过筹集外部长期资金来实现理想的增长。Hail 和 Leuz（2003）则把投资者法律保护的思想和先前关于信息披露的讨论结合起来，研究了 40 个国家的法律机构和证券管制对权益资本成本的影响，他们的检验结果表明，在控制了传统的风险因素和宏观经济的因素之后，不同国家在法律制度和证券管制上的差异与权益资本成本的差异之间存在系统性关系，投资者法律保护较好的国家里，公司权益资本成本较低。Himmelberg，Hubbard 和 Love（2002），Hail 和 Leuz（2003），沈艺峰等（2005）已经证明在投资者法律保护较弱的情况下，内部人承担了更高的可分散风险，也因此提高了公司权益资本成本；相反，内部人可以通过减少持股充分地分散风险，公司权益资本成本也随之而降低。Beck，Demirgüç-Kunt 和 Maksimovic（2005）研究表明，廉洁的政府、高效的法律和司法体系、发达的金融体系对于私有企业获得外部融资和扩大投资具有重要作用。

二、融资的契约性安排

（一）公司权益融资的契约性安排

1. 公司发起融资的契约安排

出资时公司发起人的契约义务。在公司设立之初，公司的所有发起人会就公司注册资本的出资比例及出资时间达成协议，该协议规定了发起人的出资责任。发起人既有作为个体承担出资的违约责任，也有作为整体承担资本充实的责任。

2. 公司发行股票的契约安排

投资者对于所发行股票的购买，其实是股票发行方就股票面值及股票发行价格与股票投资者签订的融资协议。此外，我国《证券法》规定，"发行人向不特定对象公开发行的证券，法律、行政法规规定应当由证券公司承销的，发行人应当同证券公司签订承销协议。证券承销业务采取代销或者包销方式。"而且，"向不特定对象公开发行的证券票面总值超过人民币五千万元的，应当由承销团承销。承销团应当由主承销和参与承销的证券公司组成。"其中公开发行的证券包括股票的发行，那么证券发行人与承销商签订的承销协议中协商的代销或包销的承销方式，也是一种权益融资的契约性安排。此外，公司应当同银行签订代收融资款协议，银行要向缴纳股款的认股人出具收款收据，并附有向有关部门出具收款证明的义务。

（二）公司负债融资的契约性安排

涉及契约性融资安排的公司负债融资有商业信用、短期借款、长期借款及租赁等方式。

1. 商业信用融资的契约安排

商业信用融资属于一种短期融资方式，是在公司赊购或是预收购货方款项时产生的，实际上是企业销售商品或提供劳务的过程中，对购货方付款时间和现金折扣所作的具体规定，主要有预收账款和延期付款两种方式。

预收账款，是指公司在销售商品时，要求购货方在销货方发出货物或接受劳务之前先行付款的情形，此时，销货公司可以获得暂时的资金来源。延期付款是指，公司在生产经营过程中，因为存在赊购，即允许购货方在交易发生后一定时期内按发票金额付款的情形。比如甲公司和乙公司签署了一项赊购协议，但是甲公司在乙公司交付所购商品或提供劳务之后（符合收入确认条件），甲公司没有立即支付账款，乙公司应收账款的信用政策（2/10，1/20，n/30），那么，实际上等于甲公司按照契约，可以获得最多30天的免息负债融资。或者甲公司在收到所购商品或提供劳务之后（符合收入确认条件），给乙公司支付了一张应付票据，这张应付票据本身就代表了一种信用融资。

2. 短期借款融资的契约安排

公司在向银行进行短期借款时，一般会签订借款协议，而且按照国际惯例，借款协议中会涉及一些信用条件，比如信贷额度、周转信贷协定、补偿性余额、借款抵押、偿还条件及以实际交易为借款条件等。信贷额度规定了公司短期借款的最高额度；周转信贷协定则规定了在协定的有效期内，银行必须在任何时候借予公司不超过某一最高限额的借款，当然公司要对此期间未超过限额的部分支付给银行一笔承诺费用；补偿性余额，是指公司应借款银行的要求，在银行中保持按借款限额或实际借款额的一定百分比计算的最低存款余额，这实际提高了公司借款的利息率；借款抵押，是指企业以办公楼、厂房等作为抵押品向银行借款，如果不能按期偿还借款，银行可以抵押品拍卖所得来偿还；偿还条件，是指公司在借款时，就款项的偿还期限、利息的支付方式及逾期不能偿还借款的处理等与银行达成的协议；以实际交易为贷款条件，是指公司在发生经营性临时资金需求时，以将要发生的实际交易为基础向银行提出的借款。此外，应收票据的贴现、应收账款和存货质押等也是一种短期借款融资的契约安排。

公司短期借款的契约性安排，给公司短期内的资金需求带来了融通的便利，也带来了资金成本高、短期内需要偿还等融资的风险。

3. 长期负债融资的契约安排

（1）长期借款融资的契约安排

长期借款是指公司向金融机构的借款，公司和金融机构签订的借款合同实际是规定借贷各方权利和义务的契约。该契约内容分为基本条款和限制条款，而限制条款又包括一般性限制条款、例行性限制条款和特殊性限制条款。基本条款是就借款种类、用途、金额、利率、期限、还款资金来源及还款方式、保证条款及违约责任等做出的限定；一般性限制条款通常包括对公司流动资金保持量的规定、对公司支付现金股利的限制、对公司资本性资本支出规模的限制及对公司借入其他长期债务的限制等；例行性限制条款一般包括公司要及时偿付到期债务、禁止公司贴现应收票据或转让应收账款、禁止公司以资产做其他承诺的担保或抵押及定期向贷款机构报送财务报表等；特殊性限制条款，如贷款专款专用、要求公司主要管理高层在合同有效期内担任领导职务及购买人身保险等。

（2）租赁融资的契约安排

租赁，是指在约定的期间内，出租人将资产使用权让与承租人，以获取租金的协议。该协议是租赁的双方就租赁的标的物、租赁期限、租金及其支付方式、租赁资产期满的处置、租赁资产的维修保养及其他或有事项等达成的协定。租赁作为人类古老的经济行为之一，就其性质而言，应属于信用范畴。租赁是一种融资与融物为一体的融资方式，承租人是融资方，出租人是资金贷出方。租赁可以分为融资租赁和经营租赁，如果该项租赁实质上转移了与资产所有权有关的全部风险和报酬，即为融资租赁；除融资租赁以外的其他租赁就是经营租赁。经营租赁是一种表外融资，而融资租赁是一种表内融资。融资租赁中承租人支付的款项中大于租赁开始日租赁资产公允价值与最低租赁付款额的现值较低的部分，视为承租人融资所承担的代价。

（3）发行债券融资的契约安排

债券票面面值、票面利率、债券的期限、债券的还本付息及发行价格本身就是债券发行人与债券购买人之间所认可的一项协议。此外，我国《证券法》规定，"发行人向不特定对象公开发行的证券，法律、行政法规规定应当由证券公司承销的，发行人应当同证券公司签订承销协议。证券承销业务采取代销或者包销方式。"而且，"向不特定对象公开发行的证券票面总值超过人民币五千万元的，应当由承销团承销。承销团应当由主承销和参与承销的证券公司组成。"其中公开发行的证券包括债券的发行，那么证券发行人与承销商签订的承销协议中协商的代销或包销的承销方式，也是一种负债融资的契约性安排。

三、融资的法律法规规制分析

（一）公司融资场所的法律强制

资本市场是所有一年以上的资金融通和投资形成的场所，包括股权融资、长期信贷融资、债券融资；也包括非证券融资和企业直接产权市场等（曹凤岐，2002）。各国对于资本市场的建立和监管都是离不开政府和法律的强制。美国建立了主板市场、纳斯达克市场（创业板市场）、三板市场（柜台公告板市场 OTCBB 和粉单市场）、区域性交易所及私募股票交易市场五个层次构成的金字塔结构的多层次资本市场体系；英国建立了主板市场（全国性集中市场）、全国性的创业板市场、全国性的三板市场、区域性交易市场四个层次构成的多层次资本市场体系；我国建立了由沪深主板、中小企业板、创业板和代办股份转让系统构成的四个层次的资本市场体系。

（二）公司融资条件的法律规定

公司融资资格的法律规定体现在两个时段上，一是公司设立时，另一个是公司需要在公开资本市场上融资时。我国《公司法》第 79 条："设立股份有限公司，应当有二人以上二百人以下为发起人，其中须有半数以上的发起人在中国境内有住所。"这实际上限定了股份有限公司作为融资主体进行设立融资时，必须要满足的条件制约。每个国家对进入公开资本市场进行融资的公司都进行了准入限制。一般地，多层次的资本市场执行的多层次的上市标准，实际上就是对资本市场上公开融资的公司形成的市场化筛选机制。如我国《证券法》第 10 条就规定："公开发行证券，必须符合法律、行政法规规定的条件，并依法报经国务院证券监督管理机构或者国务院授权的部门核准；未经依法核准，任何单位和个人不得公开发行证券。"第 13 条："公司公开发行新股，应当符合下列条件：具备健全且运行良好的组织机构；具有持续盈利能力，财务状况良好；最近三年财务会计文件无虚假记载，无其他重大违法行为；经国务院批准的国务院证券监督管理机构规定的其他条件。"对于公司以发行公司债券的方式融资，也有类似的准入规定。

（三）公司融资程序的法律规定

公司在公开市场上融资时，必须向证券监管机构提出申请，并报送证券监管机构要求的各项文件；申请批准后，要按监管机构的规定预先披露有关申请文件，并公告公开发行募集文件等。我国《证券法》第 28、32 条还特别规定"发行人向不特定对象公开发行的证券，法律、行政法规规定应当由证券公司承销的，发行人应当同证券公司签订承销协议。证券承销业务采取代销或者包销方式"。"向不特定对象公开发行的证券票面总值超过人民币五千万元的，应当由承销团承销。承销团应当由主承销和参与承销的证券公司组成"。并在第 33 条进一步对代销和包销的期限进行了"最长不得超过九十日"的限定。

（四）公司融资对象的法律规定

我国《公司法》规定在发起设立股份有限公司时，应由发起人认购公司应发行的全部股份；而采用募集设立股份有限公司时，可由发起人认购公司应发行股份的一部分，其余股份向社会公开募集或者向特定对象募集，这是对股份有限公司设立时的融资对象进行了限定。我国《证券法》在认定公开发行证券的情形时，就包括了"向不特定对象发行证券"或"向累计超过二百人的特定对象发行证券"。我国《证券法》第 33 条"……证券公司在代销、包销期内，对所代销、包销的证券应当保证先行出售给认购人，证券公司不得为本公司预留所代销的证券和预先购入并留存所包销的证券"。我国《公司法》也明确指出，在发起人缴足出资额前，不得向他人募集资金。这些法律规定明确地对公司融资的对象进行限定。

（五）公司融资额度的法律规定

在设立公司时，针对公司的不同类型及不同的行业，其设立融资额度也会有所不同，不仅如此，相关法规也对货币资本的出资额度进行了规范。我国《公司法》规定，设立有限责任公司注册资本的最低限额为 3 万元；股份有限责任公司的为 500 万元；法律、行政法规对公司注册资本的最低限额有较高规定的，从其规定。两类公司全体股东的首次出资额不得低于注册资本的 20%，也不得低于法定的注册资本的最低限额，其余部分必须在两年内缴足，其中投资公司可以在 5 年内缴足，在缴足前，不得向他人募集股份。全体股东货币资金的出资额度不得低于注册资本的 30%，以募集设立方式设立股份有限公司的，发起人认购的股份不得少于公司股份总数的 35%。一人有限责任公司注册资本最低限额 10 万元，且股东应当一次缴足出资额。但是，在中国注册公司除了符合《公司法》关于最低注册资金的要求，还要符合行业法规的规定，比如管理咨询类公司 3 万，专利事务所 30 万等。此外，中国各省市对于公司注册资金可能还有特别的要求。

公司公开发行股票或债券时，相关的法规对于其融资额度也进行了规定。我国《证券法》规定，股份有限公司在公开市场上股票融资的额度，必须要满足"公司股本总额不少于人民币三千万元，拟融资的额度为公司股份总数的百分之二十五以上乘以股票发行价格；如公司股本总额超过四亿元，拟融资的额度为公司股份总数的百分之十以上乘以股票发行价格"，《公司法》规定"股票发行价格可以按等于和高于票面金额，但不得低于票面金额"，且如溢价发行股票，发行价格由融资公司与承销商协商确定；如公司发行公司债券，除满足累计债券余额不得超过公司净资产的40％以外，实际发行额应不少于五千万元，债券利率不得超过国务院限定的利率水平，期限为一年以上。

（六）公司融资渠道及方式的法律规定

每个国家资本市场的建立、运行和监管都离不开政府和法律的强制，同样地，资本市场上可采用的融资渠道和融资方式也会不同。即便是同样的融资渠道，具体包括的范围却存在千差万别；同样的融资方式，由于法律法规的不同，其具体运作要求、流程和造成的结果也相差甚远。

我国公司融资中民间资金来源渠道的比重较小，而英美国家公司融资中来源于民间资金渠道的比重占有却很大，这与国家间对此的法律规范具有重大关系。我国的《合同法》《最高人民法院关于人民法院审理借贷案件的若干意见》《最高人民法院关于如何确认公民与企业之间借贷行为效力问题的批复》《关于取缔地下钱庄及打击高利贷行为的通知》《关于取缔非法金融机构和非法金融业务活动中有关问题的通知》《关于进一步打击非法集资等活动的通知》及《刑法》等，均未对民间借贷、非法集资及非法吸收公众存款的定义、借贷对象的特定和不特定等做出详细的规范，这造成了我国民间融资日渐成为中小企业融资的重要渠道，并出现了越来越多民间借贷个人或机构因"非法集资"被判刑的奇怪现象。

对于融资的方式，因资本市场运行和监管等配套制度的完善程度不同，各国在法律上允许的融资方式存在很大差异。早在1975年经美国证券交易管理委员会注册登记的公开发行的债券就有87种之多；香港资本市场在债券、票据和存款证的基础上，衍生出了变息工具、浮息工具、信用卡应收债券及可换投股债券等多种形式。我国资本市场不发达，配套的法律法规很不完善，法律法规许可的融资方式比起资本市场发达的国家或地区要少很多。作为融资方式的"知识产权质押融资"，也只是在2009年初由国家知识产权总局首次正式确定了北京市海淀区、吉林省长春市、湖南省湘潭市、广东省佛山市南海区、宁夏回族自治区和江西省南昌市等几个试点。

四、与融资有关的法律责任

针对公司融资中出现的各种违反契约、不符合规定和违法的事项，各国都根据不同的情况给予不同程度的法律规制。美国的资本市场准入采用的是"注册制"，它要求拟公开融资的公司按要求提供各种真实、完整的信息，如果提供资料不完整、准确将承担法律责任。我国目前资本市场的准入采用"核准制"，公司融资过程中一旦不符合或违反相关规定，也应承担相应的经济和法律后果。我国《证券法》第15条规定，如果股票发行失败，则融资公司应当按照发行价并加算银行同期存款利息返还股票认购人。《证券法》第26条也指出，已通过核准，但发现融资公司不符合法定条件或者法定程序，应当予以撤销，停止发行；已经发行尚未上市的，撤销发行核准决定，发行人应当按照发行价并加算银行同期存款利息返还证券持有人；保荐人应当与发行人承担连带责任，但是能够证明自己没有过错的除外；发行人的控股股东、实际控制人有过错的，应当与发行人承担连带责任。《证券法》第188、189、193、194及195条，针对公司融资中的违法事项，给予了退还资金、改正、警告及金额不等的罚款处理。针对本次融资活动中存在的某些情形，《证券法》规定不得再次公开发行公司证券融资。

第二节　投资制度规制分析

投资是公司理财目标得以实现不可或缺的经济活动，可分为实物资产投资和金融资产投资。公司投资存在融资约束，资本市场中的投融资是两个相对应的经济事项，因此，上述制约融资的法律法规及契约安排也会对公司金融资产投资产生影响。据此，本节所讨论的重点是公司实物资产投资下的制度规制分析，公司实物资产投资也称产业投资，主要指固定资产投资、知识产权等无形资产的投资、长期股权投资、企业兼并、重组破产等事项；以及期货、期指等投资的制度规制问题。

一、制度环境对公司投资的影响

廉洁的政府、高效的法律和司法体系、发达的金融体系对于私有企业获得外部融资和扩大投资具有重要作用（Claessens & Laeven，2003；Beck，

Demirgüc-Kunt & Maksimovic，2005）。一个国家政治的稳定、金融市场的完善、税收政策、政府干预等政治经济制度环境都会对公司投资决策产生重要的影响。

（一）投资体制对企业投资的影响

投资体制是经济体制的重要内容，是指领导、组织和管理社会投资活动的基本制度、主要方式和方法。其内容包括投资主体的确立，投资决策制度的选择，投资利益关系的处理，投资管理权限和职责的划分，何种投资调控方式的采用，及其如何设置投资管理机构等。投资主体实施投资行为的能力首先就表现在决策能力上，并在投资项目实施过程中按一定的责权利配置来促进或制约投资效率，不同的投资主体具有不同的投资动机，表现出不同的行为特征。政府对投资的宏观调控方式对投资主体的投资行为具有很强的指导和调节作用，必然对投资效率产生影响。我国处于经济转轨时期，投资主体呈现多元化，不仅包括企业和个人投资者，也包括了中央和地方政府。这导致了当前投资体制的变异，表现为政府和企业现实投资者身份的不确定[①]，地方政府投资同时受制于市场和中央政府以及投资决策的行政执行者。

（二）税收制度对企业投资的影响

涉及企业投资的税收政策主要包括：企业所适用的所得税税率，企业所得税法中关于利息、折旧、投资抵免的相关规定，还有生产型增值税的固定资产适用的增值税率的相关规定。企业投资最直观的可行性分析标准是投资收益要大于资本成本，而税收政策可以影响企业使用资产的成本，进而影响企业的投资策略。Jorgenson 和 Hall（1967）的研究表明：1954 年采用的加速折旧政策使得制造业设备类和建筑类固定资产的净投资分别增加了 1 倍以上，1962 年降低机器和设备的折旧年限，使制造业和非制造业的净投资分别增加了 28% 和 55%，而投资抵免则更使得制造业和非制造业的净投资分别增加了 79% 和 150%。马拴友（2001）的研究结果表明，税收优惠对非国有经济的固定资产投资起到了促进作用，但是对国有企业的效果并不明显；杨欣等（2004）认为，税收收入的增长对投资具有负面影响；何源等（2006）的研究表明，当财政补贴小于长期负债时，财政补贴能够抑制公司的过度投资

[①] 来源于何大安的《投资运行机理分析》，其表现为：在体制转轨期间，地方政府的投资不仅受中央投资制度安排的规定，而且又受到市场投资制度安排的影响。他们愿意为企业提供投资便利，从中获得投资利润。机构投资者即企业的投资行为客观上受到行政权利的诸多制约，为了自身利益，他们通过各种非法或合法的途径，使自身从单纯的民营或私营企业转变为贴着政府的标签而大部分产权属于民营或私营的企业。

行为，但投资不足的趋势会增强，而减税能够抑制公司投资不足；当财政补贴大于长期负债时，财政补贴和减税都能减少公司的投资不足。此外，魏后凯等（2001）、徐康宁等（2002）、李宗卉等（2004）均认为，税收优惠政策是外资企业投资区位选择的重要因素；但是优惠政策对于外资流入的影响力度正在随着时间的推移而递减（潘镇，2004）。

（三）政府干预

企业投资可以提供更多的工作岗位、更多的税费等，带来当地 GDP 的增长，这些都是政府本身追求的目标。在我国现有的制度环境下，政府为了实现自己的政绩往往对企业投资进行行政干预。饶育蕾等（2006）、程仲鸣等（2008）及汪平等（2009）的研究发现，我国企业普遍存在过度投资行为，国有企业相比非国有企业过度投资更严重，公司第一大股东持股比例与投资现金流敏感性显著负相关；魏明海和柳建华（2007）的研究支持了当前国有上市公司的低现金股利促进过度投资的假说，且公司内部治理结构和外部治理环境的改善会制约国有企业的过度投资行为；方军雄（2008）研究发现地方政府干预的确对企业的并购决策产生了影响；而潘越等（2009）认为在公司投资决策中，社会资本与政治关系起着相互替代的作用，与对外投资和多元化投资是正相关关系。

（三）法律环境

Muelle 和 Yurtoglu（2000）研究发现，法律环境对公司投资绩效有着显著影响。在此基础上，Gugler et al.（2004）进一步研究发现法律起源、公司治理机制、会计准则以及合同执行状况都能部分解释各国投资回报的差异。就中国情况而言，Cull 和 Xu（2005）研究发现，中国各城市之间的企业被侵占、合同执行状况以及获得外部融资的可能性存在差异，而这些因素反过来又对企业投资产生影响。

二、公司投资的契约性安排

除受到外部制度及制度环境的制约外，公司投资的契约性安排存在两种情形，一种被动受制于负债融资契约中与投资有关的事项；一种是公司自主投资过程中形成的契约安排。前者在融资契约部分已有说明，而对于后者，在公司内部与投资有关的人员之间、公司与被投资公司之间也会存在相应的契约安排。

公司在投资之前，首先应对拟投资的各项目进行可行性研究；其次要比较各投资项目，并做出投资决策；最后是投资决策的实施。而公司经营者与投资者之间存在道德风险和逆向选择，为维护投资者的利益，公司投资者与经营者会以公司治理结构的形式对双方的责权利达成一致协议。并且，公司会制定与投资有关的各项企业制度，参与投资及投资管理的具体人员也会遵守之前与公司签订的各项合约，这些都形成了公司投资的契约性安排。

公司作为自主经营，自负盈亏的经济实体，在不违反法律法规的前提下，对谁投资，投资什么行业，投资项目是什么，投资购买什么资产，什么时候投资，什么时候收回投资等都应由公司自己来决策。如果公司投资购买资产，会与销货单位签订购货协议；如果是要投资项目，与项目有关的实物资产的购买、人力资源的招聘等事项也都会签订协议；甚至是并购一家公司，在确定要并购时，也都会与被并购方的所有者就并购的金额、支付方式等签订协议，即使是在资本市场上购买被并购方的股票，也应与股票卖出方就股票的买卖签订合同。

三、公司投资的法律法规制度规制

各国对于公司投资规制方面的法律法规制度很多，如各国基于本国经济安全和保护本国经济的考虑，都会对外商投资所涉及的投资领域或投资份额进行相应规制。在我国，涉及公司投资规制方面的法律法规制度有《证券法》《上市公司收购管理办法》《公司法》《股指期货法律法规》《期货交易管理条例》《关于促进股权投资企业规范发展的通知》以及各种国家产业政策有关的规定和通知等，它们从投资主体资格、投资领域和项目、投资额度等各个方面对公司投资进行了规范。

（一）投资主体资格的法律规制

就一个国家内部来说，企业在成为企业主体资格的投资人之前，一般必须要满足《公司法》或类似法律所规定的各项条件，并须在工商行政管理局或工商行政管理所进行一般市场准入的许可，即工商注册登记。有些特殊的行业，除了需要进行工商行政注册登记之外，还需要特殊的部门来审批，比如我国投资期货公司的主体必须是满足《公司法》的相关规定且得到国务院期货监督管理机构批准的金融机构，且"未经国务院期货监督管理机构批准，任何单位和个人不得委托或者接受他人委托持有或者管理期货公司的股权。"从事期货投资咨询以及为期货公司提供中间介绍等业务的其他期货经营机构，应当取得国务院期货监督管理机构批准的业务资格。即使是进行期货投资，按照《期货交易管理条例》，企业也必须先成为期货交易所的会员，会员分为结算会员和非结算会员，而结算会员的结算资格同样必须得到国务院期货监督管理机构批准。还有些行业，各国政府进行了特殊准入规制，比如德国广播电视系统、电话和电报服务及铁路系统就完全由国家垄断的部门投资运营等。

此外，基于国家经济安全及保护国内企业投资者角度的考量，各国都通过各种形式的规制对进入本国投资的外国企业进行了限制。如德国政府明令限制非欧共体国家的资本介入德国的农业，银行、保险及金融行业的进入也有特殊的限制；菲律宾宪法限制外国投资者只能投资购买一家公司40％第二类股票，一旦超过40％，须经菲律宾投资管理委员会和中央银行备案；美国不允许非美国公民控制或所有的公司制造的船舶进入美国港口中从事货物运输；我国《外商投资产业指导目录（2007年修订）》明确规定了外商被鼓励、限制和禁止投资的产业目录。

对于投资主体资格的规制，实际上也决定了其对于投资行业的规制。

（二）投资额度或份额的法律规制

按照马克思资本价值增值理论，企业为了获得投资收益，必须要先行投出资金。俗话说"有多大能力就干多大的事"，不同的投资项目，所需要的资金量是不同的，为了保证企业的日常运营或投资项目的顺利实施，必须对企业的投资额度进行规制。比如，我国对于一般的有限责任公司首次出资额度要求是不得低于注册资本的20％，且全体股东的货币性资金的出资额度要求不得低于注册资本的30％；我国对于投资期货公司投资额度要求是注册资本最低限额为3000万元，注册资本是实缴资本，货币出资额比例不得低于85％等。但有时，基于控制权变更所带来的重要影响的考量，国家会对企业的投资额度进行规制，如我国《上市公司收购管理办法》规定，投资者及其一致行动人拥有权益的股份达到一个上市公司已发行股份的5％后，其投资比例每增加或减少5％，应当按照相关规定履行报告、公告义务；达到5％～20％、20％～30％以及达到30％之后若打算继续投资，则需分别按不同要求履行报告、公告义务等。此外，国家也会对进入本国的外资企业的投资额度进行规制，如美国规定"从事美国国内商业运输的机构中，外国利益所占的比重不得超过25％"等。

（三）投资行业的法律规制

投资准入分为一般市场准入、特殊市场准入和涉外市场准入，其中，一般市场准入主要是为了将公司纳入政府监督及依法经营的范围；特殊市场准入，是针对自然垄断领域及存在明显信息不完备、不对称行业的准入规制；涉外市场准入，是国家基于经济和国防安全的考量，不可避免地对进入某些行业的外国资本实施的投资准入管制，主要采取明令禁止、投资比例限制、特定经济和社会目标投资审批三种方式。一般市场准入和特殊市场准入针对国内市场主体，其中，一般市场准入主要运用工商登记，特殊市场准入一般采取审批许可制度。由于不同行业的经济和技术特征完全不同，投资准入的机会、范围、时间等都会存在差异，大多数国家特殊投资准入规制大多体现在政府规制的行业法律或产业政策中，如美国的《通讯法》、英国的《电信法》、日本的《电力事业法》、我国的《期货交易管理条例》等。在涉外市场准入规制方面，即使是号称完全自由市场经济的美国，仍保留了 16 种之多的例行行业部门，从投资申报审查、投资准入管理等各个方面对外资资本投资进行规制，其他国家或地区都对外国资本进入本国或本地区投资设置了类似的行业限制。

此外，我国《首次公开发行股票并上市管理办法》中对募集资金运用的规定，"募集资金投资项目的实施，不得产生同业竞争"也间接地对企业投资行业进行了规制。

（四）投资业务的法律规制

工业企业一般都需要进行固定资产及无形资产的投资，而为了适应社会化大生产的要求，企业之间的并购、分立及重组等资本运作投资更是现代企业必不可少的投资方式。而这样一些投资方式，毫无例外地都会引起企业资产结构的大幅度变化，不管投资结果如何，对于企业及利益相关者都意义重大。

1. 固定资产投资的法律规制

企业固定资产投资行为表现为企业提高投资效益目的和遵从宏观调控要求的确定性，以及国家不必要也不可能规范企业每一具体投资行为不确定性的统一。因此，一定条件下，企业追求自身利益最大化进行固定资产投资的自发性会产生盲目性，而导致社会经济结构失衡、规模失控，最终造成企业经济效益的相互转移，社会商品的过剩与短缺并存。为消除或减少企业盲目进行固定资产投资带来的影响，国家应对所有企业的固定资产投资进行规制。我国 2006 年国务院颁布的《国务院关于加快推进产能过剩行业结构调整的通知》和《国务院办公厅转发发展改革委等部门关于加强固定资产投资调控从严控制新开工项目意见的通知》，实际上就是对钢铁工业固定资产投资的规制；日本企业的固定资产投资更是由日本政府一手主导，颁布的与之相关的法律达20多部；美国虽没有专门的固定资产投资法，但其联邦和各州的公司法、证券法、银行法和合同法等法律之中，均对此有完善的规制，另有外针对具体目标制定的《地区再开发法》《人力训练与发展法》等。

2. 无形资产投资的法律规制

21世纪是知识经济的时代，各国及各国公司对于无形资产的投资增长远远高于有形资产，囿于无形资产的多元性，各国首先都对无形资产所包括的内容进行了规定，如美国的 IRC§1.482-4（b）；其次各国对无形资产研发、外购等的投资取得，无形资产的投资转让及其相关的计价，后续计量等各种无形资产投资问题进行了较为全面的法律规制。

无形资产自主研发是突破产业技术瓶颈，形成产业链和高技术产业体系的必由之路。各国颁布的商标法、专利权法等各种知识产权方面的法律法规就是对无形资产投资最好的鼓励。我国对于企业进行自主研发无形资产也是积极鼓励的，我国《企业会计准则》就允许满足条件的研发费用可以资本化，以降低一次性费用化带来的对当期损益的巨大冲击。不仅如此，我国《税法》规定，研发费用允许按实际发生额的150%进行税前扣除，此外，对于高新技术企业给予的各种税收优惠更是体现了国家对于无形资产开发的重视程度。

知识经济时代，各国对于知识产权等无形资产的重视超过了以往任何时期，为了使本国经济、军事等各个领域处于领先地位，从而获得国际竞争中的优势地位，各国对于无形资产投资都进行了各种限制，尤其是高新技术的跨境投资。我国联想集团在收购IBM的PC业务时，就曾遭到了美国政府的阻扰，其原因无非就是其中涉及无形资产的问题。我国对商标、特许经营权等各项无形资产的投资使用也进行了规范，我国《商业特许经营管理办法》对于特许经营权的投资方应当具备的条件、所具有的权利和义务，特许经营权的投资合同内容，特权经营权的投资年限，外商进行特许经营权投资等均进行了详细规范；而且《商业特许经营备案管理办法》中要求商业特许权投资在商务部设立的商业特许经营信息管理系统进行全国联网备案，并对备案内容进行了规范。

3. 公司并购投资的法律规制

2008至2011年，全球每年30亿以上的并购交易总额均达到1.88万亿人民币。我国虽因金融危机出现了前所未有的股市大暴跌，但公司并购却高潮迭起，2009年，实施的国际并购交易额就达到了1833.54亿元；2010年，

2129 家上市公司中完成企业合并的有 450 家，占比为 21.14％。在市场竞争的压力下，并购可以使企业突破行业壁垒，在短期内迅速扩大规模，实现多元化经营，获得经营管理及财务上的协同效应，进而扩大市场占有率，增强企业竞争能力。但是，并购可能会给企业自身带来巨大的财务风险、政治风险、法律风险及其他整合风险；并购也可能引起行业垄断，破坏市场的公平竞争，引起社会福利的损失，跨国并购所带来的经济政治问题更复杂。因此，企业并购的法律规制是各国政府经济规制的重要内容。

（1）并购协议及程序的规制

大多国家的公司法都对公司并购协议的形式、内容及并购程序进行了规制，如《韩国商法典》分别对吸收合并和新设合并的合同内容进行了规定。公司并购程序一般包括董事会拟定合并计划、股东大会通过合并方案、签订合并协议、处理债权债务及办理公司变更或注销登记 5 个步骤。我国《公司法》对于股东大会通过合并方案规定，"必须经出席会议的股东所持表决权的三分之二以上通过"；《中华人民共和国公司登记管理条例》规定了办理公司变更或注销登记的程序等。

（2）并购公司利益相关者权利义务的法律规制

并购不仅是两家公司所有权结构的变化，更是两家公司利益相关者利益的博弈和平衡。①股东权利的法律规制。股东享有了解合并相关信息的知情权，并购异议时的股份回购请求权及公司合并无效之诉。如《韩国商法典》规定，董事会应将合并协议的要点予以通知和公告，合并协议及相关公司的财务报表等备置于总公司，以便股东进行合并协议的表决；我国《公司法》规定，如果股东对公司合并存在异议，则可按照一定的程序向公司提出股份回购请求，如果股东与公司不能就回购事项达成一致，还可自行向人民法院提起诉讼；《日本商法典》和《韩国商法典》都规定，合并企业各方利益相关者如认为合并使其合法权益受损，则可向法院提起诉讼，行使其合并无效之诉。②债权人权利的法律规制。公司并购中不可避免地涉及公司债权人的交叉、公司财产的合并、并购对价的支付等可能引起作为偿债保障的公司财产的变化，进而影响债权人的利益实现。因此，在企业并购中应对债权人权利予以保证。除了公司合并无效之诉的权利之外，公司法还规定债权人享有被告知和异议申诉的权利。债权人被告知权利，是指合并公司有义务告知债权人合并事宜及其享有的权利，我国《公司法》《法国商事公司法》《日本商法典》以及《韩国商法典》等都规定了债权人被告知和异议申诉的权利。③并购企业职工权利的法律规制。我国《公司法》明确规定公司必须保护职工的合法权益，但是公司并购必然会引起职工劳动关系变更、职工债权实现等一系列问题。各国的公司法、民法及劳动法等法律规定对此均有涉及，《法国劳动法典》《联邦德国企业组织法》、我国《公司法》等均规定，职工享有合并的知悉权和建议权；《意大利民法典》规定了企业转让时，劳动者劳动关系持续存在和享有原有权利的权利，而《贯彻执行〈中华人民共和国劳动法〉若干问题的意见》则赋予劳动者在平等自愿、协商一致的基础上变更、解除或重新签订劳动合同的权利；我国《公司法》规定，"企业合并时，合并各方的债权债务，应当由合并后存续的公司或新设公司继承"，这其中当然包括了职工的债权。

（3）反垄断的法律规制

预防市场垄断的重要手段就是控制企业并购，反垄断是政府微观干预的主要内容之一。德国的《反对限制竞争法》规定，在企业实施并购前需要进行合并申报，并且对申报的内容进行了规定；而反垄断机构要对此进行初步审查和实质性审查，并就此做出批准或禁止合并的程序。我国的《反垄断法》、欧盟的《企业合并条例》、日本的《关于审查公司合并等事务处理基准》、美国的《横向合并指南》及各州的公司法对公司合并的程序和法律效果做出了规定。但是，德国《反对限制竞争法》也规定，如存在合并对整体经济产生的利益可以弥补对竞争限制，或者合并符合重大社会公益，并且合并也未危及市场经济秩序，联邦部长可以批准这些被反垄断执行机构禁止的企业合并；日本和美国的"破产企业原则"与此类似。对于涉及外资的并购，美国的《联邦航空法》《通讯法》及《综合贸易及竞争法》等各项产业控制法对外国投资者涉及并购的行业及比例进行了限制，其他国家都有类似的限制。

4. 公司分立的法律规制

公司分立的申请、披露及程序等方面的规定与公司并购是一致的。我国并未就公司分立单独立法，而是与公司合并一并规范，美国也未就就此单独规范。但是，德国、法国等欧陆法系国家对此进行了单独立法。公司分立是对公司组织进行更生再造的重要方式，其方式和过程复杂多样，且分立效果对分立公司、股东和原债权人权益影响甚大。法国、韩国和日本等认为公司分立是一项重要的法律行为，《法国商事法》《日本商法典》和《韩国商法典》均对此进行了规范。（1）对公司分立方式的规范。德国公司改组法主要分为吸收分立和新设分立；欧盟公司法分为取得分立、混合分立和新设分立，存续分立和消灭分立，依比例分立和非依比例分立三大类等。（2）债权人利益保护的法律规制。公司分立对利益相关者中债权人的利益影响最大，各国商法和公司法规定，公司分割前所负债务于分立后的所有公司承担"连带责任"。欧盟及德国均明文规定，承受公司或新设公司应于公司分立生效日起5年内，或以其所继受的净资产为限，与被分割公司承担连带清偿责任；我国《公司法》也规定，"公司分立前的债务由分离后的公司承担连带责任。但是，公司分立前与债权人就债务清偿达成的书面协议另有约定的除外。"

因为公司投资业务会引起公司资产、负债、权益、收入、费用等会计要素的变化，在公司投资的取得，后续计量直至处置的过程中，均会受到各国企业会计准则或公认会计原则的规制。

四、公司投资的法律责任

不管是公司投资的契约安排，还是公司投资的法律规制，如果不能依法履约和依法投资经营，都将承担法律责任。

（一）投资准入的法律责任

1. 一般投资准入的法律责任

一般投资准入是指按照我国《公司法》或《法国商事法》或《韩国商法典》等法律法规进行工商登记、设立公司的相关规定。一般投资准入的法律责任包含两方面的含义：一是未完全按照规定实施；二是不打算取得一般投资准入资格。如果在投资设立公司的过程中，违反相关规定，会承担相应的法律责任。如我国《公司法》规定，"公司的发起人、股东虚假出资，未交付或者未按期交付作为出资的货币或者非货币财产的，由公司登记机关责令改正，处以虚假出资金额百分之五以上百分之十五以下的罚款；公司成立后，抽逃其出资的，由公司登记机关责令改正，处以所抽逃出资金额百分之五以上百分之十五以下的罚款。"如果是未依法登记或是冒用有限责任公司或者股份有限公司名义，则由公司登记机关责令改正或者予以取缔，可以并处十万元以下的罚款。

2. 特殊投资准入的法律责任

自然垄断和信息不完备的行业，国家会采取审批许可的方式进行特殊准入规制，如果违反规定，将会予以取缔并罚款。如我国《证券法》就规定，"设立证券公司，必须经国务院证券监督管理机构审查批准。未经国务院证券监督管理机构批准，任何单位和个人不得经营证券业务。"如果"非法开设证券交易场所的，由县级以上人民政府予以取缔，没收违法所得，并处以违法所得一倍以上五倍以下的罚款；没有违法所得或者违法所得不足十万元的，处以十万元以上五十万元以下的罚款。对直接负责的主管人员和其他直接责任人员给予警告，并处以三万元以上三十万元以下的罚款"。且"未经批准，擅自设立证券公司或者非法经营证券业务的，由证券监督管理机构予以取缔，没收违法所得，并处以违法所得一倍以上五倍以下的罚款；没有违法所得或者违法所得不足三十万元的，处以三十万元以上六十万元以下的罚款。对直接负责的主管人员和其他直接责任人员给予警告，并处以三万元以上三十万元以下的罚款"。

3. 涉外投资准入的法律责任

涉外投资准入，不仅涉及外国公司在境内设立分支机构，而且包括外国资本对本国的各项投资。我国《公司法》规定："外国公司违反本法规定，擅自在中国境内设立分支机构的，由公司登记机关责令改正或者关闭，可以并处五万元以上二十万元以下的罚款。"美国对于在其沿海和内河经营航运业务的投资准入规定，外国公司拥有的美国船公司的股份不得超过 25％，否则就取消该船公司沿海及内河的航运权；如果美国船公司未经批准而将其已注册的船舶出售给外国公司，则属于违法行为，将受到法律追究；其他如航空、通讯、原子能及金融行业均有严格限制，违反规定都将受到严厉的处罚。

（二）投资业务的法律责任

企业会计准则对公司投资业务的取得，后续计量至处置的会计处理进行了全面详细的规范，一旦违反，按照企业会计准则的规定，公司须在其会计报表附注中予以披露说明，并视其违反的性质和重要程度，或进行追溯调整，或重述调整，或采用未来适用法等。与上述投资业务法规规制相对应，也可以根据国家的各项产业政策和行业法规据以界定其违法责任。如我国《公司法》规定："公司在合并、分立、减少注册资本或者进行清算时，不依照本法规定通知或者公告债权人的，由公司登记机关责令改正，对公司处以一万元以上十万元以下的罚款。"德国的反垄断机构可依据《行政执行法》，强迫应申报而未依法进行合并申报的企业进行申报，如果申报不实，或申报不全面，或申报不及时，可以被处以最高额为 100 万德国马克的罚金；应申报而未经申报和审批的合并，即使已经实施了的合并，法律上也是无效的。欧盟委员会也可以命令已经实施而又被宣布与共同市场相抵触的合并方进行资产分离，以及/或者停止共同控制，还可以处以每日 10 万欧元的罚款，直至完成资产分离，以及/或者终止共同控制之日。对于商标权、专利权及专门技术等无形资产使用中出现的各种违法行为，依照我国《商标法》《商标法实施条例》

《专利权法》《商业特许经营管理办法》以及《商业特许经营备案管理办法》等承担相应的违法责任，如《商标法》规定如果存在侵犯注册商标专用权的行为，引起纠纷的但不愿协商或协商不成的，可以向人民法院起诉或请求工商行政管理部门处理，可以责令停止侵权行为，没收、销毁侵权商品和专门用于制造侵权商品、伪造注册商标标识的工具，并处以罚款；如果侵权人不起诉又不履行，可以申请人民法院强制执行。

第三节　公司营运资金制度规制分析

公司资本营运的核心就是降低生产经营活动中的各项成本（如成本管理/成本控制），提高资产运营效率，传统上更多地体现为公司对应收账款、存货及现金持有量的管理，公司的资本营运离不开所处的特定制度环境。

一、制度环境对营运资金的影响

公司应收账款、存货及现金持有量的管理政策和管理效果，在很大程度上取决于市场化水平的高低。市场化水平高，公司会根据市场需求及时调整自己的存货供应，应收账款的周转会加快，资金回笼就快，资金占用减少，对于现金持有量产生直接影响。曾庆生等（2006）研究表明，市场化水平越高的地区，公司受政府干预越少，雇员规模越小；而且，当上市公司管理层面临较严格的市场和法律约束时，其管理专业主义、雇员效率和总要素生产率越高（Fan等，2009）。刘凤委等（2007）也认为，转轨经济环境下不同地区间市场化发育水平对企业交易方式存在影响。不管是雇员效率、总要素生产率，还是企业交易方式，无不对企业存货及应收账款的管理产生重要影响，而如果存货和应收账款周转加快，无疑会减少公司资金的占用，从而对现金持有量产生直接的影响。市场化水平受到政府与市场的关系、非国有经济的发展、产品市场的发育程度、要素市场的发育程度、市场中介组织的发育和法律制度环境等方面的综合影响，它的提高依赖于国家整体制度水平的提高和制度环境的改善。其中，政府及其官员对于企业资本营运的影响也不可小觑。Frye和Shleifer（1997）、Shleifer和Vishny（1998）、Pearson（1997）等研究证明，私有企业常常受到政府官员的随意侵害，"乱摊派、乱收费"或者向私有企业索取贿赂等，甚至随意终止其生产活动。由于产品和信用市场不发达，支持市场发展的制度欠缺，政府常常对经济资源的配置实施很强的控制，导致私有企业不能够完全依赖于市场来获得经济资源（McMillan，1997）。但是，集体企业内的政府控制能够帮助企业维持较低的生产采购成本，却伴随着较高的管理费用和财务费用（杨治等，2009）。而且，地方政府控制的企业雇用人数和劳动力成本显著高于非政府控制企业和中央控制企业，政府层级越低，其控制下的国有企业雇员越多、劳动力成本越高，而上市公司所处地区的市场化程度改善有助于减轻这一负面影响（吕伟，2006）。

二、营运资金的契约性安排

每家公司都应该根据市场化水平的变化，自身及竞争者状况，供应商和客户的具体情况来制定相应的政策；不同的公司，同一公司的不同时期，都应该随着条件的改变来制定相应的赊销政策、应收账款政策及现金持有量最佳水平。实际上，公司资本营运更多地体现为公司各利益相关者之间的契约安排。

（一）应收账款管理的契约安排

为了在竞争中扩大市场份额，越来越多的企业利用赊销政策来扩大公司产品的销量，借以提高市场竞争力、增加企业利润。赊销是公司应收账款发生最直接的原因，在特定的市场环境下，按照公司内部各项相关制度的要求，针对赊销顾客的不同信用资信水平，公司制定不同的应收账款信用政策。赊销是一种延期支付货款的销售方式，购销双方需要就此签订合同；赊销能够发生是基于购货方应该和能够在未来支付货款，这是一种信用，一种书面或口头协定；购货方赊购商品也是以同意销货方应收账款信用政策为前提的，也是一种双方认定的协议；一旦赊销行为完成，购销双方既是供应商和客户的关系，也是一种债权债务关系；当公司收回应收账款，双方的债权债务关系终止。应收账款从其发生到其收回的整个过程，就是一系列契约安排的结果。

（二）存货管理的契约安排

存货是企业最重要的流动资产，购买存货需占用资金，购进存货进行质量和数量的检验，不同存货的存放需要不同的仓储管理，存货从购进至销售的整个过程都可能存在自然损耗，且其可变现净值随市场行情不断变化。相对于应收账款的管理，存货的管理更为复杂。根据市场景气程度和企业历史资料，企业可以进行存货需求量和销售量的年度预算，以此确定企业存货的年度需求量。存货管理的整个过程，是一个权衡成本费用孰低的过程，是在企业内部制度规范及其他一系列契约安排下进行的管理。在存货需求量的预算已知的前提下，采购部门在权衡购货次数、购货数量折扣、购货费用、资金占用、仓储费用及订货和到货的时间差等问题的基础上，向销货方进行请购，之后就购货数量、单价、运费支付等签订购货合同；在途物资可能发生保险等费用，保单就是契约；存货入库前的检验，如发生销货方责任的数量和质量问题，则需与销货方按协议进行沟通；入库保管，需要就存货种类、数量和质量与仓库保管员达成一致协议；存货出库，仓库保管员需与存货领用人员就存货种类、数量和质量达成一致协议……直至存货变成待销售的商品最后对外销售为止。在企业内部制度的规范和一系列契约的约束下，存货完成了其流转的每一个环节。

（三）现金持有量管理的契约安排

现金持有量的管理，必须是考虑金融资产的变现能力、应收账款及存货等流动资产的运转速度、融资来源及结构、投资机会等所进行的综合管理。此外，出于公司管理层自身利益的考量，充足的现金持有使得资本市场、投资者和债权人对其的监督更为困难，为其追求自己的目标提供了便利。Jensen 和 Meckling（1976）所提出的公司自由现金流量与管理层操控代理成本，就解释了公司现金持有量管理与管理层行为动机之间的关系。所以，现金持有量的管理，应该更多地关注公司内部各利益相关者之间责权利的制衡，特别是对公司大股东、高层管理人员等公司控制权掌握者责权利的制衡。公司所有者与经营者之间委托代理关系的确定是一种契约安排，这种契约安排体现为公司治理结构。公司治理结构中契约安排的改变，会引起公司现金持有量的变化，管理层持股、股权集中度、董事会特征、债权人、机构投资者持股等的变化都对公司现金持有量的影响已为国内外的学者们研究证实。而且，现金持有量的管理也与公司采取的筹资政策有关，积极、稳健或适中的融资政策下，最佳现金持有量是不同的。在融资环境既定的前提下，公司融资政策的制定取决于公司管理高层的决策。

三、营运资金相关的法律分析

在进行资产运营的过程中，公司必须依照《企业会计准则》及其相关规定，对公司应收账款、存货及现金等资产的增加、减少、减值准备、冲销、毁损等及时做出记录，对存货的流转做出反映，还要采取实地盘点的方式进行财产清查，尤其是现金的管理，以保证账实相符。此外，公司资产运营更多地体现为一系列契约安排。公司是一个自主经营，自负盈亏的独立经济实体，其资产运营方式的选择是自主经营的体现，资产运营效果则应由公司自负。从这个意义上说，法律法规不应该直接干涉公司的资产运营，只是资产运营中契约安排的制定需要遵循《企业内部控制基本规范》及配套指引和《企业财务通则》等法律法规的指引和规范，契约安排的执行也离不开法律法规的保证，如赊销的发生需要得到公司内部制度的规范，而公司内部制度的制定是公司按照《企业内部控制基本规范》及配套指引和《企业财务通则》的要求，结合公司自身的情况来制定的；一旦赊销形成的应收账款由于购货方的恶意拖欠，超过信用期限不能收回，公司就会考虑付诸法律，通过法律途径来追回欠款。

第四节　利润分配制度规制分析

通过利润分配实现投资者的投资目标，是公司利润分配的最基本功能，也是股东依法享有收益权的直接体现，但是公司的利润分配也直接决定了公司留存利润的多寡，这会进一步影响公司的融资政策和资本结构。所以，利润的实现和分配对于公司的可持续发展具有重大的影响。

一、公司利润分配制度界定的必要性

公司具有独立的法律人格，独立享有权利并承担义务，公司利益是投资者、经营者、债权人、公司职员、各级政府、供应商、顾客、公司所在社区及居民等利益相关者的共同利益。而本质上，公司只不过是一种资本组织形式，公司利益中的共同体都存在不同的独立利益追求，这种利益上的独立性不可避免地会造成公司各利益相关者的利益冲突。始终贯穿于公司存续期的利益冲突，如股东与债权人之间的利益冲突和股东与公司经营者之间的利益冲突。

现金股利的支付会直接导致公司总资产额的减少，这实际上减少了债权人的债权保障。同时，支付现金股利使得公司流动资产减少，在其他条件不变的情况下，流动资产的减少会降低流动比率，降低公司的短期偿债能力，降低公司剩余资产偿还债务的能力，增加了对债权的威胁。实务中，公司清算股利的发放对公司债券的影响最大，因为清算股利是资本的返还而不是盈利的分配，公司资本的来源有权益融资和债务融资，因此，这种分配极有可

能把债务融入的资本直接分配股东，对债权人造成赤裸裸的侵犯。

随着经济的迅猛发展，公司经营也越来越复杂和具有专业性，公司管理层的控制权也随着经济的发展而日益变大，日渐凸显了公司股东与管理层间的责权利冲突。在利润分配上，公司管理层倾向于留存更多的未分配利润：一方面使自己控制的资金更多，也可以减少公司高管面临的融资压力；另一方面也可以进行再投资以扩大公司规模，公司规模的扩大给高管带来了更大的权力，增长了社会地位和声望，有助于提升高管的工作业绩和薪酬水平。而股东则会更多考虑自身利益或财富的最大化，留存更多的未分配利润就意味着公司管理层实际控制了更多的公司资产，追加公司投资，此时，股东需要面临更大的经营风险。这些都造成了公司股东与管理层之间巨大的代理成本和利益冲突。

公司利润的分配是对公司利益相关者之间利益平衡的重要手段，而各利益方具有独立的利益取向，各利益方在利润分配中极易发生利益冲突，如果是公众公司，不仅会造成投资者信心的丧失，严重时甚至会造成资本市场的崩溃。因此，一方面，各国法律都对公司利润分配进行了界定；另一方面，在法律界定的前提下，还可在公司章程、发起人协议书、招股说明书、合同中事先约定公司利润分配的比例，也可以根据自身的现金流量、经营成果和未来发展规划来制定具体的利润分配政策。

二、公司利润分配的制度界定

（一）法律对利润分配的界定

各国企业会计准则详细地规定了公司利润分配事项的财务处理，"分配"在财务上并不是一个定义严格的概念。我国公司法甚至回避了对利润"分配"进行具体的定义，而英美等国对利润"分配"的定义都体现了实质重于形式的出发点。

1. 美国法律对利润分配的界定

《美国标准商事公司法》第1.40（6）对分配的定义是："公司基于股份，直接或间接向股东转移金钱或其他财产（公司自己股份除外）或设定负债的行为。"按照该定义，"分配"的实质就是基于股份的公司资产从公司向股东流动。因此，公司回购股份、公司本票或负债的分配、自愿或非自愿的清算分配及现金股利等导致了资产向股东流动的公司行为，都可被认定为利润"分配"。而股票股利因其只改变了股票的总数量，没有发生公司资产向股东的流动，所以不被作为分配行为看待。

2. 英国法律对利润分配的界定

英国 1985 年《公司法》第 263 条："所谓分配，是指将公司资产以现金或其他形式分配给公司成员的任何一项交易行为。"随后，英国法院基于"实质重于形式"原则，审理并判定了著名的 Aveling Barford Ltd 诉 Perion Ltd 案，扩展了英国公司法对分配的解释，即在没有可供分配利润的前提下，如果公司以远低于市场交易的价格向股东出售资产，实质上是一种股东抽逃有价资产的行为，该交易行为应为无效行为。显而易见，这一交易的实质是对于公司法中利润分配要求的规避，从某种意义上说，也是对于公司减资条件限制的规避。

很显然发生这一交易的实质是为了规避公司法中对于分配的要求，从某种意义上说，也是一种规避公司减资条件的限制。

3. 我国法律对利润分配的界定

我国法律对利润分配无明确的界定，我国《企业财务通则》和《公司法》中均没有明确定义利润分配，只能从各种法律规定的总结中来推断利润分配的涵义。比如，《企业会计准则——关联方关系及其交易的披露》就是规范公司间发生的关联交易的，尽管如此，实践中仍有不少关联交易的目的就是为了逃避利润分配的法律规制，2001 年五粮液用公司盈利以高于市场交易价值的价格购买控股股东资产的行为就是典型。如果遵照英美的判例，这种行为因导致公司资产流向了控股股东就应被当作公司利润的分配，但在我国这只能算是一桩关联方交易而不能纳入公司利润分配的法律规制范畴。

（二）公司利润分配制度规范的特点

公司利润分配政策既体现了法律法规对于参与公司的各方利益主体所关心的核心利益的强制性规范，也体现了参与公司的利益主体对于公司核心利益的自主决定权。公司利润分配制度规范具有法律法规的强制性和公司自身灵活管理的特征。

1. 普遍对于公司利润分配进行了制度规制

美国对公司分配没有区分资本分配和盈余分配，而是通过立法对各种分配的合法性和有效性制定了统一的标准，从而清晰地界定了"分配"。美国对公司分配和违法分配的法律后果进行规范的法律规范有《标准商事公司法》、各州按照《同意欺诈性转让示范法》制定的州法律的部分条款以及《破产法》等。日本的《商法典》强调了利润分配的公积金制度，对可供分配的利润范围进行了明确的界定，规定了股东、股东大会和董事会在利润分配中的权利，也规定了股东、董事、监事等在违法分配中应承担的法律后果。德国的《商法典》对公司利润分配中的法定公积金的提取作了强制性规定，对公司转增资本进行了限制。除了《商法典》《德国股份公司法》《德国有限责任公司法》均对公司利润分配进行了规范，《德国股份公司法》中规定了违法利润分配的法律后果。《法国商事公司法》规范了法国公司提取法定公积金和盈余分配的行为，并规定了违法分配的后果。我国的《公司法》《企业财务通则》等法律法规也对我国公司的利润分配行为进行了规范。

综上，各国均通过相关的法律法规严格设定了各种标准来调整公司的利润分配行为，并对公司违法分配利润造成的后果进行了责任追究的规定，而且通过授权性和推定规范给予了公司及公司股东之间约定利润分配比例的自由。

2. 法律对于公司分配股票的要求相对宽松

几乎所有国家的公司法，都允许公司在进行利润分配时，可以采用不同的分配形式，如现金股利、股票股利、配股等。相对于现金股利和其他形式的利润分配，法律对于公司以股票股利、资本公积金转增股本、配股等方式向股东分配股票的要求比较宽松，因为公司向股东分配股票，并没有任何资产实际从公司流向股东。如前，股票的分配并没有公司资产向股东的流出，公司所拥有或控制的资产也没有减少，自然对债权人和优先股股东的担保资产也就不会减少，通常也就不存在损害债权人和优先股股东利益的问题。因此，公司法对于股票分配的规制相对就较为宽松。

3. 普遍规定了违法分配下的董事责任

日本《商法典》规定[1]，如果无可分配利润时，公司进行违法分配，相当于股东减少了出资额，则对此分配所进行的股东大会决议无效。股东因此违法分配而获得的违法所得，民法上归属为不当得利，对此，公司债权人即有权要求其予以返还，不过，善意股东可不承担返还义务。那些因向股东大会提出违法分配议案及赞成该议案而犯有过失并负有连带赔偿责任的董事，在全体股东能证明其执行职务时并未懈怠注意的前提下可以免除责任。

《德国股份公司法》第 93 条规定[2]，如果董事会成员违法向股东支付股利，或违法分配公司资产，或违法将资本偿还给股东，或即使公司无支付能

---

① 末永敏和著，金洪玉译. 现代日本公司法 [M]. 人民法院出版社，2000：195
② 卞耀武主编，贾红梅、郑冲. 德国股份公司法 [M]. 法律出版社，1999：54—55

力或资不抵债仍支付款项，则其应承担赔偿责任。若上述行为是为执行股东大会的合法决议，那么公司就不承担赔偿义务，董事会成员也可免责；若上述行为是对公司监事会决议的执行，则公司和董事会成员应承担的赔偿义务不能被排除。对董事会成员各项赔偿责任要求权的期限是 5 年。

在美国，利润分配的决定权属于公司董事会，公司股东对公司利润分配无权决议。《美国标准商事公司法》中 8.33 节规定[①]，如果对违法进行利润分配投赞成票或同意的董事确实没有按照该法案 8.30 的规定履行其职责，则这部分董事应就超额分配的部分向公司负个人赔偿责任，同时也可要求事先知晓违法分配的股东按比例返还其违法所得。该法案的 8.33 节 c 款规定追究董事责任的时效为确定其违法分配的那天开始之后的两年，否则不予追究。而要求被承担责任的董事必须在确定违法分配责任的一年内执行其分担责任的程序。

可见，为切实保障公司债权人的权益，对违法分配下的董事责任各国公司法普遍进行了规制，对于善意股东所获得的分配可以不予返还也是各国公司法的通则。这样的制度规制把违法分配的责任风险配置于不负责任的董事，而不是善意的股东（邱海洋，2004）。

4. 利润分配比例的公司自主决定权

通过授权性及推定适用规范，各国公司法赋予公司拥有利润分配比例的自主决定权。一般而言，如果公司章程上没有特别的约定，股东按照出资比例进行利润的分享。但公司法也允许股东在公司章程中就利润分配方式和比例、剩余分配比例做出特别约定，我国《公司法》的第 35 条和 167 条、《德国有限责任公司法》的第 29 条、《美国标准商事公司法》的第 7.32 节第 a 小节均对此进行了规定说明。如果股东在公司章程中对利润分配比例做出了明确约定，则该公司在进行利润分配时，即可不按出资比例分配的法定默许比例。

二、制度对公司可供分配利润标准的确定

不减损公司资本和债权人的利益是各国公司法规定公司利润分配的前提，但各国具体执行的标准却存在差异。源于各国经济发展阶段和公司法理论传统的不同，各国公司法对于资本保全原则的态度也不同。

一般地，公司利润分配原则通常被大陆法系国家认为是法定资本原则的

---

① 沈四宝. 最新美国标准公司法 [M]. 法律出版社，2006：104—105

子原则，因此，为保全公司资本，维持公司偿债能力，它规定了公司可进行利润分配的财务状况。而资本保全原则普遍被经济发达国家所摒弃，他们相信对债权人有更现实偿债保护作用的是公司现实经营中积累的资产（赵旭东，2003）。

（一）资产负债表标尺

公司利润分配所需的资金，只能来自于公司盈余，不可对资本形成侵蚀，即为利润分配的资产负债表标尺。从资本保全的角度，该利润分配标尺的国家对利润分配的约束主要体现在：如果公司无盈余，则不得进行利润分配；如果公司有盈余，只有税后利润才能用于利润分配，且分配的顺序依次为弥补以前年度亏损、提取偿债基金、提取法定公积金和公益金、分配股利。

德、法等大陆法系国家严格区分公司财产和股东财产，并规定公司法定资本发生变动时应该进行信息披露（邱海洋，2004）。为对债权人财产提供担保，法律保护公司法定资本数量，并为增强这种担保而强制要求公司提取一定比例的资本储备金。法律限定了资本储备金的具体用途，以保证被用于弥补亏损或转增资本。法国《商事公司法》第 347 条规定："经注册会计师审计的公司本会计期间中期或年度资产负债表上列示的，依次提取分期偿债基金，弥补以前年度亏损，提取法定公积金和公益金，留存必要的利润，如果还有盈余，则可进行利润分配，且分配的利润不得超过前述的利润额。如有违反，则视为虚假分配。"1976 年《欧共体关于公司法的第 2 条指令》的第 15 条：公司利润分配额不得超过公司净资产额；且如果公司年度资产负债表上所列示的上一会计期末的资产少于公司投资者投入的资本与不得用于分配的资本公积之和，或公司在利润分配后的资产将少于公司投资者投入的资本与不得用于分配的资本公积之和，则不得进行利润分配。我国和德国都有类似的规定。

（二）偿债能力标尺

很多国家都认为保护债权人的更好途径就是确保公司的偿债能力，因此偿债能力成为另一个考量公司能否进行利润分配的财务标尺。

英国 1985 年《公司法》规定："公众公司和私人公司的利润分配均仅以可分配利润为限；公司累计营业利润，加已实现资本利得，减累计营业亏损和已实现资本项目损失，其余额是为可分配利润。"《美国标准商事公司法》第 6.40（c）节规定，若利润的分配使得公司无法偿还到期债务，则不得分配利润；即使利润的分配不影响公司偿还到期债务，还应满足利润分配后的资产总额应大于负债总额。这显示美国公司法规定的利润分配条件是偿付能力标准和资产负债表标准的双重标准。区别于美国标准公司法的规定，美国加利福尼亚州公司法对利润的分配进行了特殊规定，合法的公司利润分配必须满足以下任一条件：（1）利润分配额小于等于公司留存收益；（2）若当年公司没有足够的留存收益，则资产负债率必须大于四分之一，且流动比率必须大于1；或公司的经营利润低于前两年已支付利息之和，则流动比率需大于11/4。该特殊规定既考虑了投资者适当抽回资本的合理性需求，也考虑了对于债权人利益的保护。

三、公司利润分配的契约安排

（一）约定可分配的价值

1. 约定债权保护条款

债权人为防止公司的股利政策稀释其债权，会在借款合同和债券契约中规定债权保护条款和防止债权稀薄化条款，以限制股利的发放。这种条款一般包括：（1）利润分配只能在债务全部清偿之后；（2）只能用公司盈余发放现金股利；（3）限定公司的财务比率，如财务比率超过限定值，则禁止发放现金股利；（4）限定公司的速动比率，以维持一定水平的现金流量和变现能力，如低于限定值，则禁止发放现金股利；（5）限制公司进行股票回购和减资分配；（6）对债务公司以发行新债所筹集的资金发放现金股利进行限制；（7）要求债务公司设立偿债基金，并要求债务公司按一定的比例提存收益缴入偿债基金；（8）可转换公司债券的保护条款，当公司发行新股时，为抵消因之带来的股价下跌损失，约定相应增加可转换比率。

一旦债务人违反这些限制性条款，债权人有权要求债务人提前偿还债务，或取得股东的投票权，有权选举董事。但是，也有可能发生公司管理层与债权人合谋，而不必要地保留过多的留存收益。

2. 股东之间的契约

（1）调整资本结构的股利分配

不同的股利分配政策所形成的资本结构是不同的，同样，通过调整资本结构也可以影响企业的利润分配。公司可用于利润分配的资产数额，与资本结构密切相关。当股东急需周转资金或公司无盈余时，股东们可协商安排将出资返还或分配给股东。譬如，在法律允许对资本盈余进行分配时，通过资本结构的调整，可以将资本减转公积金，从而形成可供分配的资本盈余。

（2）优先股保护条款

优先股股东的优势在于股息分配和清算剩余索取权时优先于普通股股东。常见的优先股保护条款有：①股息的分配，要求包括发行公司、发行公司的母公司或其他有能力和资信的公司提供担保；②优先股偿债基金的设置，要求发行公司按利润额的一定比例提取，强制向该偿债基金拨付；③限制财务比例；④限制股票回购和减资，以维持公司最低资本额、资产负债率和产权比率要求。

如果公司违反约定，优先股股东则可以取得公司投票权，选举董事或获得与普通股股东同等的选举权。

（二）约定参与利润分配的对象

一般情况下，普通股股东才具有参与利润分配的权利，但是公司可以在公司章程中规定董事、经理参与利润的分配，也可以以股份激励的形式让普通雇员参与公司利润分配。而且公司组织形式的变化，弱化了债权投资和股权投资的区别，公司可根据具体的情况，让特殊债权的持有人参与公司利润的分配。

（三）约定利润分配比例

法律上，通常以投资者的出资比例作为股东之间的利润分配比例，也可以发起人协议书、公司合同、章程等契约安排中约定的比例进行利润分配。股东之间利润分配比例的确定，是股东之间交易的重要组成部分。理想的利润分配比例应该与股东对公司盈利的贡献大小相一致，此时，需要综合考虑各位股东投入公司资源的多少。实际上，由于有些资源不易计量，有些资源受到制度规制，确定股东对公司利润的贡献，就变成了一个主观价值判断和选择的过程。由参与利润分配的股东自己协商完成这一过程是合适的，投资者可以约定他们分配公司总收益额和承担亏损额的特定比例，也可协议所希望的收益分配方式，不过，这种协议一旦被写入公司章程，便具有了法律效力。公司章程对利润分配比例进行了特别规定的，利润分配就可以采用公司章程规定的方式，如按投资和所提供的服务量进行分配；按出资比例与提供的服务量共同作用作为分配的依据；在确定薪酬比例的前提下，按出资比例进行分配；在保证出资利息的情况下，按约定比例进行分配等。

（四）利润分配次序的约定

公司章程可以赋予不同类别的股票不同的权利。比如优先股，意味着享有优先获得股利和索取清算剩余的权利。

公司章程也可以限制某些股东的利润分配权，如对以非专利技术、商业秘密等无形资产出资的股东利润分配权的限制。因非专利技术和商业秘密的出资不易估价，为保证其与以现金或其他有形资产出资的公平，股东之间可以约定，以非专利技术、商业秘密进行投资的出资者在某个时段不能获得利润分配，应获得的利润分配额作为出资担保留存于公司。

此外，公司章程中还可以约定对未足额缴纳出资额或未缴纳出资的股东的利润分配权进行限制。因为，未出资或出资不到位的股东对公司资本和盈利的贡献都要小于那些出资到位的股东（志村治美著，于敏译，2001）。

（五）股利支付方式选择权的约定

当公司存在可供分配的利润时，通过章程约定，股东可以决定自己利润分配的股利支付方式。股东可以选择现金股利，也可以选择股票股利，还可以选择现金股利加股票股利的混合股利支付方式。

虽然这样的约定会给公司利润分配的实施带来一定的困难，但是股东各自选择自己希望的、对自己有利的股利支付方式，有利于防止大股东对小股东利益的挤占和压榨，有利于防止资本多数表决权的滥用（Zohar Goshen，1995）。

（六）不分配情况下的资本退出约定

当小股东被剥夺了在公司中任职获得薪酬的机会，也被剥夺了股利分配的利益，股份难以转让，资本难以退出时，小股东的出资相当于提供给大股东或公司一笔长期无息贷款，这使得小股东处于非常尴尬的不利地位。因此，为防止大股东通过利润分配政策侵占小股东利益，小股东可以在公司章程中约定强制性股利分配政策；或者比例确定型股利分配以增强对自身的保护；或者为保留退出机制，约定特殊条件下的股票回购请求权；或者为减少股权投资风险，更多地选择以公司债的形式投资。

公司设立时，小股东可要求在公司章程中就利润分配进行强制性约定。只要公司存在可供分配的利润，就应按约定向包括小股东在内的股东支付股利，或者经全体股东一致同意或达到特定比例股东的同意，才能做出不分配股利的决定。在争议未发生时，通过公司章程的约定，可以减少大股东与小股东之间的利益冲突，省却了纠纷发生后造成的各种不便。小股东还可以在公司章程中约定，如果公司存在可供分配的利润却连续多年不进行利润分配，或者当小股东被排挤出管理层或受到其他类似的挤压而失去了在公司就职的机会，小股东应有权要求购回股份，退出资本。

四、公司利润分配的法律强制

（一）利润分配请求权

股东利润分配请求权，是指股东具有向所投资的公司请求进行利润分配的财产性权利。根据股东固有的利润分配请求权及其实现可能，利润分配请求权可被分为抽象和具体两个层面。其中，抽象层面的利润分配请求权，是指股东作为公司的出资者，享有按出资比例或其他约定方式分享公司经营成果的一种期待权；具体层面的利润分配请求权是由抽象层面的利润分配请求权在公司董事会或股东大会宣告利润分配决议时转换而成。因为，股东投资的主要目的就是为了获取投资收益，营利法人的公司的本质要求就是要获取经营收益，投资收益是经营收益的一部分，两者目标一致。因此，公司章程或公司治理机构不能剥夺或限制股东对公司经营收益的固有分享权。具体的股利分配请求权具有债权性，它实质是股东或董事对经决议认可的实实在在的可分配金额享有的给付请求权，这种给付请求权可与股权脱离而单独转让。正如美国学者汉密尔顿所说：股利一旦宣布，即变成公司的债务，且不得由董事会撤销或废除。我国《公司法》第 4 条对股东利润分配的请求权做出了规定，即"股东作为出资者，具有按其投入公司的资本额享有资产受益的权利"。

在实现法律对于利润分配请求权时，我们必须注意法律对利润分配请求权的限制，法律规定公司所拥有的库藏股不具有利润分配请求权；未足额缴纳出资额的股东与足额缴纳出资额的股东不具有同等的利润分配请求权。

除去法律强制的利润提留，利润分配属于公司内部事务的范畴。法律既不能全然置身事外，也不能过分干涉，而应该在保护股东股利分配权和防范股东为谋取不当利益实施机会主义之间做出很好的平衡。

（二）利润分配决定权

利润分配的决定权，是指有谁有权决定是否分配股利的问题。按照制度的层级关系，利润分配的决定权可以分为由外在制度直接强行规制的利润分配权和由外在制度赋予公司决策层的利润分配权两个层次。譬如，美国公司分配给股东的利润就包括强制性股利和裁量性股利两部分，其中，强制性股利是在符合法定分配条件时公司每年都应分配的股利，由公司章程明确规定；裁量性股利的分配由董事会依据其财务状况、经营成果和现金流量状况做出应否分配的决定。2011 年 11 月 9 日，中国证监会有关负责人就表示，将从首次公开发行股票的公司开始，在公司招股说明书中细化回报规划、分红政策和分红计划，并作为重大事项加以提示，提升分红事项透明度。大多数国家的法律都规定董事会拥有制定或建议利润分配方案的权利，而股东大会才具有公司利润分配的决定权，如我国《公司法》的第 38 和 100 条规定：股东大会有"审议并批准公司的利润分配方案"的职权，第 47 和 109 条同时规定：董事会有"制定公司的利润分配方案"的职权。但是，在美国，公司董事会具有利润分配的决定权，如果美国公司的董事会决定公司应停止利润分配，则其股东无法反对这一决定。

（三）可供分配利润规定

1. 可供分配利润来源的规定

根据公司利润分配中分配利润来源的不同，可将利润分配分为收入盈余分配、资本盈余分配和资本分配。其中，收入盈余分配就是只对来源于公司收入盈余的利润进行分配，没有收入盈余则不能进行利润分配；资本盈余分配就是对公司资本公积部分的盈余利润进行分配，资本公积是指公司资本在经营过程中产生了增值的部分；资本分配即指对公司资本进行的分配，等同于股东减资，一般发生在股票回购、利润虚增和清算股利条件下，因其会严重损害债权人利益，是各国法治约束的重点。哪些盈余属于收入盈余，哪些属于资本盈余，各国不同时期和同一时期不同国家的会计准则规定不同。因此，各国对于可供分配利润规定的差异体现在两个方面：一方面是分配利润来源的不同；另一方面是对形成某项分配利润来源内容的限定不同。

我国现行的 2006 年《企业会计准则》与之前的会计准则相比，其会计计量的属性发生了变化，比如"投资性房地产"采用公允价值计量时，不计提折旧，如果其公允价值与账面价值之间存在差额，则差额直接计入当期损益，影响当期收入盈余；如果按照之前的会计准则只能按历史成本计量，并计提折旧，显然两种不同的会计规定对当期收入盈余的影响是不同的。另一方面，对于资产重估增值部分产生的盈余，我国会计准则和美国公认会计原则却存在不同的盈余归属规定。按照我国会计准则的规定，对于资产重估增值部分产生的盈余计入资本公积，形成资本盈余；而根据美国公认会计原则，资产重估增值部分可以计入当期损益，形成当期收入盈余，从而可以向股东进行分配。同时，按照《美国标准商事公司法》，用于分配的利润必须来自盈余，却没有明确指明到底是收入盈余，还是资本盈余，只要资本盈余的分配不影响公司债务的偿付，也不与破产原则相冲突，按照适用的纽约州公司法令裁决的伦得尔起诉拜利一案就证明了这一点。

2. 可供分配利润额度的规定

如前所述，各国对于可供分配利润判断的标准可被分为资产负债表标尺、偿债能力标尺及同时考虑资产负债表和偿债能力的综合标尺三类。但在具体实行时，由于国别和公司传统经营理念的不同，可供分配利润的额度又有较大的差异。

法国《商事公司法》第 347 条：经注册会计师审计的本会计期间的中期或年度资产负债表上列示的，依次提取分期偿债基金，弥补以前年度亏损，提取法定公积金和公益金，留存必要的利润，之后如果还有盈余，则可进行利润分配，且分配的利润不得超过前述的利润额。1976 年《欧共体关于公司法的第 2 条指令》的第 15 条：公司利润分配额不得超过公司净资产额；且如果公司年度资产负债表上所列示的上一会计期末的资产少于公司投资者投入的资本与不得用于分配的资本公积之和，或公司利润分配后的资产将少于公司投资者投入的资本与不得用于分配的资本公积之和，则不得进行利润分配。

《德国股份公司法》规定，公司当期收益首先应弥补上年度亏损，再按其余额的 5% 计提法定储备金，直至公司法定储备金和资本储备金达到基本资本（已认购资本）的 10% 或公司章程规定的更高数额，否则，公司只能用这部分资金弥补亏损而不能予以利润分配。

按英国 1985《公司法》第 263 节的规定，公司累计营业利润，加已实现资本利得，减累计营业亏损和已实现资本项目损失，其余额是为可分配利润。《美国标准商事公司法》第 6.40（c）节规定，若利润的分配使得公司无法偿还到期债务，则不得分配利润；即使利润的分配不影响公司偿还到期债务，还应满足利润分配后的资产总额应大于负债总额。这显示美国公司法规定的利润分配条件是偿付能力标准和资产负债表标准的双重标准。区别于美国标准公司法的规定，美国加利福尼亚州公司法对利润的分配进行了特殊规定，合法的公司利润分配必须满足以下任一条件：（1）利润分配额小于等于公司留存收益；（2）若当年公司没有足够的留存收益，则资产负债率必须大于四分之一，且流动比率必须大于 1；或公司的经营利润低于前两年已支付利息之和，则流动比率需大于 11/4。该特殊规定既考虑了投资者适当抽回资本的合理性需求，也考虑了对于债权人利益的保护。

（四）利润分配次序及比例规定

采用不同可供分配利润确定标尺的国家，对于利润分配次序及比例的确定是不同的；而且采用相同可供分配利润确定标尺的国家因其传统经营理念的不同，也会造成不同国家对相同行业的公司和同一国家对不同行业的公司所规定的利润分配次序及比例的不同。这些差异在采用资产负债表标尺的成文法系国家尤其明显。

我国《公司法》规定：企业可以用当年税前利润弥补以前5个年度亏损，超过以前5个年度的亏损只能用税后利润弥补；如果存在本期税后利润，首先应提取当年税后利润的10％计入盈余公积，当盈余公积余额达到公司注册资本的50％时，可以不再提取；提取盈余公积后，经股东大会同意，可以提取任意公积金；之后剩余的本期税后利润合并期初的未分配利润形成本期的可供股东分配的利润。《工业企业财务制度》对此做了补充规定：企业当年无利润，不得分配股利。但在用盈余公积弥补亏损后，经股东大会特别决议，可用盈余公积金按不超过股票面值的6％分配股利，且在分配股利后，企业盈余公积不得低于注册资本的25％。在法国，经注册会计师审核的当期资产负债表上列示本期留存收益，依次提取分期偿债基金，弥补以前年度亏损，提取法定公积金和公益金，留存必要的利润，其余额才可进行利润分配。

（五）违法分配的法律后果

利润的分配，需要全面了解公司的财务状况、经营成果、现金流量，还需要考虑公司未来投资计划、融资需求以及对市场前景的综合分析。因此，是否应当进行利润分配、利润分配的金额是多少、以何种利润分配方式来分配，是一件非常复杂的事务。由于缺少对公司状况足够的判断力，外部制度通常不会具体干预公司的利润分配问题。鉴于此，法律一般规定股东大会拥有公司利润分配的决定权，而董事会拥有的利润分配方案的制定权或建议权，或者直接将利润分配的决定权赋予董事会。所以，违法分配的法律后果由股东和董事来承担。一般地，股东承担返还违法所得，而董事承担连带赔偿责任，但善意股东不负返还义务。美国的《美国标准商事公司法》《破产法》《统一欺诈性转让示范法》以及各州按照《统一欺诈性转让示范法》制定的州法律，日本的《商法典》《德国股份公司法》以及法国的《商事公司法》，均对违法分配的法律后果做了类似的规定。除《公司法》外，我国的《刑法》对公司违法股利分配的刑事责任、民事责任进行了界定。

（六）不进行利润分配的制度救济

现实的市场经济中，资本市场并不能做到完全有效，参与市场交易双方的信息也是不对称的，还存在税收、政策费用、经纪人佣金等交易成本，所有这些都使得公司的利润分配政策与公司价值和股东财富密切相关。在这种情况下，某种利润分配政策就可能会成为董事及高管们违反忠诚信托义务或大股东排挤小股东的工具。但是，由于利润分配的复杂性和公司内部真实状况的不可观察性，外部制度无法对此介入过深。美国仅在发生欺诈，违反诚信，重大失职和利润分配政策不符合"适当目的"标准，有悖于股东财富最大化的目标时，才会做出强制性利润分配的裁决。

在我国，因为股权的高度集中和利润的双重征税，使得利润分配中的侵害现象比较严重。2004 年，为规范上市公司的利润分配方法，证监会颁布《关于加强社会公众股东权益保护的若干规定》：（1）重视对投资者的合理回报；（2）如果没有分配现金股利的预案，应当在定期财务报告中披露原因，公司独立董事应就此发表独立意见；（3）最近三年未分配现金股利的上市公司，不得向原股东配售股份、公开增发新股或发行可转换债券。

如果公司盈利但长期不进行利润分配，股东还可以请求法院进行干预：（1）请求股权强制回购。公司连续 5 年盈利，却连续 5 年不向股东分配利润，对股东大会符合《公司法》规定的利润分配条件的不分配决议投反对票的股东，可以请求该公司以合理的价格收购其拥有的股权。如果在股东大会不分配决议通过 60 日内投反对票的股东不能与公司达成股权收购协议，则可自该决议通过之日起的 90 日内向人民法院提起诉讼。（2）请求司法解散公司。经营管理发生严重困难的公司，如果不能通过其他途径得到缓解，而继续维持会使股东利益受到重大损害，则按照《公司法》规定，拥有公司全部表决权资本 10% 以上的股东可以请求法院解散公司。（3）请求损害赔偿。如果公司股东滥用股东权利给其他股东权益造成了损害，依《公司法》应承担赔偿责任。

本章小结

公司理财发生的根本动力就是参与其中的各利益相关者能够因此增加个人自身的收益或效用，并能在这个过程中实现社会资源的优化配置。基于契约安排的公司自治和经营自由原则虽已被大多数国家所认同，但现实条件是，参与公司理财的各利益相关者只具有有限理性，交易会发生成本，交易过程中所需要的信息是不完备、不对称的，市场并不是完全的竞争市场，这产生了外部制度介入社会经济生活进行调整的需求，也是外部制度介入社会经济生活的根本原因。企业是由一整套契约界定的，一个社会认可的、有权力按自己的方式和理由做出决策的组织实体，是经济中占主导地位的决策单位。为协调企业内部各契约主体的行为，以保证企业的正常运营和不断发展，企业所有者、经营者及各管理层级会设计一套涉及企业运营管理各方面制度的控制机制来帮助实现企业理财目标。为协调和规范企业的投融资、资金运营及利润分配，以保证企业理财目标的实现，企业必须与资金投入方、被投资单位等理财关联方签订协议；为保证双方顺利履约、防止违约，需要以正式制度的形式对企业各项理财活动进行规范，并对违约的一方或各方及相关责任人施以惩罚。

第六章 制度影响公司理财的统计及案例分析
——基于职工薪酬的视角

职工薪酬既是处理企业与职工间理财关系的激励机制，又表现为公司利润分配的一种方式，是公司利润的一部分，而公司利润归根结底是公司理财成果的反映，所以职工薪酬本质上属于公司理财的范畴。本章以"职工薪酬"为立足点，统计分析制度对公司理财的影响；并进一步以中国远洋控股股份有限公司为例，分析公司内部制度对于公司理财的影响。

第一节 职工薪酬与公司理财

在既定的制度环境下，会计利润反映了公司理财的成果，职工薪酬的源泉是公司通过理财活动所获得的理财收益。同时，职工薪酬作为协调企业与职工间理财关系的平衡及激励机制，其水平的高低对于公司理财的激励有着重要的影响。

一、职工薪酬——一种利润分配的方式

（一）会计利润——公司理财结果的反映

在第三章中，我们已经分析了《企业会计准则》《企业会计制度》或《公认会计原则》等直接指导企业会计的制度对于公司理财过程和结果的影响，可以知道公司财务报表是公司理财过程和结果的反映。据此，我们得出会计利润既是一定期间的经营成果也是一定期间公司理财的结果。

企业财务报表中的现金流量表，把影响现金流量的企业所有运作活动分为经营活动、投资活动和筹资活动，投资和筹资自然属于公司理财的内容，而经营活动实际上就是公司理财中资金运营的部分。从企业财务报表中利润

的整个报表项目来看，其中的营业收入是应收账款的一部分，而对应收账款的管理属于资金运营；营业成本是结转销售的存货，对存货的管理是资金运营；营业税金及附加是处理理财关系中企业与政府间关系的反映；销售费用包括销售人员的薪酬、销售部门固定资产的折旧等其他费用，反映了理财关系中销售人员与企业的关系、公司投资的收回等；管理费用虽然包含的内容很多，但基本上是对理财关系的反映；财务费用，按其发生的缘由不同，可以反映融资的代价及资金的运营等；资产减值损失是属于投资活动的范畴；公允价值变动损益和投资收益大多时候是对投资活动结果的反映；营业外收支，按其发生的缘由不同，可以是处置投资时的损益，也可以是资金运用，或者处理财务关系的反映；所得税费用，是为了处理政府与企业的理财关系。从会计利润的公式来看，会计利润＝（营业收入－营业成本－营业税金及附加－销售费用－管理费用－财务费用－资产减值损失±公允价值变动损益±投资收益）＋（营业外收入－营业外支出）－所得税费用。由此可见，会计利润确实是一定期间公司理财成果的反映。

（二）职工薪酬——会计利润的一部分

马克思商品价值理论的观点，企业所生产的商品的价值来源于三个方面：物化的生产资料价值的转移 C；劳动者为自己创造的活劳动耗费的价值 V；以及劳动者所创造的剩余价值 M，也就是说商品的价值（销售价格）＝C＋V＋M。根据马克思关于商品价值的论述，我们不难发现，其实 V 和 M 都是劳动者创造的价值，只不过表现形式不同，V 以职工薪酬的形式支付给了劳动者，而 M 作为企业利润留在了企业。这说明，职工薪酬其实是企业利润的一部分。从企业会计的角度来说，对于物化生产资料在生产过程中的耗费，企业会计上的会计处理为：借记"生产成本"，贷记"原材料"等；而对于职工薪酬的会计处理却为：借记"生产成本"，贷记"应付职工薪酬"，实际支付时，借记"应付职工薪酬"，贷记"银行存款"。一方面，职工薪酬的确认虽然满足了会计恒等式的要求，但是却存在一个疑问，即这项负债的产生，企业并没有实际"融通"到等额的资金；另一方面，在"生产成本"计入存货价值，但还未对外销售之前，与"应付职工薪酬"等值的部分资产（计入"生产成本"的部分）其实是"未实现的资产"。这就意味着，职工薪酬的支付将使得既有资产减少，为保持原有资产的不变或增长，弥补减少的资产只能来自于新增加的资产，资产增加的途径无非是投资者投入和盈利，投资者投入会引起所有者权益的增加，只有盈利的增长才能既弥补资产的减少，又能保持企业原有资产的保值和增值。所以，从这两个角度来说，职工薪酬实际上既是企业会计利润的一部分，也是公司理财的一部分成果。

（三）职工薪酬——会计利润的分配

不管是最终作为营业成本的生产工人的薪酬，还是作为销售费用及管理费用的销售人员和管理人员的薪酬，甚至是计入资产价值以折旧或摊销的方式进行补偿的职工薪酬，在会计利润的计算公式里，都是被作为减项而减少了企业会计利润的。因此，从这个角度来讲，职工薪酬其实是会计利润分配的一种特殊形式而已。而为了平衡股东和经营者间的利益，更好地处理公司所有者与经营者间的委托代理关系及降低代理成本，且是职工薪酬的一部分的股权激励更是直接体现了职工对于企业利润的分享。股权激励的作用机理就是公司的所有者授予经营者一定的经济利益权利，将经营者的利益与公司的利益挂钩，经营者为获得更高的股权收益，必须付出努力以提升公司价值，公司价值的提升能被体现在股价的上涨上，从而最终实现公司价值与经营者报酬的双赢。股票激励的具体方式有：股票期权、限制性股票、业绩股票、模拟股票、股票增值权、虚拟股票及股票分红权。其中，虚拟股票与股票分红权本身就是利润的分配；业绩股票是从公司利润中提取的专项激励基金所购买的公司的股票；股票期权和限制性股票是以权益结算的股份支付，但一般附有服务年限条件或其他特定的目标要求才能获得激励支付，按照企业会计制度的规定，此项支付直接抵减了"资本公积——其他资本公积"；而模拟股票和股票增值权以现金结算的股份支付，是指公司为获得服务而承担的以股份或其他权益工具为基础计算的交付现金或其他资产的义务的交易，直接计入"应付职工薪酬"。从其支付股权激励资金的来源及其账务处理，显而易见，股权激励是一种利润分配的形式。

二、职工薪酬——企业与职工理财关系的反映

职工薪酬是企业利润的一部分，而企业利润是公司理财的成果，因此，职工薪酬其实是利润分配的一种方式。另外，职工薪酬是公司经营者与职工建立良好社会关系激励机制，是公司与职工理财关系的互动体现。

知识经济时代，知识成了最重要的生产要素，成为社会财富的主要源泉，企业知识载体的人力资本对公司价值创造的重要性日益突出，作为企业与职工间理财关系激励机制的职工薪酬成本管理日趋重要。公司所有战略设想都是由职工具体执行，公司核心的无形资产由职工研发并加以完善和发展。公司生产系统、质量控制和营销服务等都易被竞争对手习得，唯独人力资源系

统难以模仿，公司竞争实际上是作为知识与技能承载者的职工的竞争。越来越多的公司意识到"职工是公司最重要的资产"，如何吸引并留住最具竞争力的人才，进而发挥其最大的效应是理财关系中最重要的问题，职工薪酬无疑在其中发挥着无可替代的重要作用。Murray 和 Gerhart（1998）、Katzenbach（2000）就认为，工资水平影响工作绩效、工资满意度、职工流动、组织承诺以及产出等。Omar 和 Stehpen（2001）研究表明，分享收益能减少职工流动，增加公司特有人力资源投资的预期收益，提高了公司特有技巧的获取水平和投资水平，最终增加了产出效率。Shi（2002）研究发现，大公司的产品定价更高并通过更好的服务回报顾客，为获取这种规模收益，大公司以高工资招募职工以使其更为强大，大公司付给职工更多工资，也能从职工那里获得更多预期收益。Pagano 和 Volpin（2005）认为，如果管理者有较高个人私利而又只拥有少量股权，管理者和职工就是反对接管的天然联盟。管理者通过长期雇佣合约抵御敌意收购，一方面长期雇佣合约可将职工变成驱鲨剂让接管者丧失对公司的接管兴趣，另一方面职工也会扮演"白色骑士"以防止接管者削减现有的高工资。Henrik，Fredrik，Mattias，Helena 和 Jonas（2009）研究发现，强势管理者更可能支付高工资，其目的是为了与职工建立良好社会关系或者减少职工薪酬摩擦。

另一方面，职工薪酬对于公司而言还意味着薪酬成本和公司业绩的波动。较高的薪酬水平虽能增加职工满意度，但公司薪酬成本负担过重，也不一定能诱导职工更高的产出；而较低的薪酬水平虽能减轻薪酬成本压力，但职工偷懒等成本将大幅增加，公司的总体产出也不一定最优。辛清泉、林斌、王彦超（2007）的研究表明：当薪酬契约无法对经理的经营才能和工作努力做出补偿和激励时，地方政府控制的上市公司存在因薪酬契约失效引起的投资过度现象。合理的薪酬水平应该是权衡职工可接受的最低薪酬水平与公司能承担的最大薪酬成本，以及职工薪酬成本与公司业绩的互动结果。

综上，职工薪酬既是处理企业与职工间理财关系的激励机制；又表现为公司利润分配的一种方式，是公司利润的一部分，而公司利润归根结底是公司理财成果的反映，所以职工薪酬本质上属于公司理财的范畴。既然如此，下面就以"职工薪酬"为立足点，统计分析制度对公司理财的影响；并进一步以中国远洋控股股份有限公司为例，分析公司内部制度对于公司理财的影响。

第二节　职工薪酬视角下制度影响
公司理财的统计分析

道格拉斯·诺斯（North，1994）曾说过："对经济增长的历史研究就是对制度创新的研究。"奥尔森（Olson，1996）也认为："不涉及制度就不可能解释经济增长率上的持续差异。"同时，诺斯也承认经济的增长离不开有效率的组织。因此，制度决定了组织效率，制度是公司理财的基础。罗尔斯在其《正义论》中认为，制度是政治结构、主要的经济及社会安排，其主导分配了社会基本权利和义务，并决定了社会合作产生的利益的分配方式。因此，不同国家，同一国家的不同历史阶段，相同历史时期同一国家的不同地区、行业、城乡间，甚至是具有不同所有权性质的不同企业间，由于制定的制度或制度的执行情况的不同，造成了国家、地区、行业、企业等之间公司理财成果的差异，公司理财的成果差异配合企业与职工间理财关系的激励机制，自然产生了职工薪酬的差异。

一、劳动报酬占比变化中的制度因素

就一个企业来说，会计利润是企业的理财成果，就一个国家来说，国民收入是其理财成果，而且企业理财成果的汇总构成了国家理财成果的主要部分。国民收入在政府、企业和居民间的初次分配分别主要来自于生产税、营业盈余和固定资产折旧、劳动报酬收入。国民收入初次分配的主体是企业，国家税收政策决定了政府在国民收入初次分配中所占的比重；国家制定的《企业会计准则》《企业财务通则》等其他一系列规定决定了企业的经营成果和固定资产折旧额；国家制定的《劳动合同法》、最低工资标准、工资集体协商制度以及工资指导价格等政策措施，决定了职工与企业的报酬契约。可见，对于既定的公司理财结果，劳动报酬占比[①]反映了制度对于政府、企业与职工对公司理财结果分享的影响。

（一）我国劳动报酬占比变化中的制度因素

劳动报酬占比的变化，一般由产业结构发生变化和各产业部门劳动报酬

---

① 劳动报酬占比，是指要素分配中工资、补贴、奖金等劳动报酬收入占国民收入的比例。

增加幅度不同所造成。既定的产业结构下，各产业部门劳动报酬变动对于劳动报酬占比的影响，为固定构成影响；既定的各产业部门劳动报酬下，产业结构发生变化引起的劳动报酬占比变化，为结构变动影响。运用因素分析法，可以把劳动报酬占比的变化分解为固定构成变化的影响和结构变动部分的影响，表 6-1 分析了我国不同历史时期劳动报酬占比的变化因素，从表中最后一列"绝对变动因素贡献"可以看出，中国劳动报酬占比发生的变化中，结构变动对于中国劳动报酬占比变动的贡献相对于固定构成变动的贡献具有绝对的地位。这意味着，产业结构的变动是引起我国劳动报酬占比的主要原因。产业结构的调整和升级，是国家干预经济运行的重要内容，国家经济体制的变革和产业政策变化都会引起产业结构的变化。从这个意义上说，经济体制和产业政策是决定劳动报酬占比的主要因素。而在短期内，产业结构相对稳定，此时，各产业部门劳动报酬变动支配了劳动报酬占比的变化。根据白重恩和钱震杰（2009）[1] 的分析，工业部门劳动报酬变动是影响产业部门劳动报酬变动的主因，其中占 90％的工业部门劳动报酬变动源自国有企业改制和垄断程度的影响。

表 6-1　我国劳动报酬占比的变化因素[2]

基期	报告期	劳动报酬占比		固定构成影响		结构变动影响		绝对变动因素贡献	
		相对变动	绝对变动	相对变动	绝对变动	相对变动	绝对变动	固定构成	结构变动
1978	1980	111％	0.192	116％	0.0238	96％	−0.004	14％	86％
1985	1989	96％	−0.018	88.4％	−0.022	108％	0.0047	12％	88％
1989	1995	82％	−0.042	74.5％	−0.018	99％	−0.0038	19.2％	80.8％
1996	2002	135％	0.212	84.9％	−0.02	107％	0.2287	−9.4％	109％
2003	2009	93％	−0.03	96％	−0.0068	91％	−0.0211	33.3％	66.7％
1978	2009	255％	0.28	79.8％	−0.009	131％	0.29	−3％	103％

（二）中美劳动报酬占比变化中的制度因素

从图 6-1 可以看出，美国劳动报酬占比很稳定，基本在 0.55～0.60 之间

---

① 白重恩、钱震杰. 国民收入的要素分配：统计数据背后的故事 [J]. 经济研究. 2009，(3)：27—41
② 引自：张乃文. 现阶段中国初次分配劳动报酬份额实证研究 [D]. 武汉：华中师范大学. 2011. P20

波动，但是在 1980 年达到最高值之后却呈现波动下降的趋势。究其原因是因为美国产业结构的调整和分配制度的变化。在这个过程中，美国大量的就业人员从制造业转向服务行业，且美国制造业工资率水平高于服务业工资率水平，导致了劳动报酬占比的下降；同时，美国有非常发达的私人产权保护机制，造成了资本绑架劳动，使得职工薪酬水平的增长低于同期经济的增长，造成了劳动报酬占比的下降。

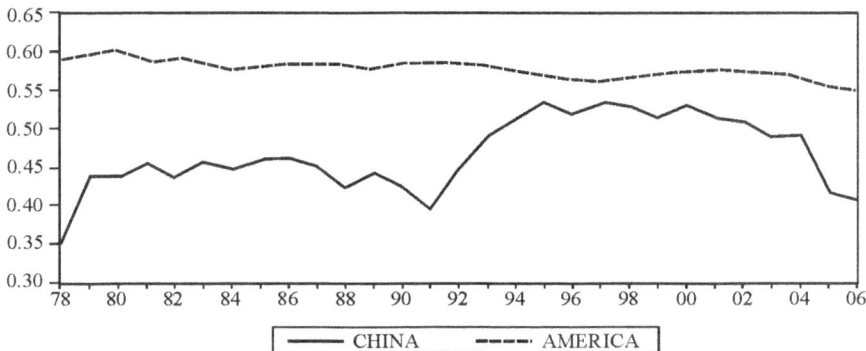

图 6-1　1978—2006 年中美国劳动报酬占比比较[①]

图 6-1 显示了我国和美国劳动报酬占比的巨大差异，一是绝对值的差异，二是波动的幅度差异。美国产业结构中，服务业等第三产业占据了很大的比重，我国仍以制造业和建筑业为主；最主要的是两国的收入分配政策存在很大的差异，美国的税负率在 30% 左右，税负工作天数在 110 天上下，我国的税负率约为 43.9%，税负工作天数为 161 天；且美国政府对第一产业的农业是实行大量补贴的。所有这些政策的差异，导致中美两国劳动报酬占比存在很大的差异，我国各年劳动报酬占比的变动也在一定程度上说明了我国经济政策的不稳定。

二、中国区域薪酬差异的制度分析

由于政府规划、资源禀赋、收入分配制度以及经济发展水平等的不同，导致了各地区收入分配格局的差异。

（一）我国省际人均薪酬差距发展趋势形成的制度因素

从图 6-2 可以看出，1952—1978 年，我国实行的是计划经济，全国各省

[①]　引自：张乃文. 现阶段中国初次分配劳动报酬份额实证研究［D］. 武汉：华中师范大学. 2011. P17

市基本不存在薪酬差距；1978—1992 年，虽然已经开放了政策，但是由于处于探索期，改革步伐和力度较小，全国各省市的人均薪酬差距变化还不明显；1992—2007 年，乘着邓小平南巡讲话的春风，东部沿海地区开放政策力度加大，经济得到迅速发展，随着经济水平的提高，当地的人均 GDP 也随之增长。在国民收入分配政策不变的前提下，劳动报酬占比应该是不变的，如果 GDP 增加，那么劳动报酬总额应该随之增长。制度的创新带来了东部沿海地区劳动率的增长、技术的创新和经济的增长，劳动者分享了由此而带来的收益，也拉大了我国各省市人均薪酬的差距。

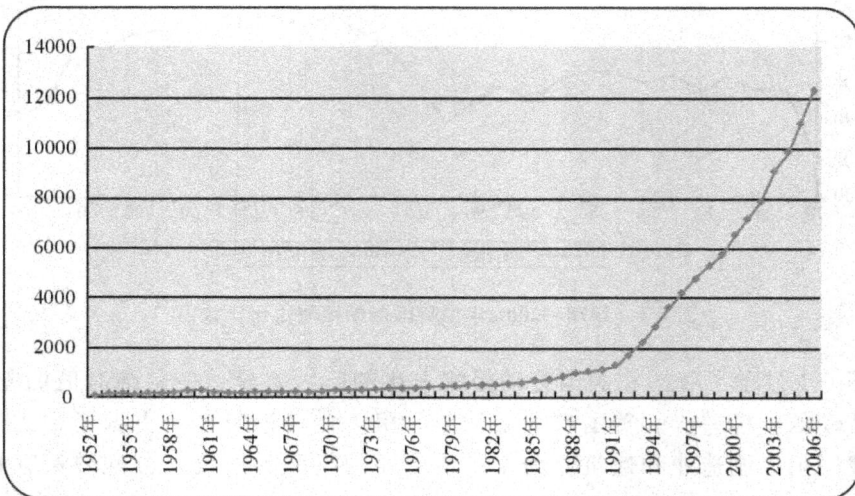

图 6-2　1953 年以来全国各省人均 GDP 的收入标准差变化图①

（二）我国省际人均薪酬差距中的制度因素

市场化指数从政府与市场的关系、非国有经济的发展、产品市场的发育程度、要素市场的发育程度、市场中介组织的发育及法律制度环境等几个方面全面地评价了各地制度差异带来的市场化进程差异。从图 6-3 可以看出，2007 年 31 个省市自治区上市公司平均职工薪酬水平与 2007 年各地的市场化指数曲线的趋势是一致的，这说明各地的制度差异与平均职工薪酬水平存在很强的关联性。

---

① 引自：刘小锋. 中国省际、美国洲际、欧盟国际的人均收入差距变化比较 [D]. 上海：华东师范大学. 2011. P20

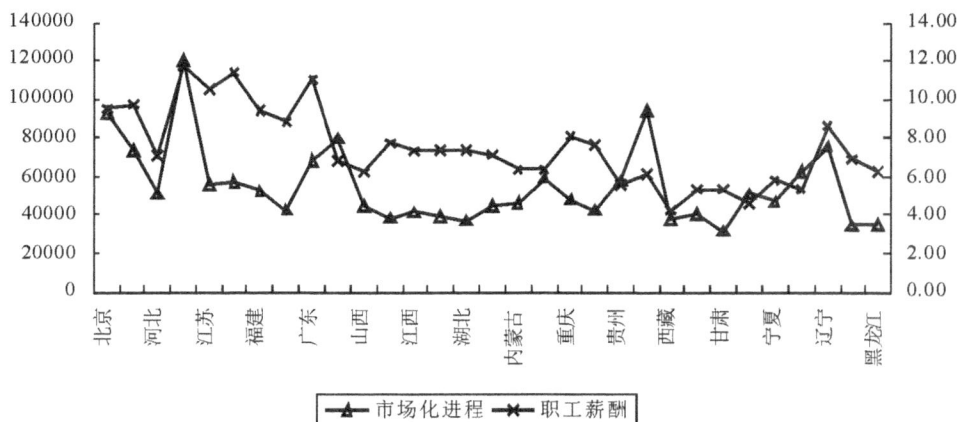

图 6-3 2007 年全国 31 个省市自治区的市场化指数[①]
与该地区上市公司平均职工薪酬[②]水平对比图

三、中国行业薪酬差异的制度分析

在我国，一些行业及跨行业的部门依靠高度集中的行政权力，通过国家法律、各级政府所有权、市场准入规制，甚至行政干预劳动力市场的供需和定价，影响了劳动力市场的均衡，造成了我国劳动者收入差距的拉大。宋晓梧指出"中国行业间工资差距中，约三分之一是垄断因素造成的"。垄断行业依靠政府的准入规制所赋予的排他性生产某种产品的权利，或凭借对关键资源的独自拥有，既享受信贷、投资、税收等方面的政策扶持，又垄断产品价格、经营范围和生产要素，形成了高额垄断利润，垄断利润的一部分通过各种途径又转化为该行业职工薪酬，导致垄断性行业职工平均薪酬过高。

如图 6-4 所示，2007—2010 年，按普通职工薪酬水平的高低进行排名，从高到低依次是房地产业、交通运输仓储业、电力煤气及水的生产供应、批发和零售贸易、采掘业及建筑业；制造业薪酬水平较为稳定且处于低位，基本介于 4 万元到 6 万元之间，农林牧渔业薪酬水平也不高，但在 4 年中确实呈现上涨趋势；其他行业的薪酬水平居中，略有增长。

这与我国的实际情况是相符的，排名前六名的行业中，采掘业、电力煤气及水的生产供应业、交通运输仓储业是我国的垄断行业，房地产业中有

---

① 市场化指数来自于：樊纲、王小鲁、朱恒鹏. 中国市场化指数——各地区市场化相对进程 2009 年报告
② 职工薪酬数据来源于：CSMAR 上市公司数据，计算整理得到。

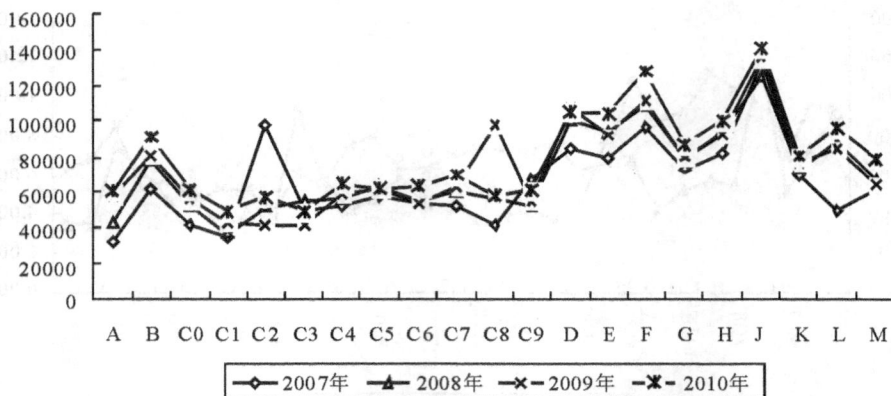

图 6-4　2007—2010 年各行业上市公司平均职工薪酬水平[①]

许多也是国企，甚至是央企。归因于国家土地改革和房产改革，房地产业自 2005 年至今，市场的房价翻了几番，2008 年全球金融危机下，国家 4 万亿保障资金的投入更是催化了房地产热，无形中也推高了房价。在这样的背景下，房地产公司利润丰厚，受雇于房地产公司的高管和员工薪酬也水涨船高，比其他行业的职工薪酬要优厚许多！交通运输业直接成了推高物价的推手，物价上涨的矛头也一度直指交通运输业中各路桥公司和高速公路公司，"此路是我开，此树是我栽，要想从此过，留下买路财"这一"强盗逻辑"的经营方式，使得相关的高速公路公司和路桥公司打着"经营性公路"的旗帜，大肆敛财。如河南高速公路发展有限公司洛阳分公司仅仅负责 98 公里收费公路的管理和养护，职工却超过 400 人，每年公司费用是 4000 万，落实到每个职工身上是将近 10 万的薪酬成本，而公路日常的管理和养护实际上却并不需要高技能和高科技，其所雇佣的员工不管是从受教育的程度还是代表技术水平的职称，与需要高科技和高学历的电子及信息技术行业根本不能比，但前者职工平均薪酬水平是后者的 2 倍左右。采掘业和电力煤气及水的生产供应业所生产产品的价格这些年更是只涨不跌，其高管只管经营，却不问经营的好坏，不承担经营不善的后果，其在职消费也变得日甚一日，职工除享受垄断福利

---

① 代码说明：按照中国证监会 2001 年公布的《上市公司行业分类指引》，可以把上市公司分为农林牧渔业（A）、采掘业（B）、食品饮料（C0）、纺织服装（C1）、木材家具（C2）、造纸印刷（C3）、石化塑胶（C4）、电子（C5）、金属非金属（C6）、机械设备（C7）、医药生物（C8）、其他制造业（C9）、电力煤气及水的生产和供应业（D）、建筑业（E）、交通运输及仓储业（F）、信息技术业（G）、批发和零售贸易（H）、房地产业（J）、社会服务业（K）、传播与文化产业（L）和综合类（M），数据来源于 CSMAR 上市公司数据。

的同时，因国家对于国企高管薪酬的限制，在一定程度上，缩小了普通职工与高管薪酬的差距，实质上增加了普通职工的薪酬水平。

四、职工身份的薪酬差异制度分析

农村进城务工人员的工资和城镇职工工资比例差距也越来越大，2005年的比例是1.73，2008年是1.8，2009年是1.9，到2011年扩大到了3.33[①]，城乡差距越来越大。在基本社会保障方面，以我国全部城镇就业人员为基数，2008年四项基本社会保障（养老、医疗、工伤、失业）的覆盖率在41%～55%之间，而对农村居民来说，目前还只有农村低保和新型合作医疗得到了普及，其保障程度也还远远不能与城镇相比。此外，2005年，国际劳工组织的数据显示，绝大多数国家的城乡人均收入比都小于1.6，只有3个国家超过了2，中国名列其中。而美、英等西方发达国家的城乡收入差距一般是在1.5左右。我国1986年的城乡收入比就达到了2.12，从那时起差距持续拉大，至2002年该比例突破3，2002—2011年，城乡收入的差距一直在3倍以上，如表6-2所示。

表6-2 城乡收入对比

指标	农村居民纯收入（元）	城镇居民可支配收入（元）	城乡收入比
2001	2366	6860	2.90
2002	2476	7703	3.11
2003	2600	8472	3.26
2004	2936	9422	3.21
2005	3255	10493	3.22
2006	3587	11759	3.28
2007	4140	13786	3.33
2008	4761	15781	3.31
2009	5153	17175	3.33
2010	5919	19109	3.23
2011	6977	21810	3.16

---

① 2011年12月15日《中国青年农民工项目综合政策建议报告》说，我国青年农民工的收入仅为本地城镇职工平均工资水平的30%。

从收入分配的公平性来说，城乡收入差距体现了收入分配的最大不公。一是，长期存在着对农村教育、医疗等公共服务投资的不足，导致了农村师资资源的不公，教育质量较低且平均受教育年限较短，人力资本存量不高，进而其劳动生产率较低，直接体现为劳动报酬水平的低下；二是，国家长期实行城乡分割的户籍制度和管理体制，导致了我国经济发展的二元经济特征，使得进城务工劳务人员只能进入城市非重要部门，其劳动报酬自然不能与城市重要部门的劳动报酬相比，且他们中有 30% 没有与用人单位签订劳动合同，劳动合法权益常常得不到保障；三是，制度背景使城市拥有了城市政策的单方决定权，也导致了从事相同工作的城乡人的工资的不同。要缩小城乡收入差距，就必须打破分割城乡的户籍管制、投资体制、管理体制，改变城乡分割的经济政策的内生机制，改变城市单方面决定城乡政策的制度（陈钊 & 陆铭，2008）。

此外，观念、意识等非正式规则对职工薪酬差异同样会产生重要影响。不同类型的企业，不管是企业经营者，还是普通职工，其对于职工薪酬差异的观念和认知态度是不同的。国有企业管理高层，深受"以和为贵，不患寡而患不均"思想的影响；普通职工又深受长期的大锅饭分配制度的影响，使得企业倾向于平均薪酬和低收入差距。而家族企业、私营企业等非国有企业，比较认同"能力"和"效率"，公司高层总以为公司是"自己的私人财产"，对于国家有关的《劳动合同法》、社会保障制度及最低工资制度等执行不力；相应地，普通职工对于就职的企业没有归属感和认同感，普通职工囿于"保住工作"一般不敢伸张自己的"薪酬正义"，造成"资本绑架劳动"的事实，这使得企业内部薪酬由企业高管说了算，薪酬差距较大。当然，不同的地区，人们对薪酬差距也会存在不同看法，经济欠发达地区的企业职工对激励和薪酬差距的理解一般与发达地区会存在差异，从事相同工作的城镇职工的薪酬水平高于进城务工人员的薪酬水平就是很好的证据。这些观念、意识等非正式规则对于不同类型不同地区的企业薪酬的影响依赖于政府对正式制度的推进力度和人们对正式制度学习和适应速度。

劳动报酬契约实质上是公司理财的一部分，劳动报酬也体现了劳动者对于公司经营成果的一种分享。如果国家的税收、产业政策等经济政策向资本所有者和国家倾斜，将不利于调动员工的工作热情，影响企业理财效果和效率，毕竟政策的最终执行者是员工。同时，过低的薪酬水平会迫使高技能的员工首先退出，那么类似于"柠檬效应"，企业最后只剩下低技能水平的员工，其产出率将大打折扣，从而影响企业经营业绩。我国《内部控制应用指引第 4 号——社会责任》明确指出："企业应当与员工签订并履行劳动合同，遵循按劳分配、同工同酬的原则，建立科学的员工薪酬制度和激励机制，不得克扣或无故拖欠员工薪酬。企业应当建立高级管理人员与员工薪酬的正常增长机制，切实保持合理水平，维护社会公平。"处理好职工与企业间的财务关系，把职工利益放在恰当的位置，不仅对资本所有者负责，也需对职工负责，这是企业社会责任意识的体现。

第三节　职工薪酬视角下企业制度影响公司理财的案例分析
——以中国远洋控股股份有限公司为例

公司的每一项制度，对于公司理财都有着重要的影响，而且相对于具体的公司，其内部的企业制度总会存在差异，我们无法详细列举一家公司所有的制度来分析说明其对于公司理财的影响，更无法对每家公司每一项制度做出详细的说明。但是，我们可以从企业制度的目标、效果和效率出发，来分析它们对于公司理财的影响，进而说明企业制度对公司理财的影响。企业的各项制度就是一组联系各相关利益主体的非正式和正式关系的制度安排，通过这种制度安排来制衡内部各利益相关者的责权利，保证公司决策的科学，以实现公司各利益相关者利益的维护和满足。而国内外学者对于企业内部控制的共识是，"一组联系企业内部各相关利益主体的非正式和正式关系的制度安排和结构关系网络，其根本目的是通过内部相关利益主体间责权利的相互制衡，以达到效率和公平的合理统一（林钟高等，2006）"。而且，按照 COSO 对于企业内部控制的要求，它包含了控制环境、目标设定、事件识别、风险评估、风险应对、控制活动、信息与沟通、监督等 8 个方面的要素，是涵盖企业运作各个环节的全面风险管理的制度设计。就我国来说，企业内部控制是包含了内部环境、风险评估、控制活动、信息与沟通、内部监督等 5 个方面的要素，虽然在表述上和 COSO 存在差异，但其实质内容却是一致的。可见企业制度和企业内部控制制度无论在目标设定，还是制度运用的效果和效率上都是一致的，而且企业内部控制制度也是企业制度的重要内容，公司的内部环境对于企业内部控制制度的实施效果和效率有着举足轻重的作用。因此，这里我们通过分析企业内部控制的"内部环境"对于公司理财的影响来反映和分析企业内部制度对于公司理财的影响。

一、背景介绍

中国远洋控股股份有限公司（以下简称"中国远洋"），成立于 2005 年 3 月 3 日，是中国远洋运输（集团）总公司的资本平台，国务院国有资产监督管理委员会拥有中远集团 100％的股权。该公司通过下属各子公司为国际和国内客户提供涵盖整个航运价值链的集装箱航运、干散货航运、物流、码头及集装箱租赁服务。其中：全资子公司中远集装箱运输有限公司经营集装箱航运及相关；中远散货运输有限公司、青岛远洋运输有限公司、中远（香港）航运有限公司及深圳远洋运输股份有限公司经营干散货航运业务；中国远洋物流有限公司提供包括第三方物流及船舶代理、货运代理在内的综合物流服务；中远太平洋有限公司经营码头业务；中远太平洋下属的佛罗伦货箱控股有限公司经营集装箱租赁业务；中远太平洋的参股联营公司中国国际海运集装箱（集团）股份有限公司从事集装箱制造业务。

二、中国远洋薪酬现状

该公司的董事长、副董事长及部分董事、监事薪酬的具体发放过程执行国务院国有资产监督管理委员会有关规定，董事、监事报酬由股东会决定；对总部高管人员的绩效考核侧重于经营业绩方面，高管人员的薪酬与公司的年度经营业绩和股市形象的情况直接相关联，所属子公司高管人员的绩效考核分为年度经营业绩和高管人员的个人综合能力考核，将下属公司完成经营业绩的情况直接与高管人员的薪酬与晋升挂钩；公司制定了全面的人事管理规章制度，包括员工招聘、绩效考核、薪酬管理、劳动保险以及员工培训等。同时，积极利用各种先进的技术手段完善薪酬管理基础工作，及时发现薪酬相关风险，并改进工作流程和相关制度。

（一）高管薪酬现状

本书数据来源于中国远洋公开披露 2008 年至 2010 年的财务报告。以下为中国远洋 2008 年至 2010 年高管薪酬的统计表，如表 6-3 和表 6-4 所示。

从表 6-3 中我们可以看出，2008—2010 年"内部人"高管的人数均为 17 人，2010 年的企业净利润和 2007、2008 年相比，相差很远，而 2010 年高管的薪酬合计与 2007、2008 年却相差无几。

表 6-3　2008—2010 年中国远洋高管薪酬统计表　　　　单位：万元

年份 职务	2007 年	2008 年		2009 年		2010 年	
		人数	领取的报酬	人数	领取的报酬	人数	领取的报酬
董事		12	848.51	11	461.11	11	789.45
其中：独立董事		5	117.24	4	127.30	4	128.60
监事		6	250.99	6	245.46	6	333.37
其中：独立监事		2	37.18	2	34.42	2	44.80
高级管理人员		6	1 327.93	6	858.85	6	1,187.22
高管人数/薪酬合计	2,713.39	24	2,427.43	23	1565.42	23	2,310.04
企业净利润	196,967.32		370,689.35		−12,982.18		80,760.72

表 6-4　2008—2010 年"内部人"高管薪酬及高管薪酬合计　　　　单位：万元

年份 高管姓名	2008 年	2009 年	2010 年
魏家福（董事长）	224.06	72	198.29
张富生（副董事长）	200.89	66	178.46
陈洪生（董事/总经理，董事）	189.62	70.57	32.24
张良（董事，董事/总经理）	19.82	24.13	158.63
李建红（董事）	34.77	36.77	30.27（11 月）
许立荣（董事）	30.70	31.37	32.35
孙月英（董事）	31.40	32.97	30.61
李云鹏（监事会主席）	26.35	31.20	32.40
马建华（监事）	84.51	102.30	100.59
吴树雄（监事）	86.60	49.68	137.78
李宗豪/骆九连（监事）	16.35	18.24＋9.62	17.80
孙家康（副总经理）	147.16	60.25	148.32
许遵武（副总经理）	152.45	83.15	135.83
叶伟龙（副总经理）	177.51	90.27	135.43
徐敏杰（副总经理）	513.37	519.42	490.06
何家乐（财务总监）	168.72	52.57	143.90
张永坚（董事会秘书）	168.72	53.19	133.69

续表

年份 高管姓名	2008 年	2009 年	2010 年
"内部人"高管薪酬合计	2273	1403.7	2136.65
年人均"内部人"高管薪酬	133.71	82.57	125.69
高管薪酬前三名合计数	938.32	711.99	866.81
所有高管薪酬合计	2427.43	1565.4	2310.04
高管薪酬前三名占高管薪酬的比重	38.65%	45.48%	37.52%

从表 6-4 的分析中可以得出：（1）2008 年至 2010 年高管薪酬前三名占高管薪酬的比重分别为：38.65%，45.48% 和 37.52%。特别是在 2009 年，中国远洋亏损十几个亿，高管薪酬前三名合计数几乎占到了全部高管薪酬的一半；（2）3 年中无论企业经营业绩如何，高管所获薪酬可大致分为两部分，一部分以董事长和经理层为主的高薪酬，一部分以董事及监事为主的较高薪酬。而且这两部分内部薪酬差距都较小；（3）3 年中无论企业经营业绩如何，徐敏杰副总经理的薪酬都差别不大，且一直位居榜首。特别是在 2009 年企业严重亏损的情况下，其"内部人"高管的平均薪酬仍然高达 80 多万，尤其是徐敏杰副总经理，薪酬费用为 519.42 万元，是 3 年中最高的。

（二）普通员工薪酬现状

1. 岗位设置情况

表 6-5 数据显示：①公司 2008 年有在职员工 34304 名，其中作为"其他"的就有 14029 人，也就是说占在职员工 40.90% 的职工没有明确的岗位设置；②企业 2009 年新增在职员工 4922 人，新增退休人员 6348 人，也就是说在 2008 年 12 月 31 日的基础上，有 18.51% 的人员退休，即将近五分之一的人员退休。而新增的人员中，按其教育程度，硕士及以上新增 176 人，大学本科新增 1665 人，大学专科新增 1624 人，中专及以下新增 1457 人；③2010 年相较于 2009 年，新增退休人员 1082 人，而经营管理人员增加了 1171 人，生产人员却减少了 1380 人。

2. 薪酬分配情况

就中国远洋来说，企业的职工薪酬，最终可分解为两部分，一部分通过"应付职工薪酬"和"支付给职工以及为职工支付的现金"来反映；一部分通过"应付职工薪酬"和"购建固定资产、无形资产和其他长期资产所支付的现金"来反映。但是"购建固定资产、无形资产和其他长期资产所支付的现金"中只有一部分归属于职工薪酬。由于企业薪酬资料属于内部资料，难以取得，这里采用现金流量表中"支付给职工以及为职工支付的现金"加上资产负债表中"应付职工薪酬期末数减去期初数的余额"，来估算应归属于本期的职工薪酬费用。

表 6-5　中国远洋 2008—2010 年公司员工总体情况、专业构成及教育程度情况表

单位：人

	2008 年		2009 年	2010 年
公司员工情况：				
在职员工总数	34304		39226	39458
需承担费用的离退休职工人数	7872		14220	15302
专业构成情况：		专业构成情况：		
管理人员	5733	经营管理人员	10649	11820
工程技术人员	8106	生产人员	22843	21463
其中：研究开发人员	517	其中：自有船员	14019	13066
销售人员	5632	/	/	/
专职审计人员	76	/	/	/
专职纪检监察人员	58	/	/	/
信息科技	670	/	/	/
其他	14029		5734	6175
教育程度情况：				
硕士及以上	860		1036	1161
大学本科	9008		10673	11388
大学专科	10218		11842	11971
中专及以下	14218		15675	14938

根据中国远洋 2008—2010 年财务报表相关项目数据，我们可以估算出 2008—2010 年的职工薪酬费用和人均年薪酬费用，具体见表 6-6。估算的职工薪酬费用存在误差的可能在于"应付职工薪酬"中可能包含了"购建固定资产、无形资产和其他长期资产所支付的现金"中属于职工薪酬的部分。而事实上，中国远洋 2008 年、2009 年和 2010 年，3 个年份的 12 月 31 日

均不存在"在建工程"及"研发支出"余额。2007—2010 年中国远洋固定资产的期末余额分别为 3663751.00 元、6476054.42 元、5028137.19 元及 3533789.55 元；无形资产期末余额分别为 356385.00 元、1480004.60 元、1621204.32 元及 1159944.79 元，结合中国远洋的固定资产和无形资产具体项目明细，我们可以推测，即使固定资产或自行开发无形资产中包含有"职工薪酬费用"，其数额也不大，因此，这部分薪酬对我们估算中国远洋公司薪酬总额的影响不大，在此不予考虑。

表 6-6   2007—2010 年职工薪酬相关资料   单位：元

项目 年份	应付职工 薪酬年末	支付给职工以及 为职工支付的现金	估算的年度 职工薪酬费用	人年均薪酬
2007	378 603 336.28	29 602 098.39		
2008	118 631 154.42	85 468 525.73	− 174 503 656.13	− 6741.08*
2009	199 586 270.81	107 661 645.46	188 616 761.85	5270.74*
2010	179 623 656.73	133 147 584.50	113 184 970.42	3165.75*

带 * 的数据来源为所估算的年职工薪酬费用除以该公司当年的在职员工总数，其中在职员工总数的"其他"，考虑其可能会有的与有明确岗位员工的薪酬的差异，我们把 2.5 个"其他"类别人员约当为 1 个有明确岗位类别员工的薪酬。

三、薪酬问题的企业制度原因分析

（一）组织结构的缺陷引起的薪酬问题

审计署于 2011 年 5 月 20 日公布的对中远集团的审计报告中指出，至 2009 年底，中远集团所属企业法律层级多达 11 级，5 级及以下子公司多达 763 家，占 66.8%，总部对这些企业难以实施有效控制。目前，中远集团拥有中国远洋控股股份有限公司 52.8% 的股权，而国务院国有资产监督管理委员会拥有中远集团 100% 的股权，也就是说中国远洋控股股份有限公司的管理层属于委托代理链的第三级次。而管理层级过多，必然导致严重的信息不对称和委托代理问题。一方面，作为所有者的国有资产管理部门天然地处于信息劣势，很难低成本地观察到国有企业的经营业绩，这也就意味着政府很难与国有企业的经营者事前签订有效的激励契约，也很难事后实施有效的监督。并且，鉴于公有产权在国家性质中的地位，又使得政府作为一个整体很难退出这一场信息严重不对称的交易，政府作为所有者有续约之义务，无拒约之权利。另一方面，管理层级过长加上企业的国有性质，也导致了国有企业"所有者缺位"的问题。所有者的缺失，会导致委托代理契约的不完备性，这样的制度背景给国企高管们自定薪酬提供了温床。中国远洋 2008 年并无不存在需要执行的被授予的股权激励，且在全球金融背景的前提下，其高管薪酬总和为 2427.43 万元，这是历史最高的薪酬水平。此外，中国远洋 2008 年至 2010 年高管薪酬前三名占所有高管薪酬的比重分别为：38.65％，45.48％和 37.52％，其自定薪酬的趋势较为明显，而且，即使在巨亏几十个亿的 2009 年，有高管仍可以获取比企业盈利时更高的薪酬（519.42 万元），可见，高管薪酬与公司的年度经营业绩并不太相关。更多地，在缺乏所有者监督的情况下，必然会在现有管制的国有企业薪酬安排以外，替代性地形成多元的、不直接体现为货币的报酬体系，由此造成了国企经理人的大量在职消费问题，在很多国有企业，在职消费常常远超出合理的水准，随意性强，过多过滥，甚至处于失控状态，呈现出自我激励的高昂成本，而这部分成本鉴于信息的不对称，是监管者无法观察的。

此外，组织结构的缺陷也会引起普通职工的薪酬问题，从表 6-6 中我们发现每年年末"应付职工薪酬"的金额都远远大于当年"支付给职工以及为职工支付的现金"，国有企业一般是按月发放工资，只有每年的 12 月，因为绩效考评和其他原因，有些职工薪酬会拖延到下个年度发放，会使得"应付职工薪酬"存在期末余额。也就是说国企 12 月职工薪酬的实际数额要远远大于全年的正常薪酬水平的合计数，这也就不难解释审计署 2011 年 5 月 20 日发布的审计结论了，即 2007 年至 2010 年 7 月，中远集团本部和所属企业使用虚假发票分别套取资金 97.9 万元和 1689.18 万元，用于发放职工奖金、补贴。这样大规模的薪酬违规行为要是没有企业高管的参与，怎会实现呢？而高管们如此行事的理由，是由于薪酬管制要与本单位员工平均收入的倍数挂钩吗？根据表 6-4 的计算结果，可以知道 2008—2010 年年人均"内部人"高管薪酬分别为：1337100 元、825700 元和 1256900 元；而据表 6-6，此期间普通职工的年均薪酬却只有：－6741.08 元、5270.74 元及 3165.75 元。由此，我们不难算出 2009 年和 2010 年高管薪酬与本单位员工平均收入的倍数为 156.66 倍和 397.03 倍，这远远超出了国有企业高管薪酬不得超过本单位员工平均收入 12 倍的规定。这再一次说明了国有企业所有者缺位、管理链过长所带来的国企薪酬分配不公问题。

（二）发展战略引起的薪酬问题

《内部控制应用指引》所称发展战略，"是指企业在对现实状况和未来趋势进行综合分析和科学预测的基础上，制定并实施的长远发展目标与战略规划。"但是，在目前的制度背景下，我国国企高管人员面临着任职升迁等政治因素的风险，权力、报酬和任职风险呈现复杂的关系，在这样的环境下，高管们的大部分精力都用在了处理与政府的关系上，根本没有足够的时间和精力来综合分析现实状况和科学预测未来趋势，更谈不上在此基础上制定、实施长远发展目标与战略规划了。此外，与西方国家的 CEO 们相比，我国国有企业高管人员自身的财富和财力还处于积累阶段，短期报酬对他们而言不仅非常重要，而且风险很小，有更大的吸引力。因此，形成了我国国企高管人员的过度在职消费、信息披露不规范、短期行为、过度投资、工资等收入增长过快、转移国有资产、不分红或少分红等行为。

中国远洋虽然没有直接体现出其发展战略引起了薪酬问题，但是从中国远洋 2009 年巨亏的原因分析，我们可以得知，一是集装箱运输在量价齐降的窘境下，为该公司带来 58 亿元的巨额亏损；二是干散货船退租和合同调整费用增加 9 亿多元；三是新税法规定境外租入船舶代扣代缴营业税计提调整 7.8 亿元。2008 年全球已经进入次贷引发的经济危机，而该公司并没有对此做出充分的估计，导致了公司 2009 年的巨亏，2009 年公司高管的薪酬相较于2007、2008 和 2010 年确实大幅度下降了，而且没有对其投资者分配红利，可见，发展战略的短视会引起薪酬问题。

（三）人力资源管理不到位引起的薪酬问题

从中国远洋职工岗位设置现状的分析中，我们发现：（1）该公司岗位设置混乱。2008 年占在职员工 40.90％的职工没有明确的岗位设置，如果没有明确的岗位设置，如何进行严格考核与评价，并据此做出正确的薪酬协调呢？更没有办法来体现效率优先的原则。2010 年相较于 2009 年，新增退休人员1082 人，而经营管理人员增加了 1171 人，生产人员却减少了 1380 人，很明显该公司的岗位设置存在不合理。（2）2009 年市场环境恶化，公司巨亏，但是企业在职员工却新增 4922 人，新增退休人员 6348 人，两者合计 11270 人，也就是说在 2008 年 12 月 31 日的基础上，有 18.51％的人员退休，即将近五分之一的人员退休。而新增的人员中，按其教育程度，硕士及以上新增 176人，大学本科新增 1665 人，大学专科新增 1624 人，中专及以下新增 1457人。很明显，中国远洋的职工不能保持相当稳定的状态，并且不能吸引优秀人才的加盟，公司没有确保员工队伍处于持续优化状态。这会直接造成公司的薪酬费用增加，福利费用增加，但却不一定带来预期的效益。

相应地，中国远洋职工薪酬问题更为严重。根据表 6-6 的计算结果，我们发现：（1）2008 年的职工薪酬费用竟然是负数，这与事实不符；（2）2010

年相对于 2009 年的职工薪酬在公司职工总数、成员构成及教育程度构成大体都略高的条件下，其薪酬比 2009 年降低了 75431791.43 元，而且 2009 年到 2010 年国内物价上涨严重，大部分企业都为员工加了薪。

可见，中国远洋没有建立和完善人力资源的激励约束机制，无法对各级管理人员的全体员工进行严格考核与评价，也不能确保员工队伍处于持续优化状态，最终不能体现效率优先、兼顾公平的原则。

（四）企业文化引起的薪酬问题

从中国传统文化的主流来看，在中国的文化体系中，法家思想始终没有占据主流，占主导地位的是儒家文化的学说，儒家文化崇尚的就是中庸之道，儒家文化对于国企企业文化的影响就是"不患寡而患不均"。国有股权的性质，平均主义的影响太过深远，导致对主要高管人员的倾斜程度太小、激励不足，反倒给其他高管人员提供了"搭便车"的激励，从而影响了业绩的提高。尽管我国企业家的年薪与普通员工的收入差距已经拉大，但高管人员之间，害怕引起内部矛盾，担心影响班子团结，不敢拉大报酬的差距，甚至将党政工团全部包括进去，使长期激励方案成为高管的一项福利制度安排，影响了报酬激励的有效性。另外，上市公司高管在职消费现象普遍，主要高管可以间接通过在职消费提高个人收入，且他们可支配权力相对其他高管而言较大，而公司披露的报表信息并未涵盖其所有薪酬。在上述对于中国远洋高管薪酬的分析中，我们看到：三年中无论企业经营业绩如何，高管所获薪酬可被大致分为两部分，一部分以董事长和经理层为主的高薪酬，一部分以董事及监事和独董为主的较高薪酬。而且这两部分内部，高管间的薪酬差距都较小。

（五）社会责任缺失引起的薪酬问题

《内部控制应用指引第 4 号——社会责任》明确指出："企业应当与员工签订并履行劳动合同，遵循按劳分配、同工同酬的原则，建立科学的员工薪酬制度和激励机制，不得克扣或无故拖欠员工薪酬。企业应当建立高级管理人员与员工薪酬的正常增长机制，切实保持合理水平，维护社会公平。""企业应当及时办理员工社会保险，足额缴纳社会保险费，保障员工依法享受社会保险待遇。"显而易见，员工的薪酬问题属于社会责任的范畴，反之，社会责任完成的好坏也会影响员工的薪酬问题。

审计署 2011 年 5 月 20 日发布的审计报告表明：至 2007 年底，中远集团所属企业均未按规定清理完实施企业年金前建立的补充养老保险 88255.15 万元，且截至审计时仍未清理完毕。此外，2007 年至 2010 年 7 月，中远集团本部和所属企业使用虚假发票分别套取资金 97.9 万元和 1689.18 万元，用于发放职工奖金、补贴。一方面，中国远洋没有较好地保障员工依法享受社会保险的待遇；另一方面，该企业却使用虚假发票套现发放职工奖金、补贴，严重损害了股东的利益。企业创造利润或财富，要依法纳税、向股东分红，并向管理者和员工发放年薪或工资，企业创造的利润或财富越多，上缴税收和分红就越多，年薪和工资也就随之升高，从而为国家、股东和员工做出贡献，同时促进客户发展等，这在本质上也属于履行社会责任。而中国远洋却违反这项基本的社会责任。

国有企业薪酬管理制度的改革是一个系统工程，不仅取决于企业自身相关制度的规范，也取决于外部非正式制度和正式制度的影响。这间接说明了非正式制度、企业内外正式制度对于公司理财具有直接的作用和影响，是公司正常运作和持续发展的前提和保证。

本章小结

"对经济增长的历史研究就是对制度创新的研究，经济的增长离不开有效率的组织（North，1994）"，"不涉及制度就不可能解释经济增长率上的持续差异（Olson，1996）"，可见，制度决定了组织效率，制度是公司理财的基础。罗尔斯也认为，制度是政治结构、主要的经济和社会安排，其主导分配了社会基本权利和义务，并决定了社会合作产生的利益的分配方式。既定的制度环境下，会计利润反映了公司理财的成果，公司通过理财活动所获得的理财收益是职工薪酬的源泉，实质是公司利润分配的一种方式。另一方面，职工薪酬作为协调企业与职工间理财关系的平衡及激励机制，其水平的高低对于公司理财的激励有着重要的影响。这就说明，职工薪酬既是处理企业与职工间理财关系的激励机制，又表现为公司利润分配的一种方式，是公司利润的一部分，而公司利润归根结底是公司理财成果的反映，所以职工薪酬本质上属于公司理财的范畴。因此，本章以"职工薪酬"为立足点，统计分析了制度对公司理财的影响；并进一步以中国远洋控股股份有限公司为例，分析了公司内部制度对于公司理财的影响。

第七章　现行制度下我国公司理财现状及改进建议

全球经济一体化的背景下，国家间经济的相互依赖性日益增强，而只要存在相互依赖性，就会存在某种规则，这种规则不仅包含了整个社会所传承和主张的文化观念及基本价值观，也体现为国内外政府间、政府部门及政府官员所控制的计划、指令、政策和建立在司法或立法基础上的各项制度中。我国目前处于转轨制经济下的发展中国家，不仅在各项国际经济法的缔结中处于不利地位，而且国内的政治制度、经济制度等均处于转轨时期，这使得我国公司理财的制度基础非常薄弱，且受政府干预较大，制度执行力不强。公司理财制度基础国际地位的劣势，国内制度基础的缺陷，给我国公司投融资、资产运营及利润分配等理财活动及其产生的理财关系的处理带来了诸多问题。有效率的经济组织保证了经济的增长，而有效率组织的产生需要在制度上做出安排，以激励人们有效率地从事经济活动。因此，为了维护国家安全，保障本国经济的发展，我国应在跨国经济活动及其契约的缔结中转变观念，制定政策积极应对，全面风险管理，并寻求申诉自身利益的通道；为保证国内经济可持续的健康发展，应坚持和完善基本经济制度、推进行政体制改革、加快财税体制改革、深化金融体制改革、深化资源性产品价格和环保收费改革等，为我国公司理财提供一个良好的制度环境。

第一节　现行制度下我国公司理财现状分析

"大企业长不了，小企业长不大"，中国企业界的这句话暴露了中国企业发展过程中普遍存在的公司理财问题。融资方面，中小企业融资难，上市公司的融资饥渴症、股权融资偏好、超募资金利用率低、IPO 募资投向频繁变更等现象并存。投资方面，海外投资频频巨额亏损，国内重复投资，投资效率低下，产能过剩，实体经济缺少投资机会，资金纷纷转向民间放贷或资产投资领域。资本营运方面，经济形势不佳，企业运作出现问题，产业链上下游直接出现资金梗阻现象突出，企业"三角债"或将卷土重来。利润分配方面，海外投资者收益高于国内投资者，国内投资者不是在股利分配中获得满意的投资收益，而是在股利分配政策所导致的股价上涨效应中获得了"投机性"的资本利得。

一、现行制度下的公司融资现状

我国的资本市场，从建立之初就是为了替国企解困，20 年过去了，情况又如何呢？

（一）上市或拟上市公司 IPO 造假严重

2010 年 5 月，卷入受到质疑的网宿科技、拓维信息、久其软件、辉煌科技等多家公司 IPO 漩涡的赛迪顾问被曝收费编造数据；2011 年 3 月，深交所中小企业板的绿大地涉嫌欺诈发行股票东窗事发；每 4 家试图上创业板的公司，就有 1 家被举报造假……我国企业在公开市场上融资，必须经过证券监管机构的"核准"，众多上市或拟上市公司的 IPO 造假只说明了一件事，那就是证券监管机构的"无用"，而事实也的确如此。创业板上市公司与拟上市公司 95％拥有高科技企业的光环，而依靠中介机构包装申报高新技术企业比拼的是与科委的人脉关系；在媒体的追究下，证监会发审委否决了造假到极致的胜景山河的上市申请，却放过了二次过会的万昌股份、淮油股份等；在创业板上市只要符合条件，发审委就能通过，即使有时连明显的学历不符、研发资金不符都能闯关上市。无论是高新企业认证造假还是咨询中介数据造假，都与那些或曾任职相关部门或与相关部门交情深厚的市场资深江湖人士脱不了干系，而证监会发审委只要自己不背负责任，不管数据真假，一律照单全收。

2011 年成立的第三届创业板 35 名发审委委员中有 14 名注册会计师；2011 年成立的第十三届主板发审委员名单更是让人难以相信他们能忠于职守。16 名主板发审委员，来自各大会计师事务所的有 10 名，来自各大律师事务所的有 6 名。上市公司与会计师事务所、律师事务所等中介机构之间存在着难以割舍的利益链条，再加上注册会计师或律师自身与上市公司之间的利益联系，怎能做到独立、客观、公正！巨大的经济利益面前，其所承担责任之轻，怎样都无法令人信服！

（二）上市公司股权融资偏好

阎达五等（2001）和黄少安等（2001）很早就发现中国上市公司存在明显的股权融资偏好，这已成为我国资本市场上不争的事实。这与西方认同的融资优序理论相悖。融资优序理论的依据是融资成本的大小，我国公司股利分配的随意性，股权融资的软约束，股票发行的核准制，内部人控制及公司业绩考核制度等各方面原因，导致了我国股权融资的实际成本低于债务融资成本，那么，我国上市公司的股权融资偏好便不难理解。

发行债券是公司债务性融资的重要方式，我国三方监管主导的公司债券发行各司其政，场内交易市场与场外交易市场二分天下，加大了融资的门槛，监管竞争与监管不足并存，降低了市场效率。因监管部门的不同，我国存在三套债券规则：主要以央企、地方重点企业为发债主体，由国家发改委监管的"企业债券"，适用《企业债券管理条例》和发改委发布的若干通知，主要为国家重点项目或基础设施建设募集资金；主要以上市公司为发债主体，由证监会监管的"公司债券"，适用《公司债券发行试点办法》；主要以非金融企业为发债主体，由中国人民银行领导、受银行间交易商协会监管的"中期票据"（实际是一种非金融企业债务融资工具），适用《银行间债券市场非金融企业债务融资工具管理办法》。且这三类债券的发行和交易主要有两个场所，即场外交易的银行间债券市场和场内交易的证券交易所，因技术上两个市场的交易和登记结算系统并未实现互联，债券市场客观上形成了交易市场的"二分"格局。此外，国家要求债券的发行必须满足"累计债券余额不得超过公司净资产的40％"。这导致了实际发行债券的公司以大型央企、地方国企或国有控股公司为主。

作为公司债务性融资的另一重要方式的银行借款，其借款协议除了就借款种类、用途、金额、利率、期限、还款资金来源及还款方式、保证条款及违约责任等做出限定外，往往还会对公司流动资金保持量、公司支付现金股利、公司资本性资本支出规模、公司借入其他长期债务、禁止公司贴现应收票据或转让应收账款、禁止公司以资产做其他承诺的担保或抵押、定期向贷款机构报送财务报表、要求公司主要管理高层在合同有效期内担任领导职务及购买人身保险等进行限制。这些限制在一定程度上制约了公司的经营管理，所以当公司能够以较低成本进行股权融资时，它便成了公司的融资偏好。

（三）中小企业融资难与上市公司超募资金并存

截至 2011 年上半年，全国实有企业 1191.16 万户（含分支机构），内资企业实有 1146.57 万户，其中私营企业 903.49 万户；个体工商户实有 3601.13 万户；农民专业合作社实有 44.6 万户[①]；而截至 2012 年 2 月 20 日，

---

① 数据来源：中华人民共和国国家工商行政管理总局，http：//www．saic．gov．cn/zwgk/tjzl/，统计资料《2011 年上半年全国市场主体发展总体情况》。

上交所上市的公司数是 934 家；深交所上市公司为 1427 家，其中主板上市 484 家，中小板 653 家，创业板 290 家[①]。总额为"几百万户"的企业，而采用公开市场上市融资的不过 2361 家，加上为数不多的海外上市融资企业，大约 1000 家企业只有 3 家企业能够在公开市场上进行股权融资。而我国发行债券融资的企业以大型央企、地方国企或国有控股公司为主。大约 99.7% 的企业只能依靠自有资金，企业间资金相互借贷，银行及非银行金融机构的借款，甚至是民间借贷。目前，我国上市公司也普遍存在治理结构不合理、内部控制制度缺失或无效、财务管理混乱的现状，更不用说中小企业。中小企业资产规模较小，经营管理行为不规范，加大了其债务偿还风险，这些导致中小企业不能融通到银行借款。企业要发展，资金必须先行，企业资金的自我积累是缓慢的，企业间资金借贷也是有限的。我国近年来民间资金借贷迅猛发展，但是，民间借贷始终没有合法地位，不仅风险得不到有效监控，甚至无法确切统计，最终导致了 2011 年民间借贷危机的集中爆发。

另一方面，据深交所报告称，有 204 家于 2010 年中小板新上市的公司，上市之初超募资金总额超过 1200 亿元，上述公司用超募资金补充流动资金约 88.75 亿元，归还银行借款约 117.28 亿元，两项合计占比 17.13%；投资于与主业相关的项目约 55.49 亿元，占比 4.63%。同样是 2010 年在创业板进行 IPO 融资的 209 家上市公司融资金额达到 1618 亿元，其中超募资金 1002 亿元。据上述公司年报披露的信息可知，大部分公司的营收增长超过利润增长，千亿计的超募资金有 70%～80% 没有使用，还有一些超募的公司买股票、买车、买楼已蔚为大观。这些根本不需要资金的轻资产企业上市，让宝贵的资金资源被束之高阁。

（四）上市公司募资投向的频繁变更

2000 年，ST 珠峰在 1 年之中发布了 11 次募集资金投向变更公告，2000—2005 年，沪深两市共有 594 家上市公司，累计发布 1383 次募集资金投向变更公告，涉及资金总额 464 亿元[②]。而根据 IPO 公司的相关公告，1993—2009 年，累计有 533 家上市公司在 IPO 募资之后改变其资金投向，占 2009 年底上市公司总数的 46.59%；533 家企业累计公告变更 IPO 募资投向 847 次，17 年里每年平均大约变更 50 次；涉及总金额 1030 亿元，占 17 年

---

① 数据来源：上海证券交易所，http：//www. sse. com. cn/sseportal/ps/zhs/home. html；深圳证券交易所，http：//www. szse. cn/main/

② 数据来源：刘志杰、姚海鑫. 上市公司变更募集资金投向的动机及监管博弈分析 [J]. 财经问题研究. 2009，（1）：49—56

IPO 募资总额的 12.38%[①]。2006 年 5 月证监会令第 32 号《首次公开发行股票并上市管理办法》第二章第五节"募集资金运用"对 IPO 募集资金的使用进行了导向性的规定；2008 年 6 月《上海证券交易所上市公司募集资金管理规定》从募集资金的使用管理原则、存储、使用、投向变更、使用管理与监督及违反规定的处理等方面对上市公司募集的资金进行了全方位、详细的规定。2011 年 6 月 15 日，海螺水泥公然违反相关规定，公告将动用该公司于 5 月 19 日发行公司债融得 95 亿元资金中的 40 亿元购买理财产品[②]。而据问卷调查分析，有近 70% 的调查对象在募集资金之前，就已打算"先募资金再找项目"；有约 35% 的调查对象认为，募资投向变更无须通过法定程序，或不披露相关信息（刘志杰，姚海鑫，2009）。上市公司变更募资投向公告的原因很多，如市场环境变化、提高募资使用效率及政策变化等。而据刘志杰等（2009）的问卷调查显示：改变募资投向是为了规避资金募集审批制度，或原有投资项目可行性论证不足、受少数利益集团利用等。

二、现行制度下的公司投资现状

（一）海外投资频现巨亏

2012 年 2 月 8 日，首届外交官经济论坛上，华黎明[③]报告显示：2004 年以来，中国共有 14 家企业在海外发生巨额亏损，14 个项目累计亏损达 950.5 亿元，70% 投资不赚钱；实际上，这还只是冰山一角，中国海外投资真实存在的风险要比现在已经暴露的大得多。

2007 年底，中国平安投资 238.74 亿元购得富通集团 1.21 亿股股份；2008 年，富通股价跌至 0.85 欧元／股，中国平安浮亏 229.88 亿元，亏损达 96.29%。而中国平安曾于 2008 年年初，拟以 21.5 亿欧元（约合 240.2 亿元人民币）收购富通旗下资产管理公司 50% 的股权，后因富通财务危机不断扩大而终止了该收购协议。两项收购协议，计划投资资金近 500 亿元。根据《保险资金境外投资管理暂行办法》，中国平安运用外汇资金和人民币购汇资金合计不超过总资产的 15%，中国平安 2007 年末总资产 6510 亿元的 15% 约为 977 亿元，接近同期净资产 1072 亿元。中国平安约 500 亿元资金的投资计划，相当于其净资产的一半，涉及一半股东权益，居然未经过股东会审议。

---

① 数据来源：王立元. 上市公司 IPO 募资投向变更行为的制度根源 [J]. 新财经. 2010，（5）：28—30
② 数据来源：于萍. 733 家公司上半年非经常性收益增长 118%. 中国证券报，2011-08-15
③ 华黎明，中国国际问题研究所特约研究员，中国前驻伊朗、阿联酋、荷兰大使。

2012 年 1 月 21 日，中国铁建与中铁建总公司签署《关于沙特麦加轻轨项目相关事项安排的协议》，备受关注的沙特巨亏项目（净亏损人民币 41.48 亿元）的风险，被中国铁建转嫁给了母公司中国铁道建筑总公司，国家将为这个巨大的失误"埋单"①。这笔巨大的海外投资亏损，尽管有当地的政治、文化等客观因素存在，但最根本的原因是，签署《沙特麦加萨法至穆戈达莎轻轨合同》的时候，"非常草率，并没有进行全面调查，合同的细节都没有。"

2008 年年初，中铝联合美铝以每股约 60 英镑，耗资 140.5 亿美元获得力拓集团 9％的股份，其中中铝出资 128.5 亿美元，10 个月之后，力拓股价暴跌至不足 14 英镑/股，加上英镑和人民币之间的汇兑损失，中铝损失约 750 亿人民币；2011 年 7 月初，中铝宣布澳大利亚昆士兰奥鲁昆铝土矿资源开发项目最终告吹，项目损失高达 3.4 亿元；2009 年底，中石化集团在海外投资的 3 个油气田项目，累计亏损 1526.62 万美元；2009 年 9 月，中国中铁在波兰的 A2 高速公路项目亏损，合同总额 4.47 亿美元。还有一些海外投资亏损则是一笔糊涂账，比如，2010 年 6 月，中钢集团在澳大利亚铁矿石项目暂停，具体损失没有数据显示。

2011 年，中国十大并购事件中涉及企业涉外并购的就有 9 件；商务部 2012 年的统计数据显示，中国目前已经在全球 177 个国家、地区境外投资企业 13000 家，对外投资累计达到 2457 亿美元。一方面是中国企业海外投资热情的高涨，而另一方面却是海外投资的频频失败，这些巨额亏损的企业往往是大中型国有企业。正如时任国务院国资委副主任邵宁②所说，一些企业境外经营风险防范体系不健全，境外资产管控体系不完善，国际化经营人才短缺、经验不足，导致了境外资产损失时有发生。

（二）投资效率差异大

1. 投资率偏高，投资效率偏低

投资增长偏快、投资率偏高，是我国宏观经济运行的一个重要特征。但我国在投资率偏高的情况下，整体投资率低下引起的问题却不容忽视。如下图 7-1 所示，2006—2011 年，我国全社会固定资产投资年均增长率为 25.33％，远远高于同期工业增加值 11.53％的增长速度。尤其是 2008 和 2009 两年，全社会固定资产投资达到此期间最高水平的同时，其工业增加值（如图 7-2 所示）却处于其间最低的水平。这说明，投资增长偏快、投资率偏高，是我国宏观经济运行的一个重要特征。

---

① 曹开虎. 中国铁建海外投资项目巨亏，国家将为巨大的失误埋单. 第一财经日报. 2012-02-16
② 国资委官员坦承：确有少数央企走出去有亏损. 第一财经日报（上海）. 2012-02-21

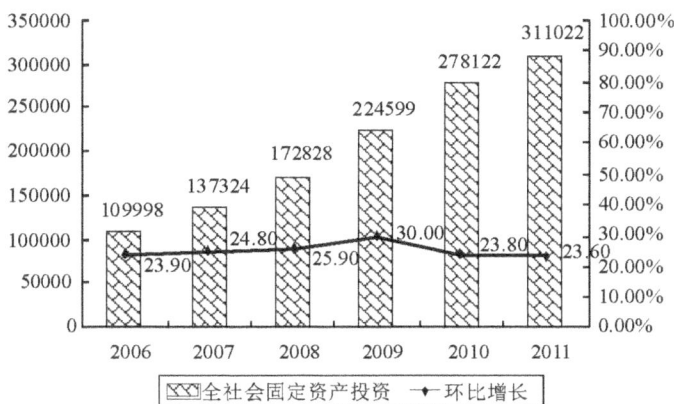

图 7-1　2006—2011 年全社会固定资产投资及其增长速度

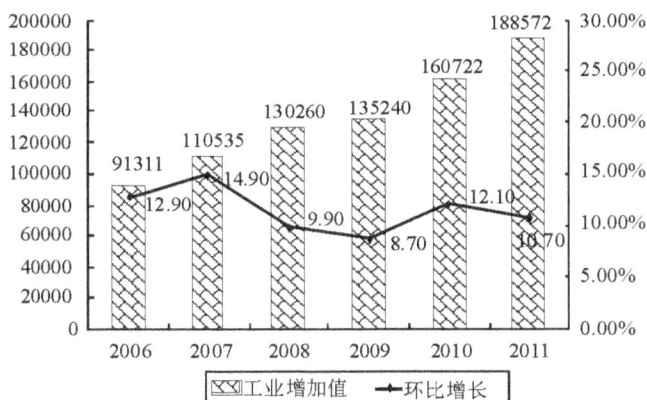

图 7-2　2006—2011 年全部工业增加值及其增长速度

正因为如此，我国目前高投资率带来的高经济增长率所伴随的资本利用率整体低下引起的问题不容忽视。这说明，为维持经济的高增长就必须维持更高的投入，投资效率较低的情况下，投入越多，资金占用就会成倍增长，如此形成恶性循环，最终会造成严重的经济问题。另外，投资率的长期偏高增长必然伴随着资源与环境保护的压力，从而使经济运行绷得过紧，进而经济结构扭曲，不利于经济的可持续发展。不管是政府投资还是企业投资，最终都要通过企业来实现，并影响着企业的投资行为。饶育蕾等（2006）及汪平等（2009）就发现，我国企业普遍存在过度投资行为，公司第一大股东持股比例与投资现金流敏感性显著负相关，尤其是第一大股东为国家时，负相关系数更大。

2. 所有权及行业投资效率差异

在我国，不同的企业类型其投资效率存在差异。如表 7-1 所示，除受金融危机影响较大的 2008 年和 2009 年，我国 2002 年至 2011 年规模以上工业企业实现利润同比增速都在 20％以上，但是不同所有权性质的企业其增长速度存在很大差异。其中，国有及国有控股企业实现利润同比增幅最小，并且是唯一在 2008 年和 2009 年实现利润负增长的内资企业；排除金融危机的影响，我国的集体企业、股份制企业和私营企业都维持了较为稳定的利润增长。刘小玄（2008）的研究证实，国有及控股企业投资虽然拉动了产值的增长，但对增加企业价值贡献并不明显，国有及控股企业存在较多的非效率投资。造成国有及控股企业投资非效率的原因，既有国有及控股企业自身内部治理的问题，也有地方及中央经济增长竞争、政绩、社会保障等治理目标的影响。

表 7-1　2002—2011 年规模以上工业企业实现利润同比增长速度（％）[①]

指标	2002	2003	2004	2005	2006	2007	2008	2009	2010	2011
规模以上工业企业	20.6	42.7	NA	NA	31.0	36.7	4.9	7.8	49.4	25.4
国有及国有控股企业	15.3	45.2	42.5	17.4	27.0	29.6	−14.5	−4.5	59.1	15.0
集体企业	NA	31.4	31.3	32.0	29.5	25.2	29.5	10.3	34.6	34.0
股份制企业	NA	46	39.4	28.7	32.3	35.1	11.4	4.2	49.4	31.2
外商及港澳台投资企业	NA	40.5	25.5	6.9	26.7	34.3	−3.1	16.9	46.3	10.6
私营企业	NA	NA	40.1	47.3	43.6	50.9	36.6	17.4	49.4	46.0

同样，因企业所处行业的不同，其所具有的资本、自然禀赋等投入的要素价格不同，所取得的投资效率也会存在较大差异，如表 7-2 所示。在广东、上海、浙江等发达省市工业利润增幅走低的同时，位于能源生产上游的内蒙古、陕西等省份工业利润却实现了高达 40％以上的增幅。上游的能源产业处于垄断性地位，下游的制造业则是竞争性行业，通过能源价格的上涨，上游的能源产业可以将各种成本转嫁给下游。市场竞争的激烈，原材料、人工等各种经营成本的上升和出口订单的减少，使得下游竞争性制造业的利润增长随之变缓。

---

① 数据来源：中华人民共和国国家统计局. 2001—2011 年国民经济和社会发展统计公报，其中 2007、2008、2009、2010 四年为 1—11 月份统计数据。

表 7-2　2011 年部分省份规模以上工业企业实现利润同比增长（％）①

全国	广东	上海	浙江	陕西	内蒙古
25.4	2.4	−1.2	9.9	44.8	40.4

3. 企业投资回报率较低

虽然我国 2002 年至 2011 年规模以上工业企业实现利润同比增速都在 20％以上，但我国企业利润的增长主要依靠更大的投资率来保证，相较而言，其投资回报率偏低。如表 7-3 所示，2001—2010 年全部沪深上市公司的息税前总资产报酬率 ROA② 与用 1 年期贷款利率折算后的税后债务成本相比，只有 2007 年和 2010 年的上市公司的息税前利润/资产总额高于其债务成本。按照财务理论，如果息税前利润/资产总额小于债务成本，则会放大其财务风险，企业负债经营是不可取的。如果长期的高投入、低产出，会侵蚀企业资产，给企业经营带来失败的风险。

表 7-3　全部沪深上市公司 2001—2010 年 ROA 与 1 年期贷款利率比较表③

指　标	2001	2002	2003	2004	2005	2006	2007	2008	2009	2010
ROA（％）	3.29	2.96	3.25	3.12	2.21	3.13	8.17	1.39	3.04	6.54
1 年期贷款利率	5.85	5.31	5.31	5.58	5.58	5.81	6.65	7.16	5.31	5.35
税后债务成本	3.92	3.56	3.56	3.74	3.74	3.89	4.99	5.37	3.98	4.01

（三）非主业投资增多

统计显示④：2011 年上半年，社会融资规模中委托贷款增加了 7028 亿元，同比增多 3829 亿元，增长率近 120％，委托贷款占社会融资总量的比重达 9.1％；共有 52 家 A 股上市公司发放 112 项"委托贷款"，累计贷款额度超过 160 亿元，同比增长近 38％；对外委托贷款的年利率，最低为 12％，最高则达到 21.6％。2011 年上半年有近 30 家上市公司以上百亿元闲置资金购买银行理财产品，有 9 家上市公司在 2011 年 7 月 7 日央行上调存贷款基准利

---

① 数据来源："2011 年广东工业企业盈利水平较 2010 年降低"，中国工业信息网 2012-02-17，http：// www. 587766. com/news1/34050. html
② 息税前总资产报酬率，ROA，为息税前利润/资产总额。
③ 数据来源：ROA 数据根据 CSMAR 整理计算得到；1 年期贷款利率根据中国人民银行官方网站（www. pnc. gov. cn）公布历次贷款利率变更表加权计算所得。
④ 数据来源：上市公司争放"高利贷"，利息收入超过主业利润. 人民日报（北京）. 2011-08-23

率后宣布购买银行理财产品。海螺水泥最为突出，在 2011 年 5 月成功发行 95 亿元公司债后，6 月随即公告用 40 亿元购买理财产品。

733 家上市公司已披露的 2011 年半年报显示[①]：上半年共取得非经常收益 101.55 亿元，占净利润的比重为 8.85％，同比增长 118.10％；共有 112 家非金融类上市公司存在交叉持股，其中，持有 14 家上市公司股份的百联股份，其初始投资成本为 3.23 亿元，6 月末的账面价值已高达 20.01 亿元；132 家公司披露的中期公允价值变动损益显示：48 家公司变动收益为正，占比 36.36％，上半年公允价值变动损失达 1.28 亿元。

显而易见，投资理财、委托贷款等已成为上市公司新的收益来源。但是，收益和风险总是对等的，上市公司各项非主业投资因行业未来走势不明朗、市场行情不稳定等因素的影响，所蕴含的风险也不容小觑。ST 波导、莱茵置业、香溢融通等多家公司的委托贷款展期，以及 2011 年民间借贷危机的集中爆发就说明了这一点。但这也同时说明，实体经济缺少投资机会，使得经营实业越发困难，资金才会纷纷转向民间放贷或资产投资领域。

三、现行制度下的公司资本营运现状

2010 年年末，沪深两市 2129 家上市公司负债总计 738675.38 亿元，同比 2009 年增加了 111063.63 亿元，增幅为 17.70％。其中，非金融类上市公司因材料、商品采购产生的应付账款余额 2010 年比 2009 年增加了 15565.44 亿元，占同比增加额的 14.01％。同时，上市公司 2010 年新增应收票据达到了 1538.99 亿元，增幅高达 50.74％；2010 年新增应收账款达到了 2685.47 亿元。2010 年经营活动现金流量为负的有 666 家，占比 31.28％。2010 年经营活动产生的现金流量净额合计 26016.04 亿元，较 2009 减少 3980.98 亿元，降幅为 13.27％，主要原因是上市公司 2010 年销售商品等收到的现金较 2009 年仅增加了 38922.76 亿元，不敌购买商品等支付现金的增加额，该增加额高达 39777.57 亿元[②]。

据统计，截至 2011 年 6 月 30 日，上市公司应收账款总额达 1.49 万亿元，比 2010 年同期增长超 30％，很多上市公司、行业的应收付款项都有较高幅度的增长。其中，11 家主要工程机械类企业的应收账款共计 332.77 亿元，同比增长 78.54 亿元，远高于同期营业收入 54.51％的增幅。而截至 2011 年

---

① 数据来源：于萍. 733 家公司上半年非经常性收益增长 118％. 中国证券报，2011-08-15
② 数据来源：财政部会计司课题组，《我国上市公司 2010 年执行企业会计准则情况分析报告》。

8 月 11 日，已披露的 2011 半年报中，具备可比性的 545 家公司上半年经营活动产生的现金流总额为 -44.61 亿元，而 2010 年同比为 62.47 亿元，一年来的经营现金流大幅缩水了 107 亿元之多，可见公司经营过程中的现金比较拮据。

应收账款的增长意味着企业现金流的吃紧，伴随应收账款的持续增长，坏账风险加大，企业日常经营活动所需营运资金需求增加，严重时会使得企业经营周转困难，甚至陷入财务困境。企业"原材料商→配套企业→集团公司→经销商→客户"的存货流转路径中，一旦某个环节存在资金拖欠，就可能形成产业链上的三角债。产业链上下游发生三角债的明显特征就是"大企业应付账款增多，小企业应收账款变多"，因市场上起主导作用的往往是大企业，如果它们发生资金困难，寄生于其周围的中小企业则没有了源头活水，即会引发企业之间的相互欠账，加剧三角债情况的恶化。三角债的蔓延对社会经济发展将产生极大的破坏作用。

四、现行制度下的公司利润分配现状

近年来，我国上市公司中现金分红公司占比逐渐提高，中小板和创业板分红情况也在不断改善。截至 2010 年底，我国有 178 家上市公司累计分红总额超过累计融资总额，占上市公司数量的 8.6%；617 家公司自上市后每年分红，占全部上市公司数量的 26.4%。但是，2001 年至 2011 年上市公司现金分红占净利润的比例仅为 25.3%，实际累计现金分红约占上市公司累计融资总额的 42.5%[①]。与国际成熟市场相比，我国上市公司的利润分配仍存在分红公司占比[②]低、分红率[③]低、股息率[④]低、股利政策不稳定等诸多问题。

（一）分红公司占比低，超能力派现与"铁公鸡"并存

我国上市公司分红占比虽由 2001 年度的 30% 左右提高到 2010 年的 60% 左右，但如表 7-4 所示，与美国道琼斯 88 及标准普尔 500 稳定、高比例分红公司占比还有很大的差距。截至 2010 年，有 45 家公司 10 年累计净利润为正

---

① 数据来源："证监会：督促上市公司完善分红制度，回报投资者"，网易财经，2012-02-22
② 分红公司占比，即派发现金股利公司的数量除以所有公司的数量，是用于衡量市场中上市公司派现普遍程度的指标。
③ 分红率，相当于股利支付率，公司（或者板块）当年股利总金额除以该公司（或板块）当年利润总额，用于衡量公司（或板块）当年利润中用于现金分红的比例。
④ 股息率，即股息收益率，每股股利除以年末每股交易价格，可以反映投资者现金投资回报率，用于衡量上市公司的回报以及企业是否具有投资价值的重要标尺。股息率与资本利得共同构成了投资者的总投资收益率。

却"一毛不拔"。从具体行业看，有16家房地产企业、6家机械设备仪表企业、4家批发和零售贸易企业、3家信息技术企业、3家电力煤气及水的生产和供应企业，交运仓储、石油、化学、社会服务、塑胶及塑料各有两家企业一直没有现金分红。2001年至2010年，国恒铁路、汇通能源及英特集团10年累计利润分别为26593万元、14683万元、13831万元，如此高的累积利润，3家公司依旧"一毛不拔"，没有任何现金分红；南方航空自上市以来，连续7年从未向A股股东派现，即使该公司2010年的未分配利润一度增至近22亿元。有些公司，虽然进行了现金分红，却也只是"聊胜于无"，2010年365家公司每股派现不足"1毛钱"，还有16家公司每股派现仅1分钱[①]。

表7-4　2008—2010年上市公司分红公司占比（％）

指标	分红公司占比		
	2008年	2009年	2010年
全部公司	53	55	61
中小企业板	77	76	78
创业板	/	94	86
沪深300	84	82	85
深圳成指	88	90	88
上证50	93	93	100
深圳100	84	89	85
道琼斯88	92	88	92
标普500	74.6	72.6	75

与"铁公鸡"对应的是一些"挥金如土"的"分红王"。2010年分红总额超过净利润的上市公司约为40家，排名前十的上市公司如表7-5。

其中，排名前三的宝钛股份、金鹰股份和北化股份股利支付率分别为：1244.65％、359.17％和274.38％。值得一提的还有中水渔业，该公司2009年未分配利润为负时，仍然实施了现金分红；2010年年末未分配利润为866.19万元，但计划分红1597.28万元，分红派现率高达184.40％，而其净

① 数据来源：韦夏怡. 840家公司零派息，上百只铁公鸡十年不分红. 经济参考报. 2011年05月06日 http://www.sina.com.cn

利润中的近一半来自于政府高达 2488.14 万元的补助①。

表 7-5　2010 年股利支付率前十名

排名	1	2	3	4	5
公司名称	宝钛股份	金鹰股份	北化股份	林海股份	建投能源
股利支付率	1244.65%	359.17%	274.38%	266.54%	264.15%
排名	6	7	8	9	10
公司名称	鼎泰新材	万泽股份	东信和平	长航油运	华联综超
股利支付率	229.33%	203.37%	182.58%	182.31%	181.41%

有盈利就应该回报投资者，但是，分红额度超过公司净利润，是不可取也不能持续的。

（二）股利支付率及股息率偏低，市场股息结构不合理

1. 股利支付率及股息率偏低

如表 7-6 所示，我国上市公司的分红比率，除创业板外，都低于美国道琼斯 88 指数的分红比率；股息率，除上证 50 指数的分红比率略高于美国道琼斯 88 指数，其他的都相差甚远。据统计，2001 年至 2010 年，流通股股东获得股息率平均为 0.907%，而此期间的美国标普 500 指数股息率通常都在 1.3%～2.5%之间。2001 年至 2011 年，我国上市公司现金分红占净利润的比例仅为 25.3%，而国际成熟市场的比例一般为 40%～50%。2010 年，我国的分红比率为 28%，而同期日本、英国、美国、中国香港及中国台湾的分红比率分别为：58%、41%、24%、34%及 57%。造成股息率远低于国际成熟市场的原因就在于，我国市场偏少的分红比率和较高的市盈率。根据财务学，股息率＝分红比率/市盈率，分子的分红比率变小和分母市盈率的同时变大，会使得股息率变得更小。按照 2010 年底的中国股市统计，其中有近 80%的股票市盈率大于 25 倍，而同期发达国家市场、发展中国家市场、金砖四国、美国、日本、英国分别只有 18.40%、15.40%、17.90%、21.50%、17.20%和 17.70%的股票市盈率高于 25 倍。

---

① 数据来源：刘秀丽. 中水渔业政府不提问 2488 万，分红拿走 6 成多. 投资者报. 2011 年 05 月 22 日. http://www.sina.com.cn

表 7-6　2008—2010 年中国上市公司股息率[①]

指标	股息率			分红比率		
	2008 年	2009 年	2010 年	2008 年	2009 年	2010 年
全部公司	0.93%	0.46%	0.55%	28%	30%	28%
中小企业板	1.3%	0.57%	0.63%	31%	29%	31%
创业板	/	0.50%	0.59%	39%	35%	39%
沪深 300	1.64%	0.83%	1.06%	29%	34%	29%
深圳成指	1.5%	0.84%	1.2%	28%	24%	28%
上证 50	2.12%	1.07%	1.69%	30%	37%	30%
深圳 100	1.39%	0.77%	0.96%	26%	24%	26%
道琼斯 88	1.9%	0.99%	1.56%	32%	36%	32%

2. 市场股息结构不合理

从表 7-7 中可以看到，我国 90% 多的上市公司的股息率低于 2%，大幅高于发达国家市场水平，也高于发展中国家市场水平。中国股市股息率超过 2% 的公司只占 4.6%，蓝筹股为主的沪深 300 的股息率超过 2% 的公司也不到 14%，大幅低于发达国家市场水平，也低于发展中国家市场水平。市场股息率结构不合理，投资者挑选具有稳定回报高股息率股的选择面变窄，在一定程度上也影响了市场形成重视股息回报的良好股市文化。

表 7-7　各个市场股息率市场结构

股息率	发达国家市场	发展中国家市场	美国	日本	英国	深圳 A 股	沪深 300	深证 100
0%	37.80%	23.10%	59.20%	4.20%	17.70%	38.87%	15.33%	15.00%
0%～2%	23%	34.30%	18.90%	41.50%	25.30%	56.47%	71.00%	76.00%
2%～4%	23.20%	22.70%	12.80%	46.80%	31.20%	4.02%	11.00%	8.00%
4%～6%	8.90%	9.90%	4.90%	6.50%	19.10%	0.59%	2.67%	1.00%
6%+	6.30%	9%	3.40%	0.90%	5.90%	0.05%	0.00%	0.00%
N/A	0.60%	1%	0.90%	0.10%	0.60%	0.00%	0.00%	0.00%

---

① 数据来源：深交所金融创新实验室. 中外上市公司分红水平比较研究. 2011 年 09 月 29 日. 证券时报

（三）股利支付集中化

我国上市公司的股利分配存在集中化现象，少数绩优公司贡献了市场大部分的盈利和股利。2010 年度，支付股利最多的 20％的公司贡献了股利总额的 95％；支付股利最多的 10％的公司贡献了股利总额的 90％。对应地，支付股利最多的 20％的公司产生的市值总额占总市值的 66％，息税前收益占所有公司总息税前收益的 89％；支付股利最多的 10％的公司产生的市值总额占总市值的 55％，息税前收益占所有公司总息税前收益的 85％[①]。

（四）偏好融资派现

1997 年至 2005 年，我国实施股利分配送股的公司比例，一度从 30.6％降至 3.4％，但 2005 年之后，送股公司又有所上升，2009 年和 2010 年达到了 17％和 24％[②]。2010 年度，中小板、创业板推出高比例送红股和资本公积金转增股本方案的公司数量和比例均创出新高，其中 69 家创业板公司每 10 股送转 10 股以上，占比近 35％；87 家中小板公司每 10 股送转 10 股，占比近 15％；主板每 10 股送转 10 股以上的"高送转"公司有 7 家[③]，与 2009 年基本持平。

西方各国的股利分配方式是以现金分红为主、送股形式的股票股利为辅。我国的股利分配方式是现金股利、股票股利和混合股利并重，且混合股利又存在"派现＋送股"、"派现＋转增股本"、"送股＋派现＋转增股本"以及"送股＋转增股本"四种方式。据统计分析，2010 年度分红方案公布时，送股公司与分红又送股公司的超常收益分别为 7.27％和 6.91％；而只分红公司和不分不送公司的超常收益仅为 2.57％和 1.98％。中国股市对送股的特殊偏好虽然存在市场投机成分，客观上也是一种"无奈之举"，因为二级市场的股票价格＞股票发行价＞国有权和法人股价格，同股同权原则下分配收益时，二级市场上的投资者支付价格过高而所占股本较低，通过分红收回投入空拍需要几十年乃至上百年的时间。因我国尚未设立、征收资本利得税，而收到现金股利却需要交纳个人所得税，还有一些投资者为逃避税收而更偏好非现金股利。当然，也不排除部分上市公司股利分配采用送股方式，来掩盖公司年报中的"水分"。

---

①　数据来源：深交所金融创新实验室. 中外上市公司分红水平比较研究. 2011 年 09 月 29 日. 证券时报
②　数据来源：深交所金融创新实验室. 中外上市公司分红水平比较研究. 2011 年 09 月 29 日. 证券时报
③　数据来源：《深交所多层次资本市场上市公司 2010 年报实证分析报告》http：//www. szse. cn/main/research/cograduate/yjbg _ front/

（五）股利政策稳定性差

统计分析数据表明，2001 至 2010 年的 10 年间，只有 132 家公司连续 10 年支付股利，占比仅为 13％。为了保证投资者利益，维持股价的相对稳定，境外市场上市公司倾向于采用比较稳定的股利政策和股利支付水平。我国投资者保护程度较低，消息、扩容、政策对股市的影响约占股市总波动的 75％，公司和投资者对股利分配所带来的信号效应不够重视，具体表现为频繁变动股利支付具体方式和股利支付水平，股利政策缺乏连续性。从公司上市时间的长短来看，次新和新上市公司更喜分红，据统计，2010 年至 2011 年一季度上市的公司中，超过八成在 2010 年度进行分红，分红派现率达到 25.15％，而 2010 年以前上市的公司，分红派现率仅 15.08％，低于上市公司整体水平；2009 年上市的 99 家公司，当年度即有 92 家分红，占比达到 95％，2010 年度进行分红的减少到 87 家，占比下降到 88％；2008 年上市的 77 家公司，参与当年度分红 73 家，占比 95％，参与 2009 年度分红的即减少至 66 家；2005 年至 2007 年，上市公司在上市当年度进行分红的占比均在 85％以上，其中 2005 年上市的公司更是全部在当年度分红，但在次年分红的占比均有不同程度的下降①。2010 年度，超过 80％ 的创业板上市公司是次新公司，故 2010 年度创业板上市公司的分红派现率为 19.56％，主板上市公司为 15.43％，中小板公司只有 14.82％。究其原因是很多公司为了顺利上市，上市前进行过分红承诺，新上市公司和次新公司的分红实际是在履约。

改革开放 30 多年，资本市场建立 20 多年，我国的市场经济发展取得了巨大的进步。但是，纵观我国目前公司理财的现状，仍然存在很多问题，如法治不健全及监管"空设"下的弱有效资本市场；政企不分造成的国有企业过度投资，融资软约束；公司治理结构造成的公司风险管控问题；利润分配政策的随意性等。企业的各项公司理财活动和各种公司理财关系是相互关联、相互影响的，对于公司理财问题的解决应具有全局观念，不能人为割裂。

---

① 数据来源："2010A 股公司分红排行榜，赛马实业居铁公鸡榜首". 投资者报. 2011 年 05 月 22 日 http://www.sina.com.cn

第二节　我国公司理财制度基础的完善

为维护经济持续健康的发展，必须提高我国经济组织的效率。企业是经济组织最主要的表现形式，企业的财务状况和经营成果反映了企业经营的效率和效果，其中经营成果决定和影响了公司的财务状况。经营成果是企业理财结果的反映，企业理财就是从事理财活动，处理理财活动中建立的各种理财关系的过程。制度为公司理财活动场所的有序运行提供了保证，规范了公司理财活动的形式、内容及程序，协调了公司理财各关系主体利益，使得公司理财得以有效进行。我国目前公司理财现状的形成，是特定制度环境下公司适应行为的反映，要想提高我国公司理财效率和效果，就必须完善相关制度以规范公司理财行为、恰当平衡各理财关系主体利益，在提高公司理财效率的同时，兼顾公平。

一、建立社会诚信机制

公司理财必须通过交易才能得以实现，交易得以实现的前提是交易双方能从交易中受益，而交易得以发生的前提是交易双方对对方履行承诺的预期。经济发展史表明，本来不认识的交易双方之间能建立起信任是交易范围扩大和经济发展的关键，而作为博弈规则的制度是建立和维持人们相互信任的关键。公司是一系列契约的集合，公司理财过程实际是制度的遵守和契约执行的过程。法律制度可以通过提供正式的合约执行机制使得交易得以进行，但非正式的合约机制也是保证交易得以进行的重要制度，尤其是在法制不健全的国家或地区。Macneil（1985）和 Macaulay（1985）的研究表明，即使是法制最健全的美国，大部分交易契约的执行也是通过非正式的合约安排进行的，商业纠纷的解决常常并不借助法律裁决。契约完备，事件的可观察和可见证是法律可执行合同的必要条件，但是在现实中，由于交易双方的有限理性、知识悖论、信息不对称和交易环境的不确定性，几乎不可能预期所有的事项，签订的契约天生具有不完备性；或即使完备契约是可能的，因其成本太高，也不可能发生。信誉，是人们为获得长远利益而自觉遵守合约的一种承诺，非正式合约的执行是通过信誉机制自执行实现的。

企业组织是现代社会复制信誉机制的主要手段，就像"社会印章"一样，现代社会就是通过企业组织这座"庙"的声誉和实施"团体惩罚"来约束企业组织中"和尚"——员工的行为的。作为信誉载体的企业必须满足以下三个条件：①企业必须存在真正的所有者。企业所有者是其剩余价值的索取者，企业剩余价值的持续创造必须以其信誉为基础，只有企业所有者才具有维护企业信誉的根本动力。给予管理高层的股权激励，就是现代公司制企业为了弥补所有权和经营权分离所造成的企业真正所有者的缺位。②企业具有进入和退出的自由。在完全竞争市场条件下，企业遵从优胜劣汰的竞争机制，没有信誉或信誉很差的企业就会被信誉好的企业所淘汰，为了自身的生存和发展，企业也会非常重视其信誉的培育。相反，如果在垄断条件下，信誉不好的企业也会依靠其垄断地位获取丰厚的租金，自然就不会在意信誉机制的培育。③企业可以被交易。企业声誉的价值，可以通过其销售的商品或提供的劳务价格来体现，也应可以通过企业交易直接体现，企业并购所支付的对价中高于被收购公司净资产公允价值的那部分，在一定程度上体现了企业的信誉价值。企业可以被交易，使得企业信誉价值能被直观衡量，大大促进了企业所有者维护其声誉的积极性。

信誉和法制是相互支持、相互补充的。社会诚信度越高，人们之间的信任度就越高，法律可执行合同的重要性就越低；法制越健全，不讲诚信的成本就越高，法律可执行合同就越有效，此时，客观上对于信誉机制的要求会降低，但因合同能得到有效执行，其实际信誉度仍会升高。公司理财过程需要法制和信誉的相互支持、相互配合。如公司与职工间的理财关系，一方面要靠《劳动法》和各种社会保障机制的制约，另一方面，上层与下层间的考核、激励，则只能依靠诚信来维持；公司应收账款的收回，预付账款的支付，出借资产使用权收入的收回等都离不开诚信的保证。我们应该改善制度环境，完善法律制度，加大不讲诚信的成本，培育信誉机制的形成。

二、加强和完善国家宏观调控

国家宏观调控政策的完善，需要政府把短期调控政策和长期发展政策有机结合起来，充分预计各调控政策可能引起的经济后果，并以此为基础协调运用财政、货币、投资、产业及土地等各项政策工具。

（一）完善金融调控机制

2008年，为应对全球金融危机的冲击，国务院出台了4万亿的救市计划，尔后各地政府也出台了各自的救市投资机会，大量的资金涌向市场。不仅如此，央行在2008年连续5次降低人民币贷款利率，以刺激投资，扩大内需。但是，自 2010 年 10 月至 2011 年 6 月 14 日，央行已连续 12 次上调金融机构存款准备金率，大型金融机构存款准备金率也达到 21.5％的高位，冻结了银行大量的资金，其放贷能力备受制约。一收一放，一张一缩，导致了许多民营企业处境艰难。一些企业在银行的贷款项目，因为调控的原因，被银行强行提前中止，契约精神被破坏，企业既定的部署被打断。由于信贷资源稀缺，银行通过各种名目来增加利息，正规渠道资金贷款利率达到了 30％左右。由于资金紧张，有些企业只能转向利率高企的民间借贷填补银行信贷收紧的资金短缺，最终导致了民间借贷危机在 2011 年的集中爆发。金融系统要按照"稳中求进"的总基调，执行好稳健的货币政策，优化货币政策目标体系，健全货币政策决策机制，改善货币政策的传导机制和环境，"有扶有控"，确保金融安全稳定，促进经济平稳较快发展。

（二）完善产业政策调控机制

2008 年，为应对全球金融危机的冲击，国务院出台了 4 万亿的救市计划，尔后各地政府也出台了各自的救市投资方案，主要是大规模固定资产投资计划。但是政府出台的政策，实际执行的是国有企业，尤其是大型的由中央政府直接操控的、能够体现国家能力的国有企业。一下子，国有企业愁花钱，投资房地产、股市、矿山、能源，海内外并购，财大气粗。这引发了我国新一轮的固定资产投资热，对于基础设施、一些重化工和房地产的大规模投资，引发了市场对钢材水泥及能源化工等相关行业产品的需求，供不应求时，催高了相关产品的销售价格，提高了相关企业的投资回报率；反过来，为追求高的投资回报率，平衡供需，需要提高行业规模和产能，钢材、水泥、能源、化工等行业的投资又刺激了房地产、基础设施等的投资，如此形成了一个固定资产投资的自我封闭循环。可是，一旦循环中的某个环节出现问题，投资回报率就会迅速降低，企业经营受损，偿债能力就会下降，银行信贷就会出现损失，经济增长会停滞。同时，投资的过快增长，将扭曲经济结构，增加资源与环境保护压力，不利于良好的投资和消费环境的形成。

从投资管理体制角度看，投资过热的根源是政府在经济增长中的双重身份使然。一方面，作为投资调控者和市场监管者的政府要适时出台调控政策，调控投资活动，促进经济平稳运行；另一方面作为投资者的政府（尤其是地方政府）又要直接或间接参与具体投资活动，其行为目标又是国内生产总值或财政收入的最大化。政府的这种双重角色使得政企关系模糊、定位不清，很容易导致调控政策无效或部分失效。七大央企 200 亿豪赌玉门风电，而 16 年税收却不到 1 个亿，究其原因就是地方政府在制定风电发展规划上超标规划，太注重投资和装机规模，忽略了设备利用率以及风电并网能力。

因此，国家应该深化行政体制改革，改变政府官员的政绩考核方式，减弱地方政府靠投资发展经济和做政绩工程的冲动，促进投资对扩大内需重要作用的发挥，保持投资合理增长，完善投资体制机制，明确界定政府投资范围。此外，因国企与政府间的利益纠葛，宏观调控与产业升级往往会演变为对民营企业的围剿，有的甚至是逆向淘汰，效率低的企业去兼并效率高的企业。因此，在进行产业调整的过程中，要规范国有企业投资行为，要注重宏观调控与产业政策的延续性和确定性，要注意对民营资本的保护，鼓励民间资本的扩大投资，有效遏制重复建设和盲目扩张，促进消费与投资间的良性互动，支持和引导非公有制经济的长远发展，把扩大投资和增加就业、改善民生有机结合起来，创造最终需求。

（三）完善财政政策调控机制

财政政策是国家调节经济、平抑物价、协调区域发展和参与国民收入初次分配和再分配的重要手段。国家可运用的财政政策包括预算政策、财政收入及支出政策，根据不同的经济条件和目标，政府可以采用不同的政策或政策组合。

本杰明·富兰克林早在 1789 年就说过："在这个世界上，任何人都逃脱不掉死亡和税。"税收收入是财政收入最主要的来源，财政收入的多少取决于税收制度的设定，是国家参与国民收入初次分配的重要手段。国家税收贯穿了公司生产经营的整个过程，对于公司理财有着重要的影响。另外，我国目前采用的是中央和地方的分税制，由于分税制下制度变迁的路径依赖，如果得到持续的财政和银行资金支持，将刺激已经内化的地方政府的投资冲动，造成国民经济波动的长期隐患，这有违税收制度制定的初衷。

政府所具有的财政支出功能，是为了引导投资或体现公平。可是，众多的上市公司利用国家高额的财政补贴进行现金分红、避免被 ST、发放职工薪酬等"不公平"活动。统计发现，2010 年有超过 90％的上市公司获得了政府补贴，补贴形式有税收返还、一次性财政拨款和财政贴息等，而且补贴数额较大，补贴理由大多语焉不详。其中，美的电器的政府补贴高达 24.99 亿元；补贴渠道最多的是京东方，共有来自工信部、合肥、成都、北京四方的补贴，且补贴时间均为 2009 年最后两个月，成功地避免了京东方当期再次被 ST 的局面；中水渔业 2010 年获得政府补贴 2488.14 万元，约为公司当年净利润的 50％，年末未分配利润仅为 866.19 万元，计划分红总额为 1597.28 万元，分红派现率高达 184.40％，这家靠政府补贴过日子的央企，最近 10 年分红 7

次。国有企业的融资软约束，会导致投资过度，利润分配政策的随意，甚至公司内部治理的混乱。

财政是国家政治和经济的综合反映，在我国经济体制转轨过程中，各种经济风险、自然风险和社会风险都可以通过各种途径转移，最终转向财政，形成财政风险。财政风险的大小受外部政治经济环境变化的影响，也受到管理制度、分配体制、政策运用等的影响。财政风险一旦达到阈值，就会突变为财政危机，导致国家政治经济的全面危机，引起社会动荡。因此，国家应根据本国经济、政治的现实情况，完善财政政策的制定、执行和调整，协调运用各种财政政策工具和其他宏观调控工具，引导并保护我国企业的生产经营和社会经济发展，实现既定的财政目标。

三、完善社会主义市场经济体制

完善我国社会主义市场经济体制，就是坚持和完善基本经济制度，推进行政体制改革，加快财税体制改革，深化金融体制改革，深化资源性产品价格和环保收费改革。具体来说，就是要通过改革政治体制来实现政府职能转变和政企分开，完善资本市场，注重社会性规制。

（一）坚持和完善国企改革

政治和经济密不可分，经济是基础，代表了生产力；政治是上层建筑，代表生产关系。虽说生产力决定生产关系，可是生产关系反过来会阻碍或促进生产力的发展。我国既定的政治体制决定了我国各级政府职能，也在一定程度决定了我国政府与国有企业之间密切的关系。国家很早就意识到了政企不分的弊端，一直在进行改革，但是直到现在，政企也还是不能分开。其实，国企改革和转变政府职能是不可分离的两者，要进行国企改革，首先就必须转变政府职能。邓小平也曾指出："企业下放，政企分开，是经济体制改革，也是政治体制改革。"国有企业，特别是大型央企，其公司的管理高层是由政府任命的，其任期更多是政府的行政周期，而不是市场经济的企业周期；其经营企业的目的纯粹是为了追寻政绩，响应政府号召，而不管经营成果如何。正是国企与政府间的利益纠葛，产业升级与宏观调控往往变成效率低的企业对效率高的企业的逆向兼并，成了国企对民企的围剿。目前，民企被限制准入众多关键产业，不仅包括土地资源、能源、银行金融、铁路、航空、教育等这些未曾放开的核心领域，也包括已经有限市场化的互联网领域。由于无利可图，许多资本没有去反哺产业链，带动整条产业链升级，而是从产业链中溢出，纷纷转向股权投资与二级市场。中国的国企，尤其是垄断行业的央企，其生长的独特环境造就了独特的央企文化和政治优势，导致这些央企和国企在海外投资项目的频繁巨亏。另一方面，国企的政治优势也影响了相当的民营企业进行政治投资，以获取政治资源。据统计，全部 A 股上市公司中聘请的前官员总数达 1599 人，其中 467 人被聘为独立董事，有 34 位政府退休高官在中国内地市值排前 50 名的上市公司中任独立董事。

鉴于政府的某些职能需要通过国有企业来执行，世界各国都保留有国有企业存在。政府作为国有资本所有者投资于国有企业，其目的就是为了让国有企业承担私营企业不可能承担的各种责任，因此，国有企业和政府不能完全分开，也不能完全不分开。对于我国国企改革来说，其重点应该是，转变观念、转变政府职能，改变国企高管的任命考核机制，同时在竞争性领域缩小国企规模。

（二）完善资本市场

一个成熟的资本市场是国民经济稳定、健康和持续发展的基础，也是企业进行投融资的重要场所，各国对资本市场准入、资本市场监管及资本市场退出都有一套相关制度规范。我国现已形成了主板、中小企业板、三板及产权交易所四个层次的资本市场，分别为我国大型成熟企业、中等规模成熟企业、高成长性的中小企业和高科技企业、非上市公司等进行融资和投资服务。虽然如此，但我国资本市场在市场准入、资本市场监管及资本市场退出三个方面都存在不同程度的不足。我国市场准入采用核准制，需要经过证监会发审委的审核批准，我国目前创业板发审委和主板市场发审委成员与拟上市公司存在巨大经济利益关系；股票和债券的发行需要通过券商进行，我国券商不允许购买所代销的股票，这直接导致了券商和发行股票公司的合谋，导致我国股票发行市盈率高企；而债券发行的多头监管与监管真空同时存在，而且债券发行门槛高，只有大型国企才可能满足发行条件。现行《上市规则》第14.2.18条规定，"本所要求提供补充材料的，应当在本所规定期限内提供有关材料。补充材料期间不计入本所做出有关决定的期限内"，给予了暂停上市"缓刑期"的法律依据，让我国上市公司 ST 们长期"腐而不朽"，退市机制名存实亡。因此，国家应该结合我国国情，借鉴其他国家资本市场发展经验，进一步完善资本市场及其相关法律法规，并遵照执行。

（三）注重社会性规制

中国的土地、矿产资源、资本、劳动力等要素的价格还存在扭曲，一些企业凭借垄断经营地位或过度优惠的政策获得超额利润，社会却为其承担了相当一部分资源环境成本。除了低廉的劳动力成本，中国工业企业投资回报率较高的一个重要原因是"环境无价，资源低价，产品高价"这种价格格局造成的。也就是说，在某种程度上，企业利益的获取是以国家利益和公众利益的侵害为前提基础的。纵观这些年来我国利润率高的众行业，不是造成了严重的环境破坏和污染，就是对相关资源形成了垄断。因此，为了促进投资的健康增长和经济的可持续发展，对于企业经营的干预除了采用法律、行政手段外，更需从经济手段角度针对投资回报率采取措施。经济学理论和国内外的具体实践均已证明，价格手段是最有效的经济手段。价格手段根本内涵是控制行业的利润水平，而不仅仅是调控商品价格。这需要国家或政府在打破垄断，将环境等社会成本合理地纳入投资成本等方面做更多的工作。

四、完善市场中介组织和法律制度环境

目前，我国有注册会计师事务所、律师事务所、证券公司、民间借贷等各类中介组织，这些组织及其行业协会对于我国经济的发展具有重要影响，如公司设立需要注册会计师出具的验资报告，公开发行股票或债券需要券商来承销，民间资金借贷需要中介机构来进行担保，各类违约或违法权益的保障离不开律师的帮助等。所有这些功能正常的发挥，需要中介机构的独立、客观和公正，需要中介机构的声誉做保证。由于我国法律法规的不健全不完善，声誉机制还没有建立，违反职业道德大多时候也没有合适的法律来予以规制，导致我国中介组织声誉缺乏且没有约束机制的现状。

另外，企业公司理财就是通过一系列契约、合约或合同的签订和执行来完成的。在市场交易中，一项出售财产的协议可以是一次性的共时性契约，也可以是非共时性契约。非共时性契约履约过程中涉及信用，会出现特殊的监督和执行问题，必须建立保障制度以防止契约双方在履约过程中出现逃避契约义务的机会主义行为。因此，当发生非共时性契约时，契约必须包括要切实履约的可靠承诺，并制定惩罚条款以防止机会主义的违约行为，还必须就缔约当事人在今后履约过程中可能发生的误解和分歧做出规定。公司与职工理财关系还涉及无限期契约或关系性契约，这种契约不可能预见所有将要发生的事件，也就不能设计相应的条款来建议控制，它们的履行要靠法律制度来节约信息成本和实现灵活调整，这样交易成本得到限制，而契约伙伴也可以相信，在他们发生冲突时，他们未来关系中的具体细节将是条理清晰的。在法律制度的保护下，公司利益相关者的很多利益冲突可以由缔约双方通过

自由约定来解决。

我国目前法律框架不清晰，政府几乎完全掌握法律解释权，法律制度的执行随意性较强，法律解释可能会因人而异，同时违法成本也较低，不利于中介组织声誉机制的培育和我国法制社会的形成。市场中介组织的完善，要以完善的法律制度为前提。

五、完善企业内部各项制度

在既定的外部环境下，企业内部各项制度的制定和执行情况就显得尤为重要。我国很多的企业经营失败实际是企业自身经营管理不善造成的，内部管理混乱，无规章制度可循，也有的拥有健全的内部控制制度，却形同虚设，没有起到应有的效果。在 2011 年已流逝过半的时候，贵州茅台、ST 轻骑、湖北金环等多家上市公司因年报频现乌龙，纷纷开始为其 2010 年年报打起了补丁。2010 年上市公司年报"乌龙事件"包括漏掉会计师意见、小数点、计量单位，限售股比例出错，写错公司董事长名字等，五花八门，实属罕见。更有荣丰控股在 2011 年发布的 2010 年年报更正公告中称：董事会对股东大会决议的执行情况，内控实施中存在的问题及整改计划，报告期内离任的董事、监事、高级管理人员，内幕信息知情情况，公司对外部信息使用人管理制度的建立健全等情况在此前披露的 2010 年年报都未做披露或披露不完全，对其持有的长沙市商业银行的 2.73％股权比例此前也被错误披露为 2.07％。一位曾代理过上市公司虚假陈述案的律师表示，上市公司年报出错，无论故意还是过失，都是错误。上市公司年报要按照企业会计准则及其他会计法规的规定编制，要求具有专业性和准确性，出现如此低级的错误，除了故意造假，真的很难让人相信这家公司的内部管理水平。如果严格按照会计准则编制的财务报表都能出现如此众多的错误，何谈企业内部理财重大决策不失误呢？因此，企业应该建立良好的公司治理结构，并以此为核心，建立和完善公司各项内部制度，合理配置企业中各利益相关者的责权利。

六、强化制度的执行

"天下之事，不难于立法，而难于法之必行。"只有加大制度执行力，强化制度约束力，才能充分发挥制度的各项功能。一套制度，不管是内部的还是外部的，也不管是正式的还是非正式的，在其设计或形成后都必须面临执行的问题。判断一套制度是否有效，不仅要看制度的制定或演变完善与否，更为重要的是与之配套的执行机制是否健全有效。制度的生命力在于执行力，离开了制度的有效执行，再好的制度也是摆设。

非正式制度的执行，可以依靠自我约束，也可以依靠第三方力量来实施；正式制度的实施，一般要依靠第三方来执行。自我约束只有在契约双方的支出与应支出数额相等时才会发生，即在衡量与执行合约没有成本时，从契约中获得的收益会超过成本。按照诺斯（1989）的观点，"最可能的情况就是，在交换双方相互具有关于对方的大量信息以及交易是重复交易时，合约是自我执行的"。这与博弈论无名定理所指出的自我实施有效性的条件是一致的。但是，在经济全球化的今天，参与市场交易的双方不再局限于既定的社会范围，再加上信息的不对称、竞争的不完全性，甚至还有可能存在外部效应的情况下，博弈参与人也已不再具有稳定性，自我实施的条件不再满足，合约无法自我执行。这样一来，除去意识形态方面的制度的实施就不得不依赖第三方，对于宏观层面制度的实施，国家或政府因其在制度实施方面所具有的巨大规模经济而责无旁贷；对于微观层面制度的实施，组织会通过岗位设置、授权等多种方式来执行和监督制度的实施。

彭德怀在讲到执行规章制度时有三句话，一是"要自己带头执行，让别人无话可说"；二是"要加强对执行制度的检查，让投机者无机可乘"；三是"要敢于瞪大眼睛批评，让厚脸皮下不了台"。提高制度执行力，倘若人人都按照这鞭辟入里的三句话去做，必然有制度执行的力度、精度和准确度。一个成熟的市场经济社会，既是一个法制社会，也是一个责任社会。无论发达国家还是发展中国家，对决策失误者予以追责，是通行的惯例。公司的理财活动必须进行有效制约和规范，明确责任人的奖惩力度，做到权责分明。

本章小结

我国目前是处于转轨制经济下的发展中国家，不仅在各项国际经济法的缔结中处于不利地位，而且国内的政治制度、经济制度等均处于转轨时期，这使得我国公司理财的制度基础非常薄弱，且受政府干预较大，制度执行力不强。公司理财制度基础国际地位的劣势，国内制度基础的缺陷，给我国公司投融资、资产运营及利润分配等理财活动及其产生的理财关系的处理带来了诸多问题。有效率的经济组织保证了经济的增长，而有效率组织的产生需要在制度上做出安排，以激励人们有效率地从事经济活动。因此，为了维护国家安全，保障本国经济的发展，规范我国企业理财行为，提高我国企业理财效率，协调企业理财关系，兼顾公平，我国应在跨国经济活动及其契约的缔结中转变观念，制定政策积极应对，全面风险管理，并寻求申诉自身利益的通道；为保证国内经济可持续的健康发展，应倡导社会诚信，培育社会诚信机制；坚持和完善基本经济制度、推进行政体制改革、加快财税体制改革、深化金融体制改革、深化资源性产品价格和环保收费改革等，为我国公司理财提供一个良好的制度环境。

结 束 语

　　无论是作为公司投融资重要场所的外部资本市场，还是对公司理财起决策作用的公司内部治理结构；无论是申请融资的企业，还是起监督作用的中介，甚至是政府的监管审批部门……无不显示出我国公司理财中"人治"的重要。我国特殊制度环境造就的公司投融资方式和路径，不仅严重损害了投资者的利益，而且造成了我国公司经营发展中的短期行为，不利于实现公司自身长远发展目标。制度安排决定了选择的环境——选择集，选择是在相关的选择集中做出的，即使在相同的偏好下，面临不同选择集做出的选择也会不同。任何契约的缔结或制度的制定，其过程都是利益各方博弈的结果，企业能够得以生存和发展的基础在于其理财行为的成功获利，而理财过程中建立起来的各种利益相关者关系的处理是理财行为成败的关键，人际关系的协调是制度最基本的功能，它提供对于别人行动的保证，并在市场经济这一复杂和不确定的世界中给予可期待的预期结果。

　　20世纪末，La Porta，Lopez-de-Silanes，Shleifer 和 Vishny（以下简称"LLSV"）倡导的"法与金融"研究表明，投资者法律保护既与宏观层面的金融发展和经济增长有关，也与微观层面的所有权结构、财务政策等公司财务问题有关。而新制度经济学也一直强调制度对契约结构的决定性影响，并重视制度环境对制度运行效率产生的影响。因此，利用新制度经济学及法与金融学派的研究范式，本书分析了非正式制度、公司内外正式制度与公司理财的相互关系，阐释了制度对公司理财规制的必然性；归纳并阐释了契约及制度对公司各理财环节的规制；基于经济全球化背景，探究了非正式制度、公司内外正式制度对公司理财基础性作用及其影响机理；基于制度对职工薪酬影响的描述性统计分析和案例分析，揭示了现实经济生活中制度确实影响着公司理财；运用举例及描述性统计分析的方法，分析了我国现行制度下公司理财的现状，并据此提出了相应的改进建议。首先，这为我国"十二五"期间要坚持和完善的基本经济制度、行政体制改革、财税体制改革、金融体制改革、深化资源性产品价格和环保收费改革提供了依据，具有深刻的政治意义和推进改革的现实意义；其次，在公司与政府间搭建一个可沟通的桥梁，为公司理财过程中处理好与政府的关系，实现资源的整合与共享，进而借助政府力量实现公司理财目标；再次，为公司根据具体的制度环境合理合法地采取不同的理财方式，协调各方理财关系提供了制度基础；最后，拓展了新制度经济学在公司理财领域的应用。

但是，由于制度影响的复杂性和广泛性，公司理财涉及内容的宽广及隐晦性，加上公司理财质量难以简单衡量，本书没能从整体上系统地就制度对于公司理财的影响进行实证检验；而公司理财效率和公平的不可观察性，也使得实证检验制度对于促进公司理财规制目标的实现变得非常困难；更为重要的是，非正式制度、公司内外的正式制度、公司理财质量及公司理财效率与公平的直接量化比较困难，即使选择一些相关指标予以替代量化并加以实证检验，在一定程度上也只能是以管窥天，仍然不能直观地表明制度之于公司理财的影响。当然，这些不足和困难也指明了今后继续可能的研究方向。

参考文献

[1] 巴泽尔. 产权的经济分析 [M]. 上海：上海三联书店、上海人民出版社，2006：2.

[2] 白千文. 广义制度关联视角下的转轨路径研究 [D]. 天津：南开大学，2010.

[3] 卞耀武主编，贾红梅、郑冲. 德国股份公司法 [M]. 北京：法律出版社，1999：54—55.

[4] 蔡宁、魏明海、路晓艳. 投资者保护变迁与会计改革的共生互动性 [J]. 会计研究，2008，(3)：19—26.

[5] 曹凤岐. 资本市场论 [M]. 北京：北京大学出版社，2002.

[6] 曾庆生、陈信元. 国家控股、超额雇员与劳动力成本 [J]. 经济研究，2006，(5)：74—86.

[7] 曾庆生、姜红玲. 市场化进程、地区失业率与上市公司社会性负担 [J]. 上海管理科学，2006，(6)：19—22.

[8] 查尔斯·林德布洛姆. 政治与市场 [M]. 纽约基础图书公司，1977.

[9] 陈俊、陈汉文. 公司治理、会计准则执行与盈余价值相关性 [J]. 审计研究，2007，(2)：45—52.

[10] 陈明森. 论市场进入的政府管制 [J]. 东南学术，2001，(2)：58—70.

[11] 陈胜蓝、魏明海. 投资者保护与财务会计信息质量 [J]. 会计研究，2006，(10)：28—35.

[12] 陈小悦、肖星、过晓艳. 配股权与上市公司利润操纵 [J]. 经济研究，2000，(1).

[13] 陈信元、黄俊. 政府干预、多元化经营与公司业绩 [J]. 管理世界，2007，(1).

[14] 陈信元、陈冬华、李增泉. 制度环境与公司治理——中国与东亚国家公司治理国际研讨会综述 [J]. 中国会计评论，2005，(1)：223—234.

[15] 陈钊、陆铭. 从分割到融合：城乡经济增长与社会和谐的政治经济学 [J]. 经济研究，2008 (1).

[16] 崔潮. 中国现代化进程中的财政制度变迁 [D]. 北京：财政部财政科学研究所，2011.

[17] 戴德明、毛新述、姚淑瑜. 上市公司预测盈余信息披露的有用性研究 [J]. 中国会计评论，2005，(2)：253—272.

[18] 丹尼尔·W·布罗姆利著，陈郁、郭宇峰、汪春译. 经济利益与经济制度——公共政策的理论基础 [M]. 上海三联书店、上海人民出版社，2007：49—177.

[19] 道格拉斯·诺斯. 制度、制度变迁与经济绩效 [M]. 上海：上海三联书店，1993：9，100.

[20] 德姆塞茨. 关于产权的理论 [M]，财产权利与制度变迁. 上海：上海三联书店，1991：96.

[21] 杜兴强、修宗峰. 制度环境、大股东性质与所有权结构 [Z]. 工作论文，厦门大学管理学院，2008.

[22] 杜兴强、修宗峰. 治理环境、终极产权控制方式与股权结构 [Z]. 工作论文，厦门大学管理学院，2008. [23] 樊纲、王小鲁、朱恒鹏. 中国市场化指数——各地区市场化相对进程 2009 年报告 [M]. 北京：经济科学出版社，2010.

[24] 方军雄. 市场化进程与资本配置效率的改善 [J]. 经济研究，2006，(5)：50—61.

[25] 方军雄. 所有制、市场化进程与资本配置效率 [J]. 管理世界，2007，(11)：27—35.

[26] 冯巨章. 产权、管理与企业绩效 [J]. 中国工业经济，2003，(5).

[27] 古祖雪. 国际知识产权法 [M]. 北京：法律出版社，2002：8.

[28] 顾锋、邹礼瑞. 市场准入规制与资源的优化配置. 上海管理科学，2004.

[29] 郭道扬. 论统一会计制度 [J]. 会计研究，2005，(1)：11—24.

[30] 何文娟. 国际资本流入与中国金融体系发展的关联性研究 [D]. 长春：吉林大学，2008.

[31] 何源、白莹、文翘. 财政补贴、税收与公司投资行为 [J]. 财经问题研究，2006，(6)：54—58.

[32] 贺建刚、刘峰. 大股东控制、利益输送与投资者保护 [J]. 中国会计与

财务研究，2005，(3)：101—135.

[33] 贺卫. 寻租的政治经济学分析 [D]. 上海：上海财经大学，1998.

[34] 洪剑峭、方军雄. 关联交易和会计盈余的价值相关性 [J]. 中国会计评论，2005. (1)：87—98.

[35] 洪艳蓉. 公司债券的多头监管、路径依赖与未来发展框架 [J]. 证券市场导报，2010，(4)：9—16.

[36] 胡峰. 我国国有企业产权制度改革的思考 [J]. 社会主义经济理论与实践，2003，(2)：61.

[37] 黄良杰. 国有上市公司非效率投资问题研究——基于地方政府治理视角 [D]. 暨南大学，2010.

[38] 黄少安. 产权经济学导论 [M]. 北京：经济科学出版社，2004：64.

[39] 焦跃华、袁天荣. 论战略成本管理的基本思想与方法 [J]. 会计研究，2001，(2)：40—43.

[40] 江伟、李斌. 制度环境、国有产权与银行差别贷款 [J]. 金融研究，2006，(11)：116—126.

[41] 杰克·奈特著，周伟林译. 制度与社会冲突 [M]. 上海：上海人民出版社，2009：1.

[42] 金玉国. 宏观制度变迁对转型时期中国经济增长的贡献 [J]. 财经科学，2001，(2)：24—28.

[43] 靳庆鲁、原红旗. 公司治理与股权分置改革对价的确定 [Z]. 工作论文，上海财经大学会计学院，2006.

[44] 凯恩斯. 就业、利息和货币通论 [M]. 北京：三联书店，1957.

[45] 柯武刚，史漫飞. 制度经济学——社会秩序与公共政策 [M]. 北京：商务印书馆，2000：32—33.

[46] 雷光勇、刘慧龙. 市场化进程、最终控制人性质与现金股利行为 [J]. 管理世界，2007，(7)：120—128.

[47] 李成. 税收对我国企业投资影响的计量研究——基于企业所得税和增值税的分析 [D]. 厦门：厦门大学，2007.

[48] 李成云. 从中国远洋看国有企业职工薪酬管理缺陷 [J]. 财会月刊，2011，(11)：76—78.

[49] 李成云. 法与金融视角下公司理财制度影响研究：回顾与展望 [J]. 财会通讯，2012，(2)下：115—118.

[50] 李丹蒙、夏立军. 股权性质、制度环境与上市公司 R&D 强度 [J]. 财

经研究，2008，34（4）：93—104.

[51] 李国运. 论资本市场与会计的演化关系 [J]. 会计研究，2007，（5）：46—52.

[52] 李连军. 会计制度变迁与政府治理结构 [J]. 会计研究，2007，（6）：33—40.

[53] 李仁真、何焰. 金融全球化与国际金融法的晚近发展 [J]. 武大国际法评论，2003.

[54] 李善民. 治理环境、政府控制和控制权定价 [J]. 南开管理评论，2008，（5）：79—84.

[55] 李跃、宋顺林、高雷. 债务结构、政府干预与市场环境 [J]. 经济理论与经济管理，2007，（1）：23—28.

[56] 李增泉、刘凤委、于旭辉. 经济制度、控制权私利与股权分置对价 [C]. 会议论文，首届中国管理学年会，2006.

[57] 李增泉、孙铮、王志伟. "掏空"与所有权安排 [J]. 会计研究.2004，（12）：3—13.

[58] 廖明兵. 准入规制对企业业务选择的影响研究 [D]. 上海：上海交通大学，2010.

[59] 林毅夫. 关于制度变迁的经济学理论：诱致性变迁与强制性变迁. 财产权利与制度变迁 [M]. 三联书店，1994，371—440.

[60] 刘诗白. 现代财富论 [M]. 北京：三联书店，2005.

[61] 刘伟、李风圣. 产权通论 [M]. 北京：北京出版社，1998：9—10.

[62] 刘新、廖冠民、毛世平. 公司治理、制度环境与民营化效应 [J]. 经济理论与经济管理，2007，（3）：67—71.

[63] 刘志远、毛淑珍、乐国林. 政府控制、终极控制人与上市公司债务期限结构. 当代财经，2008，（1）：102—108.

[64] 卢现祥. 新制度经济学 [M]. 北京：中国发展出版社，2003.

[65] 陆正飞、叶康涛. 中国上市公司股权融资偏好解析——偏好股权融资就是缘于融资成本低吗？[J]. 经济研究，2004，（4）：50—59.

[66] 罗党论、唐清泉. 市场环境与控股股东"掏空"行为研究 [J]. 会计研究，2007，（4）：69—74.

[67] 罗党论、唐清泉. 中国民营上市公司制度环境与绩效问题研究 [J]. 经济研究，2009，（2）：106—118.

[68] 罗正英、吴昊. 终极控制、治理环境与盈余管理 [J]. 上海经济研究，

2007，（12）：26—36.

[69] 吕伟. 政府分权、市场化进程及国企雇佣行为 [J]. 改革，2006，（9）：95—100.

[70] 马利军. 产权、政府、开放：支撑长期经济增长的三大体制因素 [D]. 杭州：浙江财经学院，2011.

[71] 马云泽. 规制经济学 [M]. 经济管理出版社，2008：94

[72] 闵亮. 政府干预、负债融资和实体经济在衰退期的价值波动——以次贷危机冲击下的上市公司为例 [J]. 财贸研究，2010，（2）：150—156.

[73] 末永敏和著，金洪玉译. 现代日本公司法 [M]. 人民法院出版社，2000：195.

[74] 诺思. 经济史中的结构与变迁 [M]. 上海：上海三联书店，1991：20—24.

[75] 潘越等. 社会资本、政治关系与公司投资决策 [J]. 经济研究，2009，（11）：82—94.

[76] 钱颖一. 解读现代经济学 [J]. 经济社会体制比较，2002，（2）：1—12.

[77] 乔·哈斯. 史前国家的演进 [M]. 北京：求实出版社，1988：155.

[78] 秦曼. 海洋渔业资源资产的产权效率研究 [D]. 青岛：中国海洋大学，2010.

[79] 邱海洋. 公司利润分配法律制度研究 [M]. 北京：中国政法大学出版社，2004：204.

[80] 屈文洲、许年行、关家雄、吴世农. 市场化、政府干预与股票流动性溢价的分配 [J]. 经济研究，2008，（4）：132—146.

[81] 屈晓华. 论政府规制与企业反应 [D]. 成都：四川大学，2003.

[82] 曲晓辉、邱月华. 强制性制度变迁与盈余稳健性 [J]. 会计研究，2007，（7）：20—28.

[83] 萨缪尔森. 经济学 [M]. 纽约：麦格鲁—希尔公司，1980：603.

[84] 上海证券报. 固定资产投资调控应从三方面入手 [N]. 上海证券报，2007.

[85] 沈四宝. 最新美国标准公司法 [M]. 法律出版社，2006

[86] 沈艺峰、肖珉、黄娟娟. 中小投资者法律保护与公司权益资本成本 [J]. 经济研究，2005（6），115—124.

[87] 沈艺峰、许琳、黄娟娟. 我国股权分置中对价水平的"群聚"现象分析 [J]. 经济研究，2006，（11）：102—111.

[88] 史晋川、沈国兵. 论制度变迁理论和制度变迁划分方式标准 [J]. 经济

学家，2002，（1）

[89] 世界银行. 政府治理、投资环境与和谐社会：中国 120 个城市竞争力的
提高 ［M］. 研究报告，2006.

[90] 宋艳芳. 自然垄断行业准入规制时机研究 ［D］. 北京：首都经济贸易大
学，2008.

[91] 孙广生. 经济波动与产业波动（1986—2003）：相关性、特征及推动因
素的初步研究 ［J］. 中国社会科学. 2006，（3）：62—73.

[92] 孙铮、刘凤委、李增泉. 市场化程度、政府干预与企业债务期限结构
——来自我国上市公司的经验证据 ［J］. 经济研究，2005， （5）：
52—63.

[93] 谭宗宪. 公司理财中的政治行为 ［J］. 企业改革与管理.2009，（11）：
8—10.

[94] 汤谷良. 现代企业财务的产权思考 ［J］. 会计研究，1994，（8）：6—10.

[95] 汤云为、陆建桥. 论证券市场中的会计研究：发现与启示 ［［J］. 经济
研究，1998，（8）：50—59.

[96] 唐清泉、朱瑞华、甄丽明. 我国高管人员报酬激励制度的有效性——基
于沪深上市公司的实证研究 ［J］. 当代经济管理，2008，（2）：59—65.

[97] 田志龙、高勇强、卫武. 中国企业政治策略与行为研究 ［J］. 管理世
界，2003，（12）：98—106.

[98] 托德·曾格. 新制度经济学中的正式和非正式制度 ［M］. 北京：社会
科学出版社，2004：389

[99] 汪丁丁. 市场经济的道德基础 ［J］. 改革，1995，（5）：89—96.

[100] 汪锋、张宗益、康继军. 中国各地区的市场化进程对经济增长的影响
［J］. 财经科学，2005，（6）：159—166.

[101] 王化成、佟岩. 控股股东与盈余质量——基于盈余反应系数的考察
［J］. 会计研究，2006，（2）：66—74.

[102] 王晶晶. 《行政许可法》实施后行政许可项目细分、执行与监督研究
［D］. 上海：复旦大学，2010.

[103] 王立平、龙志和. 中国市场化与经济增长关系的实证分析 ［J］. 经济
科学，2004，（2）：12—18.

[104] 王蓉. 中国环境法律制度的经济学分析 ［M］. 北京：法律出版社，
2003：3

[105] 王玉辉. 非公有资本参与公路建设领域的理论与政策研究 ［D］. 西安：

长安大学，2005.

[106] 王跃堂、孙铮、陈世敏. 会计改革与会计信息质量 [J]. 会计研究，2001，(7)：16—26.

[107] 王泽填. 经济增长中的制度因素研究 [D]. 厦门：厦门大学，2007.

[108] 王争、史晋川. 中国私营企业的生产率表现和投资效率 [J]. 经济研究，2008，(1)：114—126.

[109] 卫武、田志龙、高海涛. 企业政治绩效评价系统模型研究 [J]. 外国经济与管理，2004，(5)：13—16.

[110] 卫武、田志龙、刘晶. 我国企业经营活动中的政治关联性研究 [J]. 中国工业经济，2004，(4)：67—75.

[111] 卫武. 中国环境下企业政治资源、政治策略和政治绩效及其关系研究 [J]. 管理世界，2006，(2)：95—109.

[112] 魏锋. 公司治理视角下的多元化经营与公司绩效 [J]. 管理科学，2007，(6)：2—10.

[113] 魏杰. 现代产权制度辨析 [M]. 北京：首都经济贸易大学出版社，2000：8.

[114] 魏明海. 会计信息质量经验研究的完善与应用 [J]. 会计研究，2005.(3)：28—35.

[115] 吴联生. 盈余管理与会计域秩序 [J]. 会计研究，2005，(5)：37—41.

[116] 吴群刚. 制度变迁对长期经济绩效的影响机制：理论、模型及应用 [D]. 北京：清华大学，2002.

[117] 吴文锋、吴冲锋、刘晓薇. 中国民营上市公司高管的政府背景与公司价值 [J]. 经济研究，2008，(7)：130—141.

[118] 吴文锋、吴冲锋、苗萌. 中国上市公司高管的政府背景与税收优惠 [J]. 管理世界，2008，(2).

[119] 吴晓求. 股权分置改革的若干理论问题 [J]. 财贸经济，2006，(2)：24—31.

[120] 吴迎新、陈笑弟、郭心如、秦琴、张丽霞. 关于价格规制的思考 [J]. 中国物价，2008.

[121] 夏立军、陈信元. 市场化进程、国企改革策略与公司治理结构的内生决定 [J]. 经济研究，2007，(7)：82—95.

[122] 夏立军、方轶强. 政府控制、治理环境与公司价值——来自中国证券市场的经验证据 [J]. 经济研究，2005，(5)：40—51.

[123] 肖泽忠、邹宏. 中国上市公司资本结构的影响因素和股权融资偏好 [J]. 经济研究，2008，6）：119—134.

[124] 谢德仁、陈运森. 金融生态环境、产权性质与负债的治理效应 [J]. 经济研究，2009，(5)：118—129.

[125] 谢康. 转轨时期地方政府竞争行为外部性分析 [D]. 广州：暨南大学，2006.

[126] 辛清泉、郑国坚、杨德明. 企业集团、政府控制与投资效率 [J]. 金融研究，2007，(10)：123—142.

[127] 辛宇、徐莉萍. 上市公司现金持有水平的影响因素：财务特征、股权结构及治理环境 [J]. 中国会计评论，2006，(2)：307—320.

[128] 辛宇、徐莉萍. 投资者保护视角下治理环境与股改对价之间的关系研究 [J]. 经济研究，2007，(9)：121—133.

[129] 幸莉仙、马玲. 国际主要价格规制制度比较及对我国的启示 [J]. 商业时代，2010.

[130] 修宗峰. 制度环境、制度变迁与决策有用性 [D]. 厦门：厦门大学，2009.

[131] 徐浩萍、吕长江. 政府角色、所有权性质与权益资本成本 [J]. 会计研究，2007，(6)：61—67.

[132] 徐晓文. 构建我国自然垄断产业的特许投标制度体系 [D]. 成都：西南财经大学，2005.

[133] 许娟. 跨国公司财务管理中的风险问题研究 [D]. 北京：首都经济贸易大学，2005.

[134] 许年行、赖建清、吴世农. 公司财务与投资者法律保护研究述评 [J]. 管理科学学报，2008，(2)：101—109.

[135] 许年行、吴世农. 我国上市公司股权分置改革中的锚定效应研究 [J]. 经济研究，2007，(1)：114—125.

[136] 严汉平. 西部经济发展中制度因素分析与制度创新主体角色定位及转换 [D]. 西安：西北大学，2004.

[137] 杨华军、胡奕明. 制度环境与自由现金流的过度投资 [J]. 管理世界，2007，(9)：99—116.

[138] 杨秋宝. 产权和企业产权制度. 载于白津夫主编：中国改革 20 年经济理论前沿问题 [M]. 济南：济南出版社，1999：125.

[139] 杨瑞龙. 我国制度变迁方式转换的三阶段论 [J]. 经济研究，1998，

（1）：3—10.

[140] 杨善林、杨模荣、姚禄仕. 股权分置改革与股票市场价值相关性研究
[J]. 会计研究，2006，（12）：41—46.

[141] 杨小凯、黄有光. 专业化与经济组织：一种新兴古典微观经济学框架
[M]. 北京：经济科学出版社，1999.

[142] 杨兴全、张照南. 制度背景、股权性质与公司持有现金价值 [J].
2008，（12）：111—123.

[143] 杨玉成. 论经济发展中的文化因素 [J]. 商业研究，2004，（5）.

[144] 姚树荣. 人力资本、企业制度与绩效 [D]. 成都：四川大学，2003.

[145] 姚洋. 制度与效率：与诺斯对话 [M]. 四川：四川人民出版社，2002.

[146] 叶国鹏. 我国现有上市公司制度效率的初步考察 [J]. 投资与证券，
2000，（1）.

[147] 叶檀. 中国证券市场可能因造假而崩溃？[J]. 中国总会计师，2011.

[148] 尹栾玉. 社会性规制的经济学分析 [D]. 长春：吉林大学，2005.

[149] 于彬. 中俄电力产业政府规制改革比较研究 [D]. 沈阳：辽宁大
学，2011.

[150] 于鹏. IPO 公司预测盈利的价值相关性 [J]. 会计研究，2007，（6）：
76～82.

[151] 余明桂、潘红波. 政治关系、制度环境与民营企业银行贷款 [J]. 管
理世界，2008，（8）：9—21.

[152] 余游. 论产权的基本结构 [J]. 云南社会科学，2003，（4）.

[153] 袁庆明. 技术创新的制度结构分析 [M]. 北京：经济管理出版
社，2003.

[154] 岳福斌. 现代产权制度研究 [M]. 北京：中央编译出版社，2007：3

[155] 张国元. 博弈与协调—WTO 体系下国际经济法律体系的重构 [D]. 上
海：华东政法学院，2004.

[156] 张五常. 经济组织与交易成本 [M]. 北京：商务印书馆，2000.

[157] 张艳. 公司利润分配的法律规制 [D]. 上海：复旦大学，2009.

[158] 赵俊强、廖士光、李湛. 中国上市公司股权分置改革中的利益分配研
究 [J]. 经济研究，2006，（11）：112—122.

[159] 赵学军. 改革开放以来中国商业信用制度的诱致性变迁 [J]. 中国经
济史研究，2005，（2）：58—67.

[160] 赵学宁. 中国经济性规制效率及变革路径分析——以民间投资规制为

例 [D]. 广州：华南师范大学，2004.

[161] 甄志宏. 正式制度与非正式制度的冲突与融合——中国市场化改革的制度分析 [D]. 长春：吉林大学，2004.

[162] 郑栋伟. 不对称规制下厂商技术创新的策略选择及其社会福利分析 [D]. 长沙：湖南大学，2006.

[163] 郑洋. 理由层出不穷——多家上市公司扎堆打年报补丁. 证券日报，2011.

[164] 郑志刚、孙艳梅、谭松涛、姜德增. 股权分置改革对价确定与我国上市公司治理机制有效性的检验 [J]. 经济研究，2007，(7)：96—109.

[165] 郑志刚. 法律外制度的公司治理角色——一个文献综述 [J]. 管理世界，2007，(9)：136—147.

[166] 植草益. 微观规制经济学（中译本）[M]. 北京：中国发展出版社，1992，24、27—29.

[167] 志村治美著，于敏译. 现物出资研究 [M]. 北京：法律出版社，2001，154.

[168] 钟丽丽. 制度障碍 [D]. 桂林：广西师范大学，2006.

[169] 周其仁. 中国农村改革：国家和所有权关系的变化——一个经济制度变迁史的回顾（上）[J]. 管理世界，1995，(3)：178—189.

[170] 周小川. 加强和完善宏观经济调控，深化财政金融改革. 十六大报告辅导读本 [M]. 北京：人民出版社，2002，200.

[171] 周业安、赵坚毅. 市场化、经济结构变迁和政府经济结构政策转型——中国经验 [J]. 管理世界，2004，(5)：9—17.

[172] 朱富强. 制度研究范式的逻辑基础：对象界分和分析思维 [J]. 公共行政评论，2011，(4)：23—49.

[173] 朱武祥. 理性的企业行为与低效的公司控制权市场 [J]. 证券市场导报，2000，(9)：53—55.

[174] Alchian, A., 1965, The Basis of some Recent Advances in the Theory of Management of the Firm, Journal of Industrial Economics 14, 30-44.

[175] Ali, A., Hwang, L., 2000, Country-specific factors related to financial reporting and the value relevance of accounting data, Journal of Accounting Research38, 1-21.

[176] Ashbaugh, H., Olsson, P., 2002, An Exploratory Study of the Val-

uation Properties of Cross-Listed Firms' IAS and U. S. GAAP Earnings and Book Values, The Accounting Review77, 107-126.

[177] Ball, R., Kothari, S. P., Robin, A., 2000, The effect of international institutional factors on properties of accounting earnings, Journal of Accounting and Economics29, 1-52.

[178] Ball, R., Robin, A., Wu, J. S., 2000, Accounting standards, the institutional environment and issuer incentives: Effect on timely loss recognition in China, Asian-Pacific Journal of Accounting and Economics7, 71-96.

[179] Ball, R., Robin, A., Wu, J. S., 2003, Incentives versus standards: properties of accounting income in four East Asian countries and implications for acceptance of IAS, Journal of Accounting and Economics36, 235-270.

[180] Barth, M. E., Landsman, W. R., Lang, M., 2008, International Accounting Standards and Accounting Quality, Journal of Accounting Research46, 467-498.

[181] Bell, Linda A., 1997, the Impact of Minimum Wages in Mexico and Colombia, Journal of Labor Economics, 15 (3), 102-135.

[182] Bolton, P., and D. S. Scharfstein, 1990, A Theory of Predation Based on Agency Problems in Financial Contracting, The American Economic Review80 (1), 93-106.

[183] Boonlert-U-Thai, K., Meek, G. K, Nabar, S., 2006b, Reply to Discussion of " Earnings attributes and investor-protection: International evidence", The International Journal of Accounting41, 369-372.

[184] Boonlert-U-Thai, K., Meek, G. K., Nabar, S., 2006a, Earnings attributes and investor protection: International evidence, The International. Journal of Accounting41, 327-357.

[185] Brennan, S., 1980, Corporate Political Activity: An Exploratory Study in a Developing Industry, Research in Corporate Social Performance and Policy2, 197-236.

[186] Burgstahler, D., Hail, L., Leuz, C., 2005, The Importance of Reporting Incentives: Earnings Management in European Private and Public Firms, Working Paper, University of Pennsylvania.

[187] Bushman, R. M., Piotroski, J. D., 2006, Financial reporting incentive for conservative accounting: The influence of legal and political institutions, Journal of Accounting and Economics42, 107-148.

[188] Bushman, R. M., Piotroski, J. D., Smith, A. J., 2004, What determines corporate transparency? Journal of Accounting Research42, 207-252.

[189] Bushman, R. M., Piotroski, J. D., Smith, A. J., 2005, Insider Trading Restrictions and Analysts' Incentives to Follow Firms, Journal of Financel, 35-66.

[190] Bushman, R. M., Smith, A. J., 2001, Financial accounting information and corporate governance, Journal of Accounting and Economics32, 237-333.

[191] Bushman, R. M., Smith, A. J., 2003, Transparency, Financial Accounting Information and Corporate Governance, Economic Policy Review9, 65-87.

[192] Chen, J. P, Z. Li, and X. Su, 2005, Rent Seeking Incentives, Political Connections and Organizational Structure: Empirical Evidence from Listed Family Firms in China, Working Paper, City University of Hong Kong, and Shanghai University of Finance and Economics.

[193] Chen, S. M., Wu, D. H., 2007, Accounting Conservatism in Chinese Listed Firms: The Influence of Standards, Incentives, and Monitoring, Working Paper, Hong Kong Polytechnic University.

[194] Coase, R., 1937, The Nature of the Firm, Economica, Nov, 4.

[195] Collins, D., S. P. Kothari, J. Shanken, and R. Sloan, 1994, Lack of timeliness and noise as explanations for the low contemporaneous returns-earnings relation, Journal of Accounting and Economics18, 289-324.

[196] Commons, John R., 1961, Institutional Economics. Madison: University of Wisconsin Press, 73.

[197] Commons, John R., 1968, Legal Foundations of Capitalism. Madison: University of Wisconsin Press, 6.

[198] Davis, Lance E. and North, Douglass C., 1970, Institutional change and American economics growth : a first step towards a theory of insti-

tutional innovation, Journal of Economic History30, 133.

[199] DeChun Wang, 2006, Founding Family Ownership and Earnings Quality, Journal of Accounting Research44, 619-656.

[200] DeFond, M. L., Hung, M., 2004, Investor protection and corporate governance: Evidence from Worldwide CEO Turnover, Journal of Accounting Research42, 269-312.

[201] DeFond, M. L., M. Hung and R. Trezevant, 2007, Investor protection and the information content of annual earnings announcements: international evidence, Journal of Accounting and Economics43, 37-67.

[202] Demsetz, H., 1967, Toward a Theory of Property Rights, The American Economic Review, May, 347-359.

[203] Dhaliwal, D., KR Subramanyam, and R. Trezevant, 1999, Is comprehensive income superior to net income as a measure of firm performance? Journal of Accounting and Economics26, 43-67.

[204] Dinardo, John, Nicole M. Fortin, and Thomas Lemieux, 1996, Labor market institutions and The distribution of wages, 1973—1992: a semiparametric approach, Econometrica 65, 1001-46.

[205] Drobak, P. F. and J. V. C. Nge (eds), 1997, The Frontiers of the New Institutional Economics, San Diego: Academic Press, 269-290.

[206] Eccher, E. and Healy, P. M., 2000, The Role of International Accounting Standards in Transitional Economies: A Study of People's Republic of China, Working Paper, MIT Sloan School of Management, Harvard Business School.

[207] Elaine, M., 1993, "A Resource-based Perspective on the Dynamic Strategy-performance Relationship: An Empirical Examination of the Focus and Differentiation Strategies in Entrepreneurial Firms", Journal of Management, Winter19 (4), 819-840.

[208] Ely, K., and Waymire, G., 1999, Accounting Standards-Setting Organization and Earnings Relevance: Longitudinal Evidence From NYSE Common Stocks, 1927—93, Journal of Accounting Research37, 293-317.

[209] Epstein, R., 1995, Simple Rules for a Complex World, Cambridge,

MA. Harvard University Press.

[210] Faby, John. , 2002, A Resource-Based Analysis of Sustainable Competitive Advantage in a Globe Enviroment, International Business Review 11, 57-78.

[211] Fama, E. F. , 1965, The Behavior of Stock Market Prices, Journal ofBusiness38, 34-105.

[212] Fan, J. , T. J. Wong, and T. Zhang, 2009, Organizational Structure as a Decentralization Device: Evidence from Corporate Pyramids, Working Paper, Chinese University of Hong Kong, and City University of Hong Kong.

[213] Fan, J. , Wong, T. J. , 2002, Corporate ownership structure and the informativeness of accounting earnings in East Asia, Journal of Accounting and Economics33, 401-425.

[214] Feltham, G. A. and J. A. Ohlson, 1995, Valuation and Clean Surplus Accounting for Operation and Financial Activities, Contemporary Accounting Researchl 1, 689-731.

[215] Florence Jaumotte, Subir Lall, Chris Papageorgiou. , 2006, "Rising Income Inequality: Technology, or Trade and Financial Globalization," IMF Working Paper No. 185.

[216] Francis, J. , I. Khurana, R. Pereira, 2003, The role of accounting and auditing in corporate governance and the development of financial markets around the world, Asian-Pacific Journal of Accounting and Economicsl0, 1-30.

[217] Francis, J. , K. Schipper, L. Vincent, 2005, Earnings and Dividends Informativeness When Cash Flow Rights Are Separated from Voting Rights, Journal of Accounting and Economics39, 329-360.

[218] Freeman. R. B , 1996, The Minimum wage as a Redistributive Tool , The Economic journal, Vol. 106, No. 436, 639-649.

[219] Friedman, M, 1953, The Case of Flexible Exchange Rate, In Essays in Positive Economic, Chicago, University of Chicago Press.

[220] Frost, C. A, E. Gordon. , A. Hayes, 2006, Stock Exchange Disclosure and Market Development: An Analysis of 50 International Exchanges, Journal of Accounting Research44, 437-483.

[221] Furubotn, E. G. and R. Richter, 1997, Institutions and Economic Theory: The Contribution of the New Institutional Economics, Ann Arbor: The University of Michigan Press.

[222] Getz, K., 1993, Selecting Corporate Political Tactics, Newbury Park, CA: Sage.

[223] Getz, K. A., 1997, Research in Corporate Political Action: Integration and Assessment, Business and Society36 (1), 32-72.

[224] Giner, B., Rees, W., 2001, On the Asymmetric Recognition of Good and Bad News in France, Germany and the United Kingdom, Journal of Business Finance and Accounting28, 1285-1331.

[225] Gomes, A, 2000, Going Public Without Governance: Managerial Reputation Effects, The Journal of Finance55, 615-646.

[226] Grant R. M., 1991, The Resource-Based Theory of Competitive Advantage: Implications for Strategy Formulation, California Management Review 33 (3), 114-135.

[227] Grossman, S. J., and O. D. Hart, 1986, The Costs and Benefits of Ownership: A Theory of Vertical and Lateral Integration, The Journal of Political Economy94 (4), 691-719.

[228] Gu, Z. Y, 2007, Across-sample Incomparability of R2s and Additional Evidence on Value Relevance Changes Over Time, Journal of Business Finance and Accounting34, 1073-1098.

[229] Guay, W., Verrecchia, R., 2006, Discussion of an economic framework for conservative accounting and Bushman and Piotroski, Journal of Accounting and Economics42, 149-165.

[230] Guenther, D. A. and D. Young, 2000, The Association Between Financial Accounting Measures and Real Economic Activity: A Multinational Study, Journal of Accounting and Economics29, 53-72.

[231] Harris, M., and A. Raviv, 1988, Corporate Governance: voting Rights and Majority Rules, Journal of Financial Economics20 (2-3), 203-235.

[232] Harris, M. S., Muller, K., 1999, The market valuation of IAS versus U. S. GAAP accounting measures using form 20-F reconciliations, Journal of Accounting and Economics26, 285-312.

[233] Haw, L, D., Qi and W. Wu, 1998, Value relevance of Financial

Reporting Disclosures in an Emerging Capital Market: The Case of B-shares and H-shares in China, Working Paper, Chinese University of Hong Kong.

[234] Haw, L, Qaqing, D, Wu, W. , 2000, Timeliness of annual report releases and market reaction to earnings announcements in an emerging capital market: the case of China, Journal of International Financial Management and Accounting 11, 108-131.

[235] Hayek, F. A. , 1973, Law, Legislation and Liberty, vol. 1: Rules and Order, Chicago and London: University of Chicago Press, 50.

[236] Hayek, F. A. , 1976, Law, Legislation and Liberty, Vol. 2: The Mirage of Social Justice, Chicago and London: University of Chicago Press.

[237] Hayek, F. A. , 1979, Law, Legislation and Liberty, Vol. 3: The Political Order of a Free People, Chicago and London: University of Chicago Press.

[238] Hillman, A. & Keim, G. , 1995, International Variation in the Business-Government Interface: Institutional and Organizational Considerations, Academy of Management Review20, 193-214.

[239] Hillman, A. , Zardkoohi, A. & Bierman, L. , 1999, Corporate Political Strategies and Firm Performance: Indications of Firm- specific Benefits from Personal Service in the U. S. Government, Strategic Management Journal 20, 67-81.

[240] Hillman, J. and Michael, H. , 1999, Corporate Political Strategy Formation: A Model of Approach, Participation and Strategic Decision, Academy of Management Review, Oct. , 825-842.

[241] Hoebel, E. Adamson, 1942, Fundamental legal concepts as applied in the study of primitive law, Yale Law Journal51, 951-966.

[242] Holthausen, R. W. , 2003, Testing the relative power of accounting standards versus incentives and other institutional features to influence the outcome of financial reporting in an international setting, Journal of Accounting and Economics36, 271-283.

[243] Holthausen, R. W. , Watts, R. L. , 2001, The relevance of the value relevance literature for financial accounting standard setting, Journal

of Accounting and Economics31，3-75.

[244] Hope，O.，2003，Disclosure Practices，Enforcement of Accounting Standards and Analyst Forecast Accuracy：An International Study，Journal of Accounting Research41，235-272.

[245] Huijgen，C.，Lubberink，M.，2005，Earnings Conservatism，Litigation and Contracting：The Case of Cross-Listed Firms，Journal of Business Finance and Accounting32，1275-1309.

[246] Hung，M. G.，2001，Accounting Standards and Value Relevance of Financial Statements：An International Analysis，Journal of Accounting and Economics30，401-420.

[247] Jaggi，B.，P. Low，2000，Impact of Culture，Market Forces，and Legal System on Financial Disclosures，International Journal of Accounting35，495-519.

[248] James Q. Wilson，1983，The Politics of Regulation [M]，New Work：Basic Books，Inc.，357-394.

[249] Jan-Erik Lane，Svante Ersson，1986，State or Market?，International Political Science Review 7 (1)，1-91.

[250] Jeffrey，M.，& John，A.，1997，The Search for the best Financial Performance Measure，Financial Analysis53，11-20.

[251] Jensen，M.，and Meckling，W.，1976，Theory of the Firm：Managerial Behavior，Agency Costs，and Ownership Structure，Journal of Financial Economics3，305-360.

[252] Joos，P，Lang，M.，1994，The effects of accounting diversity：evidence from the European Union，Journal of Accounting Research32，141-168.

[253] Joos，P.，2003，Discussion of How Representative Are Firms That Are Cross-Listed in the United States? An Analysis of Accounting Quality，Journal of Accounting Research41，387-396.

[254] Kahn，A. E.，1970，The Economics of Regulation：Principles and Institutions，New York：Wiley.

[255] Keim，G.，1981，Foundations of A Political Strategy for Business，California Management Review 3，41-48.

[256] Kothari，S. P.，Zimmerman，J.，1995，Price and return models，

Journal of Accounting and Econonzics20, 155-192.

[257] La Porta, R., Lopez-de-Silanes, F., Shleifer, A., 1999, Corporate Ownership around the World, Journal of Finance54, 471-517.

[258] La Porta, R., Lopez-de-Silanes, F., Shleifer, A., 2006, What Works in Securities Law, Journal ofFinance61, 1-32.

[259] La Porta, R., Lopez-de-Silanes, F., Shleifer, A., and Vishny, R., 1998, Law and Finance, Journal of Political Economy106, 1113-1155.

[260] La Porta, R., Lopez-de-Silanes, F., Shleifer, A., and Vishny, R., 2000a, Investor Protection and Corporate Governance, Journal of Financial Economics58, 3-27.

[261] La Porta, R., Lopez-de-Silanes, F., Shleifer, A., and Vishny, R., 2000b, Agency Problems and Dividend Policies around the World, Journal of Finance55, 1-33.

[262] La Porta, R., Lopez-de-Silanes, F., Shleifer, A., and Vishny, R., 2002, Investor Protection and Corporate Valuation, Journal of Finance57, 1147-1170.

[263] La Porta, R., Lopez-de-Silanes, F., Shleifer, A., Vishny, R., 1997, Legal determinants of external finance, Journal of Finance52, 1131-1150.

[264] Land, J., Lang, MH., 2002, Empirical Evidence on the Evolution of International Earnings, The Accounting Review77, 115-133.

[265] Lang, M., Smith Raedy, J., Wilson, W., 2006, Earnings management and cross listing: are reconciled earnings comparable to U. S. earnings? Journal of Accounting and Economics42, 255-283.

[266] Lang, M., Smith Raedy, J., Yetman, M. H, 2003, How Representative Are Firms That Are Cross-Listed in the United States? An Analysis of Accounting Quality, Journal of Accounting Research41, 363-386.

[267] Leuz, C., 2006, Cross listing, bonding and firms' reporting incentives: A discussion of Lang, Raedy and Wilson, Journal of Accounting and Economics42, 285-299.

[268] Leuz, C., Nanda, D., Wysocki, P., 2003, Earnings management and investor protection: an international comparison, Journal of Finan-

cial Economics69, 505-527.

[269] Lev, B., 1989, On the Usefulness of Earnings: Lessons and Directions form Two Decades of Empirical Research, Journal of Accounting Research27 (Supplement), 153-201.

[270] Lev, B., and Zarowin, P., 1999, The Boundaries of Financial Reporting and How to Extend Them, Journal of Accounting Research37, 353-385.

[271] Livnat, J. and P. Zarowin, 1990, The Incremental Information Content of Cash Flow Components, Journal of Accounting and Economicsl3, 25-46.

[272] Mahon, J., 1993, Shaping Issues/Manufacturing Agents: Corporate Political Sculpting, In B. Mitnick, (Ed.), Corporate Political Agency: The Construction of Competition in Public Affairs, New York: Sage Publications.

[273] Masters, M. & Baysinger, B., 1985, The Determinants of Funds Raised by Corporate Political Action Committees: An Empirical Examination, Academy of Management Journal 28, 654-664.

[274] Masters, M. & Keim, G., 1985, Determinants of PAC Participation Among Larger Corporations, The Journal of Management 19, 63-78.

[275] Matthews, R. C. O., 1986, The economics of institutions and the sources of growth, Economic Journal96, 905.

[276] Michael C. Jensen, 2001, Value Maximization, Stakeholder Theory, and the Corporate Objective Function, Published in Journal of Applied Corporate Finance, Fall 2001.

[277] North, Douglas, D., 1995, "Corporate Political Activity as a Competitive Strategy: Influencing Public Policy to Increase firm Performance", PH. D. Thesis, Texas A&M University. [278] North, Douglass C. and Barry R. Weingast, 1989, Constitutions and Credible Commitments: The Evolution of the Institutions of Public Choice in 17th Century England [J], of Economic history49, 803-832.

[279] North, D. C., 1990, Institutions, Institutional Change and Economic Performance, Cambridge: Cambridge University Press.

[280] North, Douglass C., 1993, Toward a Theory of Institutional Change,

in W. Barnett et al (eds.), Political Economy, Competition and Representation, Cambridge : Cambridge University Press, 62.

[281] Ohlson, J., 1989, Ungarbled earnings and dividends: An analysis and extension of the Beaver, Lambert, and Morse valuation model, Journal of Accounting and Economics 11, 109-116.

[282] P. A. Edin and J. Zettetherg, 1992, Interindustry wage differentials: Evidence from Sweden and A comparison with the United States. American Economic Review, 82, 1341-1349

[283] Pope, P., 2003, Discussion of Disclosure Practices, Enforcement of Accounting Standards and Analyst Forecast Accuracy: An International Study, Journal of Accounting Research41, 273-283.

[284] Pope, P., Walker, M., 1999, International differences in the timeliness, conservatism, and classification of earnings, Journal of Accounting Research37, 53-87.

[285] Qian Wang, T. J. Wong, Lijun Xia, 2008, State ownership, the institutional environment, and auditor choice: Evidence from China, Journal of Accounting and Economics46, 112-134.

[286] Rahman, A. R., 2006, Discussion of Earnings attributes and investor-protection: International evidence, The International Journal of Accounting41, 358-368.

[287] Raonic, L, McLeay, S., Asimakopoulos, L, 2004, The Timeliness of Income Recognition by European Companies: An Analysis of Institutional and Market Complexity, Journal of Business Finance and Accounting31, 115-148.

[288] Rees, L., Elgers, P., 1997, The market's valuation of non-reported accounting measures: retrospective reconciliations of non-U. S. and U. S. GAAP, Journal of Accounting Research35, 115-127.

[289] Rehbein, K., & Schuler, D., 1995, The Firm as a Filter: A Conceptual Framework for Corporate Political Strategies, Academy of Management Journal, 406-410.

[290] Ruttan, Vernon W and Hayami, Yujiro, 1984, Toward a Theory of induced institutional innovation, Journal of Development Studies20, 204.

[291] Schotter, Andrew, 1981, The Econmomic Theory of Social Institutions, Cambridge: Cambridge University Press, 11.

[292] Schuck, P., 1992, Legal Complexity: Some Causes, Consequences, and Cures, Duke Law 1, 1-3.

[293] Sethi, P., 1982, Corporate Political Activism, California Management Review24 (2), 32-42.

[294] Sloan, R. J., 2001, Financial accounting information and corporate governance: a discussion, Journal of Accounting and Economics32, 335-347.

[295] Smit, Minette R. 2005. "Concentration, Labor Quality and Wages in the South African Manufacturing Sector." South African Journal of E-conomics, 67 (2): 289-319

[296] Viscusi W. K, J. M. Vermon, J. E. Harrington, Jr, 1995, Economics of Regulation and Antitrust, The MIT Press, 295.

[297] Warfield, T., Wild, J., Wild, K, 1995, Managerial ownership, ac-counting choices and informativeness of earnings, Journal of Accounting and Economics20, 61-91.

[298] Watts, R. and J. Zimmerman, 1978, Towards a Positive Theory of the Determination of Accounting Standards, The Accounting Re-view53, 112-134.

[299] Yoffie, D., 1987, Corporate Strategies for Political Action: A Rational Model, In A. Marcus, Kaufman A. & Beam D. (Ed.), Westport, Connecticut: Quorum Books.

[300] Zardkoohi, A., 1985, On the Political Participation of the Firm in the Electoral Process, Southern Economics Journal 1, 804-817.

后　记

　　本书在选题、写作和修改过程中得到我的博士导师焦跃华教授及其师母袁天荣教授的倾力指导，两位教授为本选题做了大量细致的工作，他们在宏观制度方面的精深见解使我对制度与公司理财的关系有了更为透彻的理解，由此避免了一些可能出现的错误。焦老师虽工作繁忙，仍治学严谨，为我辈后学留下了深刻的印象。"师者，所以传道授业解惑也"。可见师之首责在传"道"，所谓"道"，是指治学的谨慎和投入，指引进入学术殿堂的方式方法，一鳞半爪的典籍解析相对则是"道"的"迹"而已，焦老师重道的言传身教使我获益良多。

　　本书在资料收集和写作过程中还得到许多师长的帮助，没有他们要想完成本书的写作是难以想象的。他们是：张志宏教授、唐国平教授、李秉成教授、郭道扬教授以及季晓琴副教授。与学友的交流也让我受益匪浅，他们是：袁奋强博士、屈文彬博士、瞿凌云博士、周江燕博士和周扬硕士等同学。

　　本书也凝聚了我家人的心血。先生方学军、儿子方叔骞偶尔也会因我无暇顾及而有失落感，但他们更多的是理解和支持。先生不仅默默地承担起了家务和对儿子的教育，而且还是我书稿图片的制作者及初稿的阅读者，他以非经济学人的眼光为本书提出了非常宝贵的修改建议，增加了本书的可读性。儿子则以优异的成绩和"善解人意"来为我"排忧解难"。本书献给他们是理所当然的。

　　最后，感谢所有支持我、关心我的朋友！

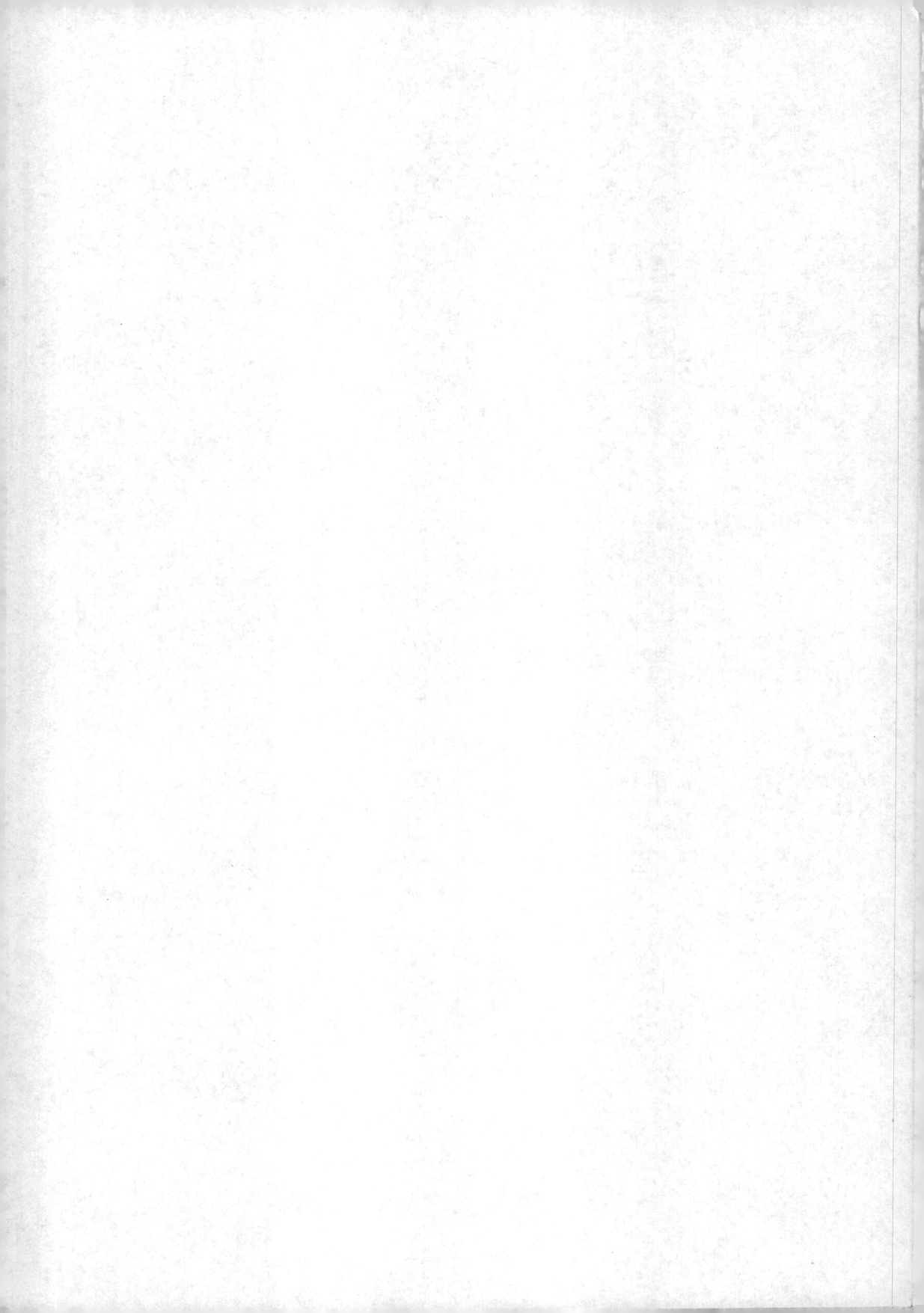